해금

海禁

한국해양전략연구소 총서 99

성공한 근대화, 실패한 근대화

해금
海禁

김석균 지음

예미

어떻게 우리는 매일 아침 양복을 입고 넥타이를 매고 서양인들이 발명한 자동차를 몰고 출근하며 서양력에 맞춰 생활하게 되었을까. 어떻게 우리는 서양의 교육제도에 맞춰 학교에 다니고 서양에서 발전한 학문을 공부하게 된 것일까. 왜 우리는 어릴 때부터 영어에 그 많은 시간과 비용을 투자하며 배우려고 하는 것일까. 언제부터 서양의 종교가 우리의 신앙이 되고 서양인이 믿는 신이 우리의 신이 되었는가.

우리는 어떻게 해서 서양에서 태동하고 발전한 자본주의와 정치, 경제, 사회제도 속에서 오늘을 살고 있는 것일까. 왜 서양적 사고와 행동을 합리적이고 앞선 것으로 생각할까. 왜 서구화는 선진화와 동일시되고 서양의 법과 제도는 따라야 할 기준이라고 생각할까. 우리의 사고 한 곳에 자리 잡고 있는 서양의 문화와 역사에 대한 자격지심은 어디서 오는 것일까.

왜 세계의 중심이라 자처했던 중국은 서양의 함대와 대포에 굴복하여 치욕의 한 세기를 보냈는가. '사무라이 국가' 일본은 어떻게 근대화에 성공해서 동양의 패자가 되었는가. 왜 '소중화 조선'은 근대화에 실패하고 끝내 식민지의 역사를 겪었는가. 왜 오늘날 중국은 사활을 걸고 해양으로 진출하려고 하는가.

한때 '서양 오랑캐'라고 불리던 서양인들의 법, 제도, 문화, 기술, 과학, 학문이 어떻게 오늘날 표준이 되어 있는 것일까. 어떻게 해서 우월했던 동양의 부, 과학기술, 문화, 사상적 지위는 역전이 되고, 서양이 근세사를 주도하고 오늘날도 서양 우위의 시대를 이어 가고 있는 것일까.

동서양의 부의 대역전을 가져오고 서양이 동양을 지배한 근대사적 현상과 오늘날도 서양이 현대사를 주도하는 역사적 현실, 그리고 동양 3국의 성공한 근대화와 실패한 근대화 요인에 대한 답을 찾고 싶었다. 여러 가지 복합적 요인과 분석을 들 수 있을 것이고 저마다의 관점과 역사인식에 따라 차이가 있을 것이다.

오늘날 서양의 세계사적 지위와 역사적 성취는 근세 유럽인들의 해양 개척의 결과물이거나 그 파생물이다. 식민의 역사를 경험하고 서양의 제도, 문화와 관습에 노멀normal 지위를 내어 준 동양의 역사는 그러지 못한 결과이다. 근세에 서양은 대양으로 나아갔고, 동양은 바다에 빗장을 치고 해양과 담을 쌓았다. 서양은 개해開海의 역사이고, 동양은 해금海禁의 역사이다. 나는 이 두 가지 키워드, 그중에서 '해금'이라는 키워드가 동양과 서양의 근대사를 결정지은 요인이라 생각한다. 반대로 '개해'는 서양의 근대 역사를 새롭게 열고 서양 우위의 역사를 형성한 동인이었다.

근세에 서양의 해양 진출은 무역항로를 열고 미지의 대륙을 개척하고 무역을 하는 것만 의미하지 않았다. 대규모 선단을 파견하여 항로를 개척하고 미지의 대륙을 경영하는 것은 정치, 군사, 경제, 무역, 과학, 기술, 학문, 예술, 문화 등 사회의 모든 영역이 동원되고 발전되어야 하는 총체적 국가사업이자 국제적 프로젝트였다. 절대적 왕정체제, 배타적 이념, 엄격한 신분질서의 사회에서는 가능한 일이 아니었다. 분권적 정치체제와 열린 이념, 법치주의, 상업자본의 형성, 능력이 중시되고 사회적 이동이 가능한 사회에서만 가능한 일이었다. 서양의 대양 진출은 이런 사회 기반 위에서 선순환 구조로 사회 제반 영역을 발전시키며 근대 제도의 발전을 가능하게 했다.

또한 서양의 위력 앞에 강제로 문호를 개방하고 근대화를 추진했던 조선과 청, 일본 중 일본만이 근대화에 성공할 수 있었던 요인을 세계사의 큰 흐름과 자국의 현실을 정확히 인식하고 실용주의의 바탕 위에서 과감한 사회변혁을 주도한 지도자의 역할에서 찾을 수 있다.

나는 전문적인 역사 연구자는 아니지만, 해양 문제에 천착하고 국제해양법을 연구하면서 해양을 통한 세계사와 근세사에 자연스럽게 관심을 갖게 되었다. 이 책은 근세에 어떻게 동양이 서양에 역전을 당하고, 서양이 우위에 서게 되었는가에 대한 세계사적, 해양사적 측면의 고찰이다. 또한 근대 동양 3국의 성공한 근대화와 실패한 근대화 요인에 대한 내 나름의 분석이기도 하다.

이 책은 필자가 지난 몇 년간 지난한 시간을 보내면서 매진한 연구와 저술 활동의 결과물이기도 하다. 동서양의 근세 역사를 해양으로

해금海禁

연결하여 조망하고, 서양의 도전에 맞선 동아시아의 근대화를 한 권의 책에서 다루는 시도를 했다는 점에 나름의 의미를 부여하고 싶다.

끝으로 이 책이 나오기까지 도움을 주신 정의승 한국해양전략연구소 이사장님과 관계자들, 그리고 부족한 원고를 한 권의 책으로 출간해 준 황부현 예미 대표님께 깊이 감사드린다.

차례

제1편 개해의 유럽

제1장 유럽의 대양 진출

제2장 자본주의제도의 탄생과 동인도회사

제2편 해금의 동아시아

제3장 동아시아의 반해양 정책

제4장 자유무역과 해금의 충돌

제3편 동양 3국 근대화의 도전

제5장 청, 제국의 몰락과 근대화 노력

제6장 일본, 무사의 나라에서 근대국가로

제7장 소중화 조선, 잃어버린 근대화의 시간

제8장 뒤늦은 조선의 개화

제4편 근대화의 성패

제9장 성공한 근대화, 실패한 근대화

제1편

개해의 유럽

유럽의 대양 진출

근세로 항해한 유럽

유럽의 역사에서 서로마제국이 멸망한 476년부터 콜럼버스가 신대륙을 발견한 1492년까지를 흔히 중세라 부른다. 이 시기는 로마제국이 무너진 뒤 여럿으로 분열된 세력들이 서로를 경계하며 끊임없이 전쟁을 벌이던 시대였다. 중앙아시아와 북아프리카에서 건너온 이슬람 세력이 유럽을 침략하고, 유럽 기독교 세력이 성지 회복을 명분으로 이슬람과 십자군전쟁을 벌인 시기이기도 하다.

중세시대는 종교, 사상, 문화적으로 '암흑시대'로 불린다. 교황 중심의 신권이 세속 왕권보다 우위에 군림하고 기독교에 반하는 가치나 사상은 한 치도 용납되지 않았다. 종교적 가치가 다른 어떤 것보다 우선하는 시대였다. '신의 뜻'이라는 최고의 가치 앞에 우주와 자연의 원리에 대한 과학적 관찰과 합리적 사고는 설 자리가 없었다. 신권질서를 거스르는 모든 시도는 이단으로 몰려 혹독하게 탄압되었다. 모든 것이 종교적 가치로 귀결되고 판단되는 시대에 사물에 대한 객관적 관찰과 실험이 요구되는 과학, 기술의 발전은 기대하기 어려웠다.

중세의 긴 암흑시대가 끝나고 근대의 여명이 비쳤다. 중세 유럽을 '신'으로부터 해방시키고 '이성'과 '인간 중심'의 사회로 돌리는 르네상스가 이탈리아 북부에서 시작되어 다른 유럽 지역으로 확산되었다. 문명사적 대전환이었다. 종교의 굴레에서 벗어나 이성과 과학적 사고에 기초한 자연과 우주, 사물에 대한 탐구는 '사실'의 발견을 낳았고, 과학과 기술의 발전으로 이어졌다.

종교적 권위에 의해 강요되었던 '프톨레마이오스적 우주관'이 부정되고 지구가 태양을 중심으로 움직인다는 '코페르니쿠스적 세계관'이 확립되었다. 타락하고 부패한 가톨릭교회를 개혁하여 성경 말씀에 충실한 교회로 돌아가고자 하는 종교개혁 운동이 불꽃처럼 일어났다. 프로테스탄티즘은 상업활동과 청부의 추구를 장려했다. 창의성을 발휘하여 새로운 것을 만들어 내면 그에 대한 충분한 보상을 받을 수 있는 사회로 변화되었다.

자연의 탐구와 과학기술이 발달하고 무역과 상업활동이 활발해지면서 유럽인들은 부를 찾아 다른 대륙으로 눈을 돌렸다. 이들이 개척한 아시아 항로와 신대륙의 발견은 인류사의 신기원이 되었다. 이것은 새로운 무역항로를 개척했다는 의미만이 아니었다. 세계사적으로 유럽이 중세의 어둠에서 벗어나 근세로 나아가게 한 '대항해시대Age of Discovery'의 시작이었고 서양이 근대 세계사를 주도하는 출발점이었다. 유럽인들의 대대적인 해양 진출과 무역은 유럽의 과학, 기술,

해금海禁

경제의 폭발적 성장과 팽창을 이끌었다. 이들이 전파한 기술문명과 법, 제도, 문화, 사상, 언어, 의복, 음식은 전 세계로 퍼져 나가며 근대 세계의 표준이 되었다. 세계인들은 오늘날 많은 부분 대항해시대 이래 유럽인들이 남긴 사회·경제적, 문화적 유산 속에서 살고 있다.

문명의 혼합

초원의 유목민족이 세운 몽골제국은 아시아에서 유럽에 걸친 대제 국을 건설했다. 몽골제국이 세계사에 끼친 가장 큰 영향은 단절되어 있던 아시아와 유럽을 연결하고 이들의 문명을 융합하여 새로운 문명 이 탄생할 수 있게 했다는 점이다. 중세 유럽은 중국이나 이슬람 세계 에 비해 과학기술이 한참 뒤져 있었다. 중세 유럽이 종교의 굴레에 갇 힌 채 '잠들어 있을 때' 중국과 이슬람 문명은 인쇄술, 화약, 나침반, 주 판과 같은 고도의 과학기술을 발전시키고 있었다.

몽골인들은 정복지역을 따라 40~50킬로미터마다 '잠jam'이라는 역참을 두어 본국과 점령지 간에 물자와 정보가 원활히 소통되도록 했다. 이 길은 병참의 공급뿐 아니라 아시아의 앞선 기술문명이 유럽 으로 전해지고 교역이 이루어지는 통로였다. 몽골인들이 전한 중국과 이슬람 세계의 앞선 기술과 과학, 지식, 상업활동은 '잠들어 있던 유 럽'을 깨워 르네상스를 일으키는 원동력이 되었다. 아이러니하게 '문 명의 파괴자'가 새로운 유럽 문명이 일어나는 토대를 제공한 것이다.

몽골인들은 해상무역의 발전에도 많은 영향을 미쳤다. 초원에서만 생활하던 몽골인들이 중국의 광대한 영토를 지배하면서 해상무역과 해운의 중요성을 깨닫게 되었다. 이들은 대형 선박을 건조하고 나침반과 해도를 이용하여 항해술을 발전시켰다. 이런 노력으로 중국 남부에서 말라카해협, 인도, 페르시아만에 이르는 '해양 실크로드'를 개척하고 활발한 해상무역 활동을 전개했다. 이슬람과의 인도양 해상무역과 함께 해양 실크로드는 유럽인들이 아시아로 진출하는 계기와 통로를 제공했다.

몽골인들이 유럽에 전파한 것 중에서 유럽인들의 아시아 진출에 가장 큰 영향을 끼친 것은 화약과 대포 제조기술이었다. 화약과 대포는 11세기 중국에서 발명되었다. 몽골인들은 폭탄, 폭탄 발사기, 화염 투척기 등 중국이 개발한 신무기를 개량하여 대포를 제작했다. 13세기 후반 중국을 침략할 때 그 대포들이 중요한 역할을 했다. 몽골인들은 13세기에 유럽을 정복할 때도 대포를 사용했다. 그 위력에 놀란 유럽인들은 몽골 진영에서 대포를 훔치거나 사들였다. 그리고 빠르게 성능을 개선했다. 처음에는 돌을 깎아 만들던 포탄도 점차 철로 주조했다. 교회의 종을 만들던 유능한 장인들이 부단한 노력을 통해 작고 가볍고 강력한 위력을 지닌 대포를 개발해 냈고, 그로 인해 이동성이 한층 개선된 대포가 탄생했다.

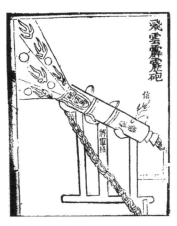

14세기 후반에는 화약을 이용한 대포가 등장했다. 대포의 발전은 전쟁에서 엄청난 위력을 발휘했다. 1453년 오스만튀르크는 강력한 대

13~14세기 중국의 대포

포를 앞세워 동로마제국 최후의 거점 콘스탄티노플을 점령했고, 프랑스도 대포를 이용해 영국과의 백년전쟁 1337-1453 을 끝냈다. 스페인이 보유한 180여 문의 대포는 780여 년 동안 이베리아반도를 점령했던 이슬람 세력의 마지막 거점 그라나다성을 함락하는 데 결정적 역할을 했다.

14세기 후반 유럽의 손대포

범선, 대포, 머스킷 총

유럽인들은 항해에 능숙했다. 고대에는 지중해를 중심으로 해상무역이 활발했다. 중동 연안의 페니키아인들은 동지중해의 패권을 차지하고 북아프리카에 식민도시 '카르타고'를 건설하였으며 지브롤터를 넘어서까지 항해했다. 지중해를 둘러싼 대제국을 건설한 로마인들은 지중해를 '로마의 호수'로 만들었다. 북유럽의 바이킹은 뛰어난 조선술과 항해술, 모험심으로 8~11세기 동안 북유럽과 남유럽의 바다를 장악했다. 처음의 한 번을 빼고 유럽에서 중동으로 십자군의 대규모 병력과 물자를 수송한 것도 해상운송이었다.

그때까지 선박은 노잡이의 힘에 의존하는 갤리선이었다. 마스트에 돛을 달았지만 기본적으로 노잡이의 힘에 의해 배를 진행시키는 방식이었다. 3단까지 있던 로마의 갤리선은 많은 노잡이가 필요했다.

전쟁에서 포로로 잡은 노예를 노잡이로 썼다. 그러나 갤리선은 잔잔한 지중해 연안에서는 적합했지만 거친 대양을 항해하기엔 역부족이었다.

갤리선

연안을 벗어나 대양을 항해하기 위해서는 많은 화물을 싣고 거친 파도를 견디며 장기간 항해할 수 있는 새로운 배가 필요했다. 이베리아인들은 바이킹선과 이슬람인들의 삼각돛을 결합하여 바람의 힘을 이용하는 새로운 범선을 개발했다. 대양 항해를 가능하게 한 범선의 개발은 거대한 조선기술의 혁명이었다. 서너 개의 마스트에 사각돛과 삼각돛을 달아 배의 속력을 높이고 바람을

대항해시대 범선

해금海禁

거슬러 항해할 수 있게 했다. 중앙 키를 두어 배의 조종을 용이하게 했다.

　유럽인들은 화약을 이용한 머스킷 총을 발명했다. 대포를 갑판이 아닌 선체에 포문을 내고 발사할 수 있도록 개량했다. 많은 포를 탑재하면서도 갑판에 비해 단단히 고정되어 배의 안정성이 증가하였다. 유럽인들은 대양을 항해할 수 있는 범선에 대포를 달고 화승총을 무기로 아시아 무역항로 개척에 본격적으로 나서게 된다.

머스킷

부를 향한 모험

　중세 유럽은 끊임없는 전쟁으로 막대한 전쟁비용을 치러야 했다. 신대륙으로부터 감자나 옥수수가 들어오기 전 유럽은 밀, 보리, 수수 등이 주 작물이었다. 유럽의 토지는 척박하고 농업기술과 농기구가 발달하지 않아 생산성이 몹시 낮았다. 전쟁에 시달리던 중세 유럽인들은 몹시 가난한 생활을 이어 나가야 했다.

　인구가 적었던 탓에 대부분의 토지를 목초지로 사용했는데, 겨울이면 건초가 부족해 가축을 도축해야 했다. 이렇게 도축된 고기를 오래 보관하기 위해 소금과 후추를 비롯한 향신료가 필요했다. 소금은 유럽에서 구할 수 있었지만 후추와 향신료는 오직 아시아에서만 생산되었다. 후추와 향신료는 고기의 누린내를 없애고 풍미를 더하는 조미료로서 많은 인기를 끌었다.

아시아 항로가 개척되기 전, 동아시아에서 생산되는 후추와 향신료는 이슬람 상인들이 인도양을 거쳐 알렉산드리아와 같은 지중해 항구 도시로 운반했다. 이렇게 집하된 동방산물을 이탈리아의 베네치아와 제노바 상인들이 지중해 해상운송이나 알프스산맥을 넘는 육로를 통해 서유럽으로 판매했다. 아시아 산물을 독점한 베네치아와 제노바는 중개무역을 통해 막대한 수익을 올리며 크게 번성하였다.

몽골인들의 원제국을 무너트리고 들어선 명나라가 강력한 해금을 시행하면서 동중국해, 인도양 일대의 해상무역 거점이 몰락했다. 그 여파로 동방에서 유럽으로 오는 물품이 대폭 감소했다. 여기에다 기존의 동방무역 루트가 무굴제국과 오스만튀르크와 같은 이슬람 세력의 지배하에 들어가면서 유럽의 동방산물 유입이 가로막혀 버렸다.

공급이 부족하게 되자 유럽에서 후추와 생강, 계피, 정향, 육두구와 같은 동방의 고급 향신료 가격이 폭등하였다. 아직 서민들에까지 보편화되지 않고 귀족들과 부유층 중심으로만 소비되던 향신료가 소비자의 손에 들어왔을 때는 원래 가격보다 30배, 많게는 80배까지 치솟았다.

이렇듯 동방의 향신료 무역은 막대한 부를 안겨 주는 황금사업이었다. 향신료 운송 선박 여섯 척 가운데 한 척만 무사히 돌아와도 큰 수익을 올릴 수 있었다. 별다른 특산품이 없었던 유럽인들이 향신료의 대가로 지불할 수 있는 물품은 고작 모직물과 마직물 정도였다. 이후

해금海禁

은이 값비싼 동방산물에 대한 지불수단이 되어 은과 향신료의 교환 구조가 정착되었다.

　동방무역의 루트가 막히자 유럽인들은 향신료 무역에 직접 나서기로 했다. 인도양과 지중해의 수입 루트를 통하지 않고 아프리카를 돌아 아시아로 가는 항로를 개척하기로 한 것이다. 동방 '황금의 나라'와 프레스터 존Prester John이 건설한 아프리카의 기독교 왕국에 대한 전설은 미지의 대륙에 대한 유럽인들의 모험심을 자극했다.

가상의 아프리카 기독교 왕국

　인문, 지리, 자연에 대한 지식이 축적되기 전 중세 유럽인들은 지구는 평평하고 지중해를 벗어나면 세상의 끝이라는 두려움을 가지고 있었다. 그러나 근대로 들어가면서 우주와 자연에 대한 과학적 관찰 결과를 축적하였고, 그렇게 집적된 지식 덕분에 인식의 지평은 유럽을 넘어 전 지구적으로 확대되었다.

유럽인들이 목숨을 걸고 거친 대양으로 나섰던 이유는 표면적으로는 '기독교 전파'와 '신의 사업을 수행'한다는 명분이었지만 실은 '부에 대한 갈망' 때문이었다. 동방으로부터 직접 향신료를 들여오면 일확천금을 얻을 수 있다는 꿈이 가장 큰 이유였다.

운명의 이베리아반도

동방무역이 엄청난 부를 얻을 수 있는 사업이라는 것을 알면서도 유럽 열강들이 처음부터 모두 아시아 무역항로 개척에 나설 수 있는 상황은 아니었다. 영국과 프랑스는 서유럽의 패권을 놓고 백년전쟁을 벌이고 있었고 이탈리아와 네덜란드, 벨기에 도시들은 지중해 무역에만 치중하고 있었다.

비잔틴제국이 몰락하면서 베네치아, 제노바 등 이탈리아 상인이 주도하던 지중해 동쪽의 무역이 대서양 방면으로 이동했다. 이에 따라 이베리아반도에는 이탈리아의 자본과 기술이 많이 유입되었고, 이탈리아 상인들과 선원들이 직접 이주해 공동체를 형성했다. 이러한 여건 속에서 이베리아인들은 지중해와 대서양을 접하고 아프리카 대륙에 가까운 자신들의 지리적 이점을 이용해 아시아 항로 개척에 나섰다.

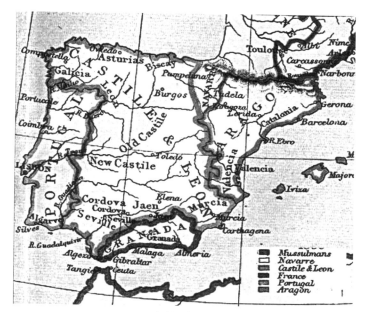

14~15세기 무렵 이베리아반도

15세기 이베리아반도는 포르투갈, 아라곤, 카스티야, 그라나다 왕
국으로 나뉘어져 있었다. 포르투갈은 13세기 중엽에 이미 자국의 영
토를 회복하여 독자적 왕국을 건설하고 해외로 진출할 힘을 갖추어
나갔다. 711년 지브롤터해협을 건너온 북아프리카의 이슬람 세력에
의해 정복된 이후, 이베리아의 기독교 세력은 '레콩키스타Reconquista'
라 불리는 국토수복 운동을 벌여 왔다. 1492년, 마침내 페르난도의
아라곤과 이사벨의 카스티야 연합왕국은 이슬람 세력의 마지막 거점
그라나다를 정복하고 이베리아반도에서 이슬람 세력을 완전히 몰아
냈다.

항해 왕자 엔히크의 꿈

아라곤과 카스티야가 레콩키스타에 몰두하고 있을 때 포르투갈은 먼저 동방 무역항로 개척에 눈을 돌렸다. 모두가 지중해 너머 대서양으로 항해하는 것을 두려워하고 있을 때 과감히 그 시도를 한 사람이 있었다. '항해 왕'이라 불리는 포르투갈의 젊은 왕자 엔히크Henrique O Navegador, 1394-1460 였다.

엔히크 왕자

그는 타고난 탐험에 대한 열정으로 동방 무역항로 개척을 위한 항해를 후원하였다. 엔히크는 북아프리카에서 귀국하여 포르투갈 서남단에 위치한 사그레스Sagres 성에 항해연구소를 세우고 무역항로 개척을 위해 준비해 나갔다. 항해·조선 기술자, 천문학자, 지도 제작자, 세공업자, 탐험가 등 전문인력을 모아 항로 개척과 대양 항해를 위한 연구를 시작했다. 지배자였던 이슬람 세력과 전쟁을 벌이고 있고 이교도에 대한 배척이 극심한 시대였음에도 불구하고 엔히크는 우수한 지식과 기술을 가진 이슬람 학자와 기술자들을 거리낌 없이 초빙했다. 그리고 가톨릭으로 개종을 거부하는 유대인들도 받아들여 그들의 지식과 자본을 활용했다. 인종, 종교, 문화를 차별하지 않은 '톨레랑스관용'를 통해 다문명적 항해 연구 공동체를 만들었다.

엔히크의 사그레스성 항해연구소의 가장 중요한 성과는 대양 항해에 적합한 새로운 선박을 개발한 것이었다. 엔히크의 탐험대가 사용

한 초기 범선은 '바르카'라 불리는 사각돛의 작은 배였다. 이 배는 역
풍에서는 항해에 적합하지 않다는 단점이 있었다. 사그레스의 기술자
들은 이런 단점을 보완하기 위해 두 개의 마스트에 삼각돛을 달아 역
풍에서도 항해가 용이한 선박을 개발하였다. 이것이 '이베리아의 보
석'이라 불리는 '카라벨caravel'선이다. 이뿐 아니라 사그레스성 기술
자들은 대양 항해에 필수적인 나침반과 사분의와 같은 항해 장비를
제작했다.

카라벨

엔히크는 자신의 대서양 항해를 위해 교황의 지원을 얻었다. 엔히
크는 26세에 교황이 후원하는 '그리스도 기사단' 단장이 되었다. 그는

대서양 진출을 위한 기사단의 인적, 물적 자원과 교황이라는 최고 권력자의 후원을 받을 수 있었다. 교황의 이름을 내세움으로써 대서양 진출을 무모하고 무익한 사업이라 외치는 반대 세력을 물리치고 사업을 강행할 수 있었다. 교황은 해외원정에 나서는 기사단을 새로운 십자군으로 간주하며 그들에게 면죄부를 약속했다. 교황의 지원을 등에 업은 엔히크는 '이교도의 개종'을 해외원정의 대의로 내세웠다.

'세상의 변경'을 넘어선 항해

엔히크 왕자는 사그레스성을 아시아 무역항로 개척의 전략사령부로 삼아 원정을 계획하고 준비했다. 대서양으로 원정대를 보내는 것은 엄청난 비용이 필요한 사업이었다. 선박을 건조하고 원정대를 모집하고 필요한 장비와 보급품을 구입하는 데 막대한 자금이 소요되었다.

1419년부터 1433년까지 엔히크는 마흔 번 넘게 원정대를 보냈다. 처음에는 개인 재산으로 원정 비용을 충당하였으나 감당하기 어렵게 되자 기사단 단장을 맡아 기사단의 자금을 사용했다. 막대한 비용과 성과 없는 원정에 대한 반대에도 불구하고 계속해서 원정대를 보낸 것은 대서양 남쪽으로 항해하면 일확천금을 가져다줄 보물을 찾을 수 있으리란 믿음 때문이었다.

그러나 수십 번에 달하는 원정대 파견에도 불구하고 아직 아프리카 사하라 해안의 '보자도르곶Cabo Bojador'을 넘지 못하고 있었다. 보자도르곶에는 20미터 높이의 절벽에 암석이 튀어나와 있고, 해안 쪽으로 곳곳에 암초가 있어 항해에 큰 위협이 되었다. 당시 유럽인들은 이곳을 '세상의 변경'이라 여겼다. 그 너머에는 펄펄 끓는 바다가 있다거나 암흑의 바다가 있다고 믿었다. 엔히크가 파견한 원정대 선장들도 이러한 믿음 때문에 남쪽으로 항해하는 것을 두려워했다. 몇 명은 처음부터 아예 서쪽으로 항로를 잡았다. 그러다 나중에 대서양 항해의 중간 보급기지로 활용되는 '마데이라'와 '아조레스' 같은 섬들을 발견하였다.

Darymaister/wikimedia commons

보자도르곶의 바다

엔히크는 고심 끝에 능력이 탁월하고 충성심이 강한 에아네스Gil Eanes를 새로운 원정대의 선장으로 선택했다. 에아네스의 첫 번째 항해는 실패했다. 엔히크는 낙심했지만 에아네스에게 보자도르곶 이남으로 항해하는 임무를 다시 한번 맡겼다. 보자도르곶 부근에 이르렀을 때 바다가 부글부글 끓고 배가 심하게 흔들렸다. 세상 끝에 도착한 것이라고 믿은 선원들은 두려워서 성호를 가슴에 그리며 울부짖었다.

이때 에아네스는 부글부글 끓는 바다에 빈 포도주 통을 내려 퍼 올린 후 바닷물에 손을 넣어 보이며 선원들도 똑같이 해보도록 했다. "바다가 끓는 것이 아니고 파도가 절벽에 부딪혀 생긴 포말이다." 이 말에 선원들은 진정이 되었고 보자도르곶 너머로 항해를 계속할 수 있었다.

1434년 여름, 유럽인들이 '세상의 끝'이라고 믿었던 보자도르곶을 드디어 넘어섰다. 서아프리카 해안에서 1.6킬로미터를 더 나아가는 데 1,000년의 시간이 걸렸다. 보자도르곶 남쪽으로의 항해는 서양의 아시아 진출사에 큰 역사적 의미를 지닌다. 유럽이 아시아 무역항로 개척에 첫발을 내딛고 동방 진출을 위한 본격적인 행보를 시작했다는 것을 의미한다.

엔히크는 이후 몇 차례 더 원정대를 파견했다. 보자도르곶 남쪽으로 훨씬 더 내려간 원정대는 서아프리카 해안을 탐사하며 사금과 흑인 노예를 싣고 돌아왔다. 향신료 무역에 앞서 아프리카 노예 무역은 포르투갈인들에게 많은 이익을 가져다주었다.

원정대의 탐험이 결과와 성과를 내면서 그것을 바탕으로 대서양 동부의 해도가 만들어졌다. 1460년, 엔히크가 죽자 아프리카 해안 원정 사업은 민간 사업자에게 임대됐다. 이후 포르투갈 왕실은 민간 사업자가 막대한 이익을 얻는 것을 보고 1475년부터 직접 실행하기로 한다.

희망봉을 돌아 인도로

보자도르곶을 넘어선 이후 포르투갈의 해상 팽창은 속도를 더해 갔다. 1460년대에 기니만에 도착했고, 1471년에는 '황금해안'이라 불렸던 오늘날의 가나에 닿았다. 이어 1473년에는 적도를 넘었고, 1485~1486년 사이에는 콩고강에 이르렀다. 그리고 얼마 후 1488년, 바르톨로메우 디아스Bartolomeu Dias가 '희망봉Cape of Good Hope'을 발견하면서 인도양으로 가는 길이 열렸다.

1498년 바스코 다 가마Vasco da Gama는 희망봉을 돌아 인도양을 건너 인도 남서부 캘리컷에 도착했다. 포르투갈인들은 오랜 시간과 숱한 도전 끝에 마침내 아시아로 가는 무역항로를 열었다. 인도 항로 개척은 몇 년 전 스페인의 후원을 받은 콜럼버스가 동인도에 도착했다는 소식에 자극을 받은 결과이기도 했다.

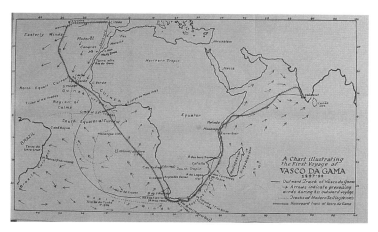

바스코 다 가마의 항해 경로

네 척의 배에 170명의 선원으로 출발했던 원정대는 항해 중 사고와 괴혈병, 열병으로 두 척의 배와 115명의 선원을 잃고 단 55명만이 살아서 돌아올 수 있었다. 많은 희생을 치른 험난한 여정이었지만, 리스본항으로 싣고 온 향신료는 원정대의 경비를 제하고도 60배의 이윤을 남겨 주었다. 직접적인 동방무역을 통해 엄청난 수익을 올릴 수 있다는 사실을 확인시켜 준 항해였다.

바스코 다 가마의 인도 항로 개척은 유럽인들의 동방 진출에 지대한 영향을 미쳤다. 육로를 통해 간접교역을 해왔던 유럽과 아시아가 마침내 바닷길을 통해 직접교역을 할 수 있게 된 것이다. 무역항로를 통해 동방산물이 대량으로 유입되면서 유럽인들의 일상생활과 경제가 크게 변화했고, 이는 유럽의 상업혁명을 촉발하는 계기가 되었다.

콜럼버스의 서쪽 항해

1492년 8월 3일 새벽, 산타마리아Santa María, 니냐Niña, 핀타Pinta 세 척의 배가 스페인의 팔로스항을 떠나 대서양으로 출발했다. 선단의 지휘는 크리스토퍼 콜럼버스Christopher Columbus가 맡았다. 그는 대서양을 서쪽으로 항해하여 일본, 인도 또는 중국에 도착하고자 했다.

콜럼버스 원정대는 대서양 항해의 전진기지인 카나리아제도에 먼저 들렀다. 이후 항해는 날씨가 좋아 순조롭게 진행되었다. 그러나 한 달이 넘게 항해를 했는데도 육지가 보이지 않았다. 출항 시에 700리그1리그는 5.8km를 항해하면 육지를 만날 것이라 예상했지만 800리그를 달려도 육지가 보이지 않았다. 콜럼버스와 두 선장은 항해를 계속하고자 했으나 선원들은 다시 돌아가지 못할 수 있다는 불안감에 휩싸였다.

 결국 서인도제도에 도착하기 이틀 전 선상 반란에 가까운 소동이 일어났다. 콜럼버스는 "신이 여기까지 데려왔으니 다시 데려가지 않겠느냐"고 설득하는 한편 "나를 죽일 수는 있어도 돌아가면 재판을 피할 수 없을 것"이라고 겁을 주었다. 결국 선원들은 2~3일 더 항해하기로 했다.

 그 다음 날인 10월 11일부터 육지가 가까이 있다는 징조가 보이기 시작했다. 막대기, 널빤지 같은 부유물이 바다에 떠다니고 있었다. 10월 12일 새벽 2시, 드디어 육지를 발견했다. 카나리아제도를 떠나 본격적으로 대서양 항해에 나선 지 33일, 팔로스항을 떠난 지 69일 만이었다. 콜럼버스는 인도의 어느 곳에 도착한 것으로 알았지만 실은 오늘날 카리브해 바하마제도의 한 섬에 도착한 것이었다. 콜럼버스는 새롭게 도착한 곳을 '신의 뜻'이라는 의미의 '산살바도르San Salvador'라고 이름 붙였다. 죽음의 위험을 넘기고 무사히 도착하도록 이끌어 주신 구세주의 은총을 기린다는 의미였다.

Jim.henderson/wikimedia commons

 콜럼버스는 이후 세 차례나 더 대서양을 건너는 항해를 하며 서인도제도와 자메이카, 푸에르토리코, 파나마에서 온두라스에 이르는 해안을 탐사했다. 콜럼버스는 죽을 때까지 자신이 새로운 대륙을 발견했다는 사실을 알지 못했다. 혹여 알았다 해

크리스토퍼 콜럼버스 동상

도 그는 그렇게 믿고자 했을 것이다. 대서양 서쪽으로 항해하여 아시아로 갈 것을 약속하고 스페인 왕실의 후원을 받은 터라 자신의 항해가 성공적이었다는 것을 보여야 할 필요가 있었기 때문이다.

그 후 피렌체 출신 아메리고 베스푸치Amerigo Vespucci가 콜럼버스가 도착한 곳이 인도가 아닌 전혀 미지의 대륙이라는 것을 밝혀냈다. 이후 콜럼버스가 발견한 신대륙은 그의 이름을 따서 오늘날의 '아메리카'로 불리게 되었다.

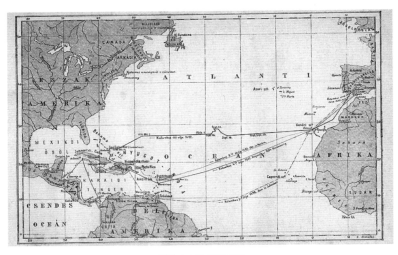

콜럼버스의 항해 경로

콜럼버스가 대서양 서쪽을 항해해서 다른 대륙에 도착할 수 있다는 신념을 갖게 된 것은 당시의 축적된 지리학 지식과 대서양 탐사 덕분이었다. 콜럼버스는 지구는 둥글기 때문에 대서양을 서쪽으로 항해하면 인도에 도달할 수 있을 것이라고 믿었다. 당시의 부정확한 지리학 지식 때문에 카나리아제도에서 일본까지 거리를 2,400리그약

해금海禁

13,900km로 계산하는 등 유럽에서 아시아까지 거리를 과감하게 축소한 것이 문제였다.

제노바의 미미한 가문 출신인 콜럼버스는 자신의 고향을 떠나 대서양 무역의 중심지로 떠오르고 있던 이베리아로 가서 입신출세를 꿈꾸었다. 그의 꿈은 귀족이 되어 신분상승을 이루고 부를 얻는 것이었다. 그는 포르투갈에서 해양 세계에 입문하여 항해 경험을 쌓고 해양, 항해, 지리, 상업 등에 대한 정보와 지식을 쌓아 갔다. 현지의 상당한 가문의 여자와 결혼하고 처가의 후원에 힘입어 해양사업을 하며 입지를 굳혔다.

1485년, 포르투갈의 주앙 2세에게 아시아 항해 사업을 제안했다. 항해에 필요한 선박과 보급, 그리고 항해가 성공하면 귀족 작위를 내려 줄 것을 요청했다. 주앙 2세는 전문가들로 위원회를 구성하여 그의 제안을 검토하게 하였다. 위원회는 아시아 항로의 거리가 너무 짧게 계산되어 있다는 등의 이유로 그의 계획을 신뢰하기 어렵다는 결론을 내렸다. 그리고 콜럼버스가 말한 '황금의 섬', '지팡구'오늘날 일본의 존재를 믿지 않았다. 무엇보다 포르투갈은 아프리카 해안을 돌아 아시아로 가는 항로 개척에 집중하고 있었기 때문에 불확실한 서쪽 항로 개척에 관심을 두기가 어려웠다.

포르투갈에 설 자리가 없다는 것을 깨달은 콜럼버스는 스페인으로 향했다. 레콩키스타의 막바지에 있던 스페인은 그제야 대서양 항해에 나설 수 있는 여력이 생겼다. 콜럼버스는 어렵사리 기회를 얻어 스페인의 두 국왕, 페르난도와 이사벨에게 자신의 계획을 설명했다.

운명의 피노스 다리

두 국왕은 조사위원회를 구성하여 콜럼버스의 제안을 검토하게 하였다. 두 번에 걸친 조사위원회의 검토 결과는 부정적이었다. 지구가 균형을 이루기 위해서는 유럽과 아시아, 아프리카의 반대편에 다른 대륙이 있어야 하는데, 이 대륙이 가로막고 있어서 서쪽 항해로 아시아에 갈 수 없다는 이유에서였다. '대척지antipodes'라는 개념에서 나온 미지의 대륙이 콜럼버스가 발견한 아메리카 대륙이었다.

콜럼버스의 제안은 거절했지만 스페인은 이웃 포르투갈이 아프리카를 돌아 아시아 항로를 개척하는 것을 보고 조바심이 났다. 스페인 국왕은 콜럼버스에게 체재비를 지원하면서 레콩키스타가 끝나면 재검토하겠다며 붙들어 놓았다. 그러나 콜럼버스는 7년간의 노력이 수포로 돌아가자 프랑스로 가기로 했다. 이사벨 여왕은 콜럼버스의 계획이 비용은 얼마 안 들어가지만 성공하면 엄청난 이득을 가져다줄 것이라는 측근의 말에 설득되어 프랑스로 출발한 콜럼버스를 다시 불러들이기로 했다. 여왕은 급히 병사를 보내 '피노스Pinos 다리'를 건너는 콜럼버스를 도로 데려왔다. 스페인과 근대 세계의 역사가 다시 쓰이는 순간이었다. 콜럼버스는 이사벨 여왕으로부터 새로 발견할 땅의 총독직과 부왕의 직위, 획득한 보물의 10분의 1을 차지할 권리와 귀족의 지위를 받기로 했다.

신대륙 발견의 세계사적 의미

콜럼버스의 신대륙 발견은 세계사적으로 엄청난 의미를 지닌다.

해금海禁

독립적으로 존재하던 문명과 문화, 생태환경들이 영향을 주고받으며 하나의 역사 흐름 속에 합류하게 된다. 이후 신대륙은 구대륙의 역사에 강제로 편입되어 혹독한 수탈과 식민지배를 받게 된다. 수천 년간 지속되어 온 원주민의 전통과 문화, 종교, 언어, 공동체는 말살되고 정복자의 종교와 언어, 문화가 강요되었다.

정복자가 휘두르는 총칼 앞에 수많은 원주민들이 희생되었다. 구대륙으로부터 유입된 전염병 앞에 면역력이 없던 원주민들은 속절없이 쓰러졌고, 인구는 한 세기 만에 10분의 1까지 줄었다. 반면 구대륙은 신대륙으로부터 들여온 고구마, 감자, 옥수수와 같은 새로운 작물 덕분에 식량부족에서 벗어날 수 있었고, 막대한 금은이 유입되면서 유럽의 경제는 확장되어 갔다. 또한 신대륙, 아프리카를 잇는 삼각무역으로 막대한 이익을 올렸다. 유럽은 원주민의 고통과 눈물 위에 경제적 부를 쌓고 상업과 자본주의의 발전을 이루며 근대 세계의 패자로 올라설 수 있었다.

남반구 해양을 반분한 토르데시야스 조약

포르투갈과 스페인은 해양 진출로 발견한 지역의 소유권과 해양 관할권을 놓고 경쟁을 벌이고 있었다. 늦게 해양 진출에 뛰어든 스페인이 신대륙을 발견하고 무역항로 개척을 앞서나가자 포르투갈의 불만이 고조되었다. 스페인은 시급하게 콜럼버스의 사업성과를 인정받는 것이 필요했다. 교황의 권위가 세속적 권력보다 우위에 있던 시대였으므로 교황청으로부터 인정을 받는 것이 무엇보다 중요했다.

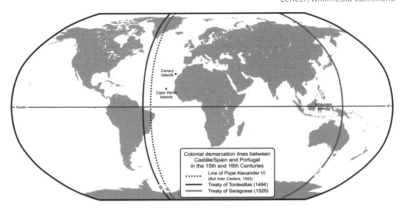

토르데시야스 조약의 경계선(왼쪽 실선)과 사라고사 조약의 경계선(오른쪽 실선)

　교황청은 두 국가의 해양 진출 경쟁이 격화되면서 전쟁으로 치달을 기미를 보이자 이를 조정할 필요를 느꼈다. 교황 알렉산더 6세가 중재에 나섰다. 스페인의 지지를 통해 교황이 된 알렉산더 6세는 1493년 스페인에 유리한 칙령을 4개나 공포했다. 그중 1493년 5월 4일, 9월 25일 자 칙령을 통해 카보베르데 제도Cape Verde Islands의 서쪽 100리그 지점을 남북으로 가로지르는 선을 경계선으로 하여 서쪽은 스페인령, 동쪽은 포르투갈령으로 한다고 선포했다.

　칙령에 따르면 신대륙의 소유권이 모두 스페인에 귀속되고 포르투갈은 신대륙 경영에 참여할 수 없게 되었다. 교황청에 항의를 했지만 받아들여지지 않았다. 포르투갈은 스페인과 직접 담판하기로 했다. 스페인 북서부의 작은 도시 토르데시야스Tordesillas에서 양국은 교황이 제시한 경계선으로부터 서쪽으로 1,600킬로미터를 옮기는 것에 합의하였다.

양국의 해양 경계선은 오늘날 브라질 동쪽 끝에 걸치게 되었고 신대륙 아메리카의 경영권은 스페인이 갖게 되었다. 이것이 남반구 해양을 반분한 역사적인 '토르데시야스 조약'이다. 1506년, 교황청은 토르데시야스 조약을 공식 승인하였다. 포르투갈과 스페인은 해양 패권을 공식적으로 인정받았고, 이후의 사라고사 조약과 함께 16세기 두 나라의 해양 지배를 뒷받침했다.

이 조약에 따라 포르투갈과 스페인은 상대방의 관할 해양에서 자유롭게 항해할 수 있었지만, 다른 국가는 허가를 받지 않고는 두 나라의 관할 해역을 지나갈 수 없었다. 허가 없이 항해하는 경우 해적과 동일한 취급을 받았다. 포르투갈은 교황으로부터 아시아 지역의 독점권을 인정받았다며 선박통행증을 판매하여 막대한 수입을 올렸다.

태평양을 반분한 사라고사 조약

포르투갈은 아프리카를 돌아 아시아로 진출하고 스페인은 아메리카 대륙의 마젤란해협을 돌아 태평양으로 나아갔다. 이렇게 경쟁적으로 아시아로 진출하던 두 나라가 다시 조우한 곳이 인도양과 태평양을 잇는 몰루카제도Moluccas 였다. 몰루카제도는 '향신료제도Spice Islands'라고 불릴 만큼 정향, 육두구 등 고급 향신료의 주산지였다. 아랍인들이 먼저 진출하여 향신료 무역을 독점하고 있었지만 1511년 포르투갈인들이 무력으로 점령하였다.

태평양을 횡단해 뒤늦게 이곳에 진출한 스페인이 막대한 이익이 보장된 향신료 무역에 눈독을 들이면서 두 나라의 갈등이 고조되었다. 전쟁의 위험성이 커지자 두 나라는 토르데시야스 조약 때와 같이 1529년에 스페인의 사라고사Zaragoza에서 태평양을 반분하는 조약을 체결하였다. 몰루카제도를 기준으로 서쪽은 포르투갈, 동쪽은 스페인이 차지하는 내용이었다. 이에 따라 몰루카제도를 포함한 동남아시아는 포르투갈에, 필리핀은 스페인에 귀속되었다. 한 세기 후 네덜란드와 영국이 해양 패권에 도전하기 전까지 두 나라는 전 세계 해양을 반분해 지배하였다.

포르투갈의 폭력적인 해상무역

바스코 다 가마가 인도에서 두 척의 배에 싣고 온 향신료와 보석을 판매한 금액은 2년 동안의 항해 경비를 지불하고도 충분한 이익을 남겨 줄 정도였다. 다 가마 선단은 동방에 대한 많은 정보를 가지고 왔다. 고급 향신료 산지, 향신료 교역의 실태, 인도의 무역항 등에 대한 정보였다. 무엇보다 중요한 정보는 인도양 연안 국가나 도시에는 대포를 장착한 위력적인 함대가 존재하지 않으며 총이 보급되어 있지 않아 연안의 방어가 아주 허술하다는 것이었다.

1502년, 다 가마는 20여 척으로 이루어진 선단을 이끌고 2차 인도 항해에 나섰다. 첫 항해에서 자신감을 얻게 된 다 가마는 무력으로 인도양을 제압하면 투자금을 회수하고도 큰 이익을 남길 수 있을 거라고 믿었다. 인도의 칸나놀에 도착한 다 가마 선단은 잠복하고 있다가 캘리컷으로 향하는 배를 모조리 습격했다. 메카 순례를 마치고 오는 이슬람교도들이 타고 있던 배를 나포해 승객들의 물품을 약탈하고 승객을 배 안에 둔 채 불을 질러 버렸다.
다 가마는 캘리컷에 도착한 후 무력분
쟁으로 인해 선단이 입은 인적, 물적
피해에 대한 보상과 무슬림의 추방을
요구했다. 왕이 이에 응하지 않자 나
포한 배에서 포로로 잡고 있던 34명의
무슬림들을 처형하고, 해안 마을에 이
틀간 포격을 가했다.

바스코 다 가마

1507년, 포르투갈은 말라카와 호르

무즈를 비롯한 7개 무역도시를 무력으로 점령했다. 인도양 항로를 확
실히 장악하기 위해 홍해를 봉쇄하고 이에 맞서는 이집트와 인도의
연합함대를 물리쳤다. 포르투갈의 범선은 전후좌우로 빠르게 움직일

수 있었고 위력적인 대포를 장착하고
있었기 때문에 현지 함대들은 이들을
당해 낼 수가 없었다.

말라카는 84개의 언어가 사용될 만
큼 많은 민족과 인종, 문화가 공존하며
중국과 인도양을 잇는 무역 요충지였
다. 알부케르크Afonso de Albuquerque는
말라카를 정벌하여 이곳에서 무역을
하고 있던 아랍인 무슬림 상인들을 모
두 살해했다. 기독교에 적대적인 아랍
무슬림들을 쫓아내고 이곳의 향신료

아폰수 드 알부케르크

무역을 독점할 목적이었다.

　무력으로 인도양과 동남아시아 해역을 장악한 포르투갈인들은 현지의 관습과 질서를 무시하고 폭력적인 상거래를 벌였다. 해상로에서 무역상들로부터 통행세를 거두었으며 인도양을 항해하는 배를 약탈하였다. 포르투갈은 인도양과 동남아시아 해역의 평화로웠던 항해와 무역 질서를 파괴하며 폭력적 지배질서를 구축하였다.

바다의 제국

　1515년경, 인도양 해역의 많은 무역도시들이 포르투갈의 지배하에 들어갔다. 이들은 아프리카 동부 해안의 소팔라, 모잠비크, 키르와, 몸바사, 말린디에서부터 인도양의 호르무즈, 인도의 고아, 칸나놀, 캘리컷, 코친과 동남아시아의 말라카까지 이어졌다. 포르투갈의 지배하에 있던 이들 항구를 연결하는 세력범위는 '포르투갈의 고리', 포르투갈어로 '에스타도 다 인디아Estado da India, 포르투갈령 인도'라고 불렸다. '포르투갈의 고리'는 네덜란드나 영국이 인도양 해역에 출현하게 되는 17세기 초까지 이 해역을 지배하며 향신료 무역을 독점한 '바다의 제국'이었다.

　16세기 전반 북인도에서 무굴제국이 일어나 그 세력을 확장해 나갔다. 포르투갈의 해양제국이 가장 번창하고 있을 때와 시기가 겹친다. 포르투갈이 무역도시를 점령해 '바다의 제국'을 건설하며 번창해가는 동안 무굴제국과의 충돌은 거의 일어나지 않았다. 당시 무굴제국은 '육지의 제국'이었고 바다에서 일어나는 일에 대해서는 별반 신

포르투갈(검은 선)과 스페인(흰 선)의 교역로

경을 쓰지 않았다. 해상무역을 하는 상인이 세금만 제대로 내면 누구의 지배하에 있든 문제 삼지 않았다. 이후 무굴제국이 전성기를 지나며 정치적 분열이 일어나자 유럽 세력이 진출할 수 있는 빌미를 주었고 제국은 그에 대항할 힘을 잃고 말았다.

인도 진출 등 동방사업은 모두 포르투갈 왕실의 단독 사업이었다. 인도양으로 원정대를 파견할 수 있는 권한은 포르투갈 국왕만이 가지고 있었다. 막대한 비용이 소요되는 사업을 당시 인구 100만이 조금 넘는 유럽 소국의 왕실이 혼자서 감당하기는 힘들었다. 왕실은 독일계와 이탈리아계 상인들로부터 선단 파견 자금을 빌렸고, 동방으로부터 들어올 향신료 판매대금을 담보로 플랑드르의 금융업자들로부터 비용을 융통했다.

포르투갈령 인도의 통치자는 국왕이었지만, 현지에서 상관商館을 관리하고 민정과 군정을 책임지고 있던 것은 국왕이 부왕副王으로 임명한 현지 총독이었다. 총독은 1515년 이후 인도의 고아에 상주했다. 본국과 현지를 오가는 데는 빨라야 10개월이 걸렸기 때문에 포르투갈령 인도의 운영과 관리는 총독과 평의회가 책임지고 있었다. 각 지에는 50여 개의 요새가 만들어졌다. 각 요새에는 '카피탄'이라 불리는 행정 책임자가 파견되어 총독의 지시를 받아 담당 지역의 민정과 군무를 처리했다.

포르투갈은 인도양, 동남아시아를 정벌하고 기독교, 대포, 화승총을 앞세워 정화鄭和의 원정 항로를 거슬러 올라가 동아시아 지역으로 진출했다. 1513년 중국의 마카오에 무역 거점을 마련하고, 1543년에는 규슈 남부 다네가시마種子島에 상륙하며 일본에 첫발을 내딛었다. 그곳에서 일본인들에게 화승총 두 자루를 건네주었다. 화승총의 위력을 실감한 일본인들은 화승총을 대량으로 제작하여 전국시대의 주력 무기로 삼았다. 몇 십 년 후 도요토미 히데요시가 전국을 통일하고 조선을 침공할 때 앞세웠던 왜군의 주력 무기가 이 화승총이었다.

아프리카에서 동아시아에 이르는 대해양제국을 건설한 포르투갈은 16세기 동방무역으로 막대한 이익을 올리며 전성기를 누렸다. 동방무역으로 큰 부를 창출하면서 수도 리스본은 부와 인구가 집중하여 인구 10만의 대도시로 성장했다. 유럽의 소국이 대해양제국을 건설하며 해상무역을 지배하게 된 것이다.

해양제국의 쇠락과 네덜란드의 부상

번성했던 동방무역도 16세기 중반부터 내리막길을 걷기 시작했다. 이에 따라 포르투갈의 해양제국으로서의 지위도 쇠락하기 시작했다. 여러 가지 원인이 작용했지만, 무엇보다 이베리아반도의 소국 포르투갈이 감당하기에는 너무나 큰 해양제국을 건설했던 것이 가장 큰 원인이었다. 적은 수의 함대와 군대로 광대한 지역에 걸쳐 있는 상관과 무역 거점을 관리하며 해상무역을 지배하는 것은 소국으로서는 감당하기 어려운 일이었다. 해상무역을 보호하고 상관을 지키기 위한 요새 건설과 주둔할 군대, 무기, 탄약 공급에 막대한 비용이 들어갔다. 향신료 무역을 통해 얻은 이익의 대부분이 이러한 비용에 충당되었다.

16세기 중반, 무력으로 봉쇄했던 홍해를 통한 레반트Levant 무역이 부활하면서 베네치아를 비롯한 지중해의 상업도시가 다시 번성하기 시작했다. 포르투갈은 동방무역의 독점적 지위를 잃고 이들 도시들과 경쟁해야 했다. 향신료 가격도 크게 하락하였다.

포르투갈 왕실은 동방무역 독점권을 행사하기 위해 민간자본을 배제하고 독일과 이탈리아, 플랑드르 상인들로부터 비용을 차입했다. 연 25퍼센트라는 높은 이자와 수익성 저하로 인해 자체 재정만으로는 선단을 꾸릴 수 없는 상황에 이르렀다. 수익성이 악화된 데에는 40퍼센트에 달하는 선박 손실률도 한몫했다. 지나친 이윤추구로 인한 과적과 해적 피해가 그 원인이었다.

1578년 포르투갈은 북아프리카 원정에서 참패했고, 2년 후 결국 스페인에 합병되었다. 독립된 왕권을 잃어버린 포르투갈은 동방무역 항로와 해외 상관을 보호하고 관리할 능력을 잃어버렸다. 포르투갈이 구축한 독점적 해양 분할 체제는 16세기 말부터 네덜란드와 영국과 같은 신흥 해양세력이 등장하면서 위협을 받게 된다. 이들은 '바다의 자유로운 이용'이라는 자유해론mare liberum을 주장하면서 포르투갈과 스페인의 독점적 해양 분할 체제에 도전했다.

　포르투갈은 1640년 스페인으로부터 왕정을 복고했지만 스페인의 재침공에 대비해야 했기 때문에 해외에 많은 군대를 파견할 수 없었다. 이러한 사정을 파악하고 있던 영국과 네덜란드는 포르투갈의 해외 식민지에 대한 공세를 강화하였다. 네덜란드는 1641년 말라카를 점령했고, 이후 동남아시아와 인도의 상관과 거점들은 영국과 네덜란드의 손에 들어갔다. 이로써 인도양과 동아시아 해역에서 '포르투갈의 고리'로 불리는 대해양제국을 건설하며 독점적 무역 체제를 구축했던 포르투갈은 인도의 몇몇 요새와 동아시아의 티모르와 마카오 일부만 남기고 물러났다.

제2장

자본주의제도의 탄생과 동인도회사

아시아 진출의 원동력

유럽인들이 전 세계 해양을 누비며 새로운 땅을 정복하고 식민지를 건설할 수 있게 한 원동력은 단지 군함과 대포, 총의 힘만이 아니었다. 100톤도 채 되지 않는 작은 선박을 타고 수천, 수만 킬로미터의 거친 바다를 항해하여 무역항로를 개척하고 기독교를 전파하고 부를 추구하겠다는 대의를 움직인 힘은 다름 아닌 유럽에서 막 싹트기 시작한 자본주의였다.

미지의 땅을 정복하면 그 땅의 지배권을 얻을 수 있고 무역선단의 항해가 성공하면 일확천금을 벌 수 있으며 투자자는 그에 따른 합당한 수익을 올릴 수 있다는 믿음이었다. 큰돈을 벌 수 있다는 기회와 투자에 대한 정당한 보상 체제, 재산권의 보장은 종교적 신념이나 군주에 대한 충성심에 앞서 많은 유럽인들이 생명의 위험을 무릅쓰고 죽음의 바다로 나가게 하는 진정한 원동력이었다.

　유럽인들이 동방 무역항로 개척을 본격화할 때 해외원정을 주도한 것은 정부나 군대가 아니었다. 아시아의 무역도시를 점령하고 점령지에 요새를 건설하고 상관을 설치한 것은 무역선에 대포와 군인을 싣고 항해에 나선 상인들과 그들의 조직이었다. 새로운 지역을 정복하고 무역을 하기 위해 정부의 승인과 정치적 지원을 받긴 했지만, 어디까지나 원정 비용을 조달하고 원정대를 조직하고 정복지에서 무역을 개척한 주인공은 상인들과 그들이 조직한 회사였다.

　17, 18세기 아시아로 진출하여 향신료 무역을 독점하며 점령지를 지배한 주체는 영국과 네덜란드의 다국적 무역회사였다. 이들은 점령 지역에서 무역 패권을 놓고 경쟁을 하고 전쟁을 벌이기도 했다. 이들은 19세기 초중반에 자국 정부가 나서서 점령지를 국영 식민지로 삼을 때까지 대리자로서 아시아의 식민지를 통치했다.

대항해시대가 발전시킨 자본주의제도

　유럽 국가들의 신항로 개척, 식민지 건설과 해외무역은 과학기술의 발달, 지식의 확대, 상공업의 발달, 부의 축적, 음식과 생활양식의 변화 등 사회의 모든 면에서 큰 변화를 가져왔다. 그중에서 금융, 보험, 주식, 회사, 은행 등 오늘날 세계경제의 근간이 되는 자본주의제도의 탄생과 발전은 그 어느 것보다 세계사에 미친 영향이 크다.

　그러나 엄밀히 말하면 사유재산을 보장하고 자유로운 상거래와 해외무역을 허용했던 유럽의 상업제도와 자본주의가 대항해시대를 가능하게 했다고 할 수 있다. 자본의 자유로운 이동을 허용하고 이윤추구를 제일 우선시하는 자본주의가 시작되면서 선박 건조, 선단 구성과 항해에 소요되는 막대한 비용을 자본가와 일반 투자자들로부터 조달받을 수 있게 되었기 때문이다.

동방무역 선단이 아시아에서 향신료를 싣고 유럽으로 무사히 돌아오면 많게는 60배의 이익을 거둘 수 있었다. 그러나 무역선단의 항해는 오랜 시간이 소요되고 항해 중 폭풍우를 만나 조난을 당하거나 해적에게 약탈을 당할 수 있는 아주 위험한 일이었다. 동방무역 선단이 항해 중 사고를 당하는 비율이 20퍼센트에 달했다. 무역선단이 사고를 당하면 투자자들은 자신들이 투자한 돈을 몽땅 날려야 했다. 동방무역은 이익이 높은 만큼 위험성도 큰 투자였다.

투자의 위험성을 낮추고 더 많은 투자자들을 끌어들일 수 있는 제도의 고안이 절실해졌다. 이렇게 해서 탄생한 것이 '주식회사' 제도였다. 한 명의 투자자가 비용을 모두 부담하는 대신, 주식회사는 항해에 소요되는 비용을 여러 투자자들로부터 모았다. 소수의 투자자가 모든 비용을 부담했을 때보다 성공했을 때의 몫은 적어지지만, 실패해도 투자자 개인은 자기 자본에서 전체 비용 중 아주 작은 몫만 위험부담을 지면 되는 방식이었다.

네덜란드 금융에서는 투자의 위험을 완화하기 위한 선물futures 제도가 발달했다. '청어를 잡기 전에 먼저 구입'하는 전략이었다. 투자자는 1년 후 잡힐 청어 가격을 미리 정했으며, 이러한 금융상품은 실제 물건처럼 사고팔 수 있었다. 네덜란드 농민과 상인은 선물을 매도하여 6~12개월 후 제품의 가격을 미리 보장받을 수 있었다. 선물에 투자한 사람은 도중에 상품 가격이 급등하는 위험을 피할 수 있었다.

선박 사고가 나서 바다에서 화물을 잃더라도 투자금액을 보전받을 수 있는 방법이 탄생했다. 오늘날 손해보험의 기원이 된 '해상보험' 제도이다. 해상보험 제도는 고대 페니키아인과 그리스인도 가지고 있었지만 본격적으로 발전한 것은 대항해시대를 거치면서였다. 17세기 말부터 런던이 해상보험의 중심이 되었다. 오늘날 유명한 영국의 해상보험 회사 로이드Lloyd's는 1688년 선주나 선장, 해상보험 인수인이 출입하는 커피점에서 유래되었다.

투자자들은 자본을 출자한 후 무역선단이 돌아와서 싣고 온 물품을 팔아 이익금을 배분받을 때까지 많은 시간을 기다려야 했다. 이 기간 동안 자신의 투자를 증명할 수 있는 유가증서가 필요했고, 이것이 오늘날 주식의 기원이 되었다. 무역선단을 운영하는 주식회사는 처음에는 소자본으로 시작했으나 수익 가능성이 확인되자 사업전망을 주시하던 대자본과 왕실까지 뛰어들었다.

투자자들로부터 모은 거액의 자금을 관리하기 위해서 전문 조직이 필요했고 자연스럽게 은행 제도의 발전으로 이어졌다. 시간이 흐르면서 금융제도는 점차 복잡해져 갔다. 금융제도 덕분에 개인이나 정부는 금융업자나 은행가로부터 신용대출을 받아 투자를 할 수 있게 되었다. 신용대출 제도는 왕국이나 제국에 비해 훨씬 효율적으로 탐사 원정이나 정복사업에 필요한 자금을 조달할 수 있게 했다.

네덜란드인들은 이런 신용을 바탕으로 스페인으로부터 독립전쟁1568-1648을 벌이는 동안에도 용병을 고용해 싸우게 하고 자신들은 바다로 나갔다. 용병을 고용하고 함포를 장착한 선단을 꾸리는 데 드

해금海禁

는 막대한 비용은 이들이 쌓은 신용 덕분에 유럽 금융제도로부터 쉽게 확보할 수 있었다.

시간이 지나면서 조선 기술의 발달과 함께 선박이 커졌고, 대항해 시대 초기의 항해 위험 요소들이 줄어들면서 선단의 규모도 커져 갔다. 해상무역의 위험성은 여전히 컸지만 투자의 위험성을 관리할 금융의 제도적 장치가 점차적으로 형성되어 갔다. 금융제도가 발전하고 대자본과 국가가 결탁하면서 전 세계 대륙에 걸친 유럽 해양제국의 건설이 본격화되었다.

바다로 내몰린 네덜란드

17세기는 네덜란드의 세기였다. 유럽 중서부의 소국 네덜란드가 해상무역 강국으로 부상하게 된 것은 저지대라는 지리적 여건에서 비롯되었다. 네덜란드는 국토의 많은 부분이 바다보다 낮아 농지로 적합하지 않은 저습지였기 때문에 일찍부터 어업이나 해운업에 진출했다. 영국이 바다로 나가는 것을 스스로 선택했다면 네덜란드는 생존을 위해 바다로 나가야 했다.

15세기 초 네덜란드인들은 유럽 최대의 해운산업을 육성하였다. 네덜란드인들은 '바다의 마부'라 불릴 정도로 뛰어난 조선술과 항해술을 가졌다. 이들은 선체가 항아리처럼 생긴 플류트선fluyt ship을 개발하였다. 플류트선은 건조비가 기존 선박보다 저렴했고 적은 선원으로 더 많은 화물을 실을 수 있었다. 네덜란드인들은 효율성 높은 플류트선을 이용해 목재, 타르, 소금 같은 대량 화물을 발트해에서 북해와 남부 유럽으로 운송하며 연안해운업을 장악했다. 영국 선박에 비해 운임이 3분의 1에 불과했기 때문에 가격경쟁력에서 영국을 압도할 수 있었다.

네덜란드의 플류트선

교황보다 더 열렬한 가톨릭 신자로 알려진 스페인의 펠리페 2세는 스페인뿐만 아니라 스페인의 지배를 받던 네덜란드에서도 신교도들을 가혹하게 탄압했다. 펠리페 2세는 네덜란드에 군대를 보내 8,000여 명을 종교재판으로 처형했다. 이에 분노한 북부 5개 주는 1568년 집단적인 항거에 나섰고 종교전쟁은 독립전쟁으로 발전했다. 1579년 5개 주는 '위트레흐트 동맹'을 결성하여 공식적으로 독립을 선언하였고, 1648년 독립을 쟁취할 때까지 스페인을 상대로 독립전쟁을 벌였다. 이때 형성된 5개 주의 동맹이 오늘날의 네덜란드가 되었다.

당시 네덜란드 북부의 해상무역 중심지는 암스테르담이었다.

해금海禁

1600년경 당시 인구 3만의 도시였으나 1628년에는 11만 명으로 폭발적인 증가를 보이며 유럽 최대의 도시로 성장했다. 박해를 피해 스페인을 나온 유대인과 신교도들, 네덜란드 혁명전쟁을 피해 나온 남부 네덜란드인들이 암스테르담으로 몰려들었다.

네덜란드는 다른 종교나 민족, 문화에 대해 관용적이었기 때문에 부유한 자본가나 재능 있는 사람들을 끌어들였다. 스페인이나 다른 유럽에서 종교나 사상의 자유를 찾아 이주한 유대인, 개신교도, 아랍인들은 암스테르담이 무역의 중심지로 성장하는 데 큰 기여를 했다. 암스테르담에는 은행, 주식거래소, 상업거래에 필요한 모든 기관이 차례차례 설립되었다. 1620년 무렵 암스테르담은 북유럽 최고의 무역 거점이 되었다.

북유럽의 무역 중심지로 성장한 네덜란드는 동방의 향신료 무역으로 눈을 돌렸다. 연안해운에 집중하고 있던 네덜란드인들이 동방무역에 관심을 갖게 된 것은 1590년대였다. 그러나 이 시기 동방의 향신료 무역은 포르투갈과 스페인이 장악하고 있었다. 동방의 향신료제도에 대한 두 나라의 지배는 1494년의 토르데시야스 조약에 의해 국제적으로 인정받고 있었다.

항해 안내서와 동방무역 진출

포르투갈과 스페인이 지배하던 동방무역을 몹시 탐내던 네덜란드는 동방으로 진출하기 위한 방법을 모색했다. 1590년까지 네덜란드는 동방항로에 대한 지식을 전혀 갖고 있지 못했다. 포르투갈과 스페인이 자신들이 축적한 항해 정보, 지식, 향신료제도에 대한 정보 등을 철저히 비밀로 했기 때문이다.

이베리아인들은 동방으로 항해하는 데 필요한 정보를 담은 항해 안내서를 최고의 국가기밀로 분류하여 외부에 새어 나가지 않도록 철저히 보호하였다. 이베리아의 수로안내인과 선장들은 좌초나 나포 위험에 처하게 되면 항해 안내서를 파기해야 하는 엄격한 지침이 있었다. 그들은 이 지침을 철저히 지켰다. 그래서 사략선privateer에 나포된 스페인이나 포르투갈의 선박에서는 어떠한 항해 안내서도 발견할 수 없었다. 네덜란드인들은 항해 안내서의 사본을 구입하거나 훔치기 위해 첩자를 리스본으로 보내기도 했으나 실패로 끝났다.

얀 하위헌 판 린스호턴

항해 정보가 없어 전전긍긍하고 있던 네덜란드인들에게 전혀 생각지 못했던 기회가 찾아왔다. 1592년, 린스호턴Jan Huyghen van Linschoten이라는 네덜란드 청년이 그 기회를 열어 주었다. 그는 인도 고아에서

해금海禁

포르투갈 대주교의 비서로 일하는 등 동양에서 9년간 일하다 고향으로 돌아왔다. 포르투갈어를 능숙히 구사하는 린스호턴은 동양의 포르투갈 점유지, 항로, 향신료 교역항, 동남아시아의 식물학과 상업적 지리에 대한 많은 지식을 갖고 있었다. 그는 자신이 축적한 지식을 모아 1595~1596년 네덜란드에서 세 권의 책으로 출판하였다. 린스호턴은 고향으로 돌아온 후 책이 출간되기 전에도 항해에 대한 많은 조언을 하였다. 그의 저서 한 권이 출간된 직후 네덜란드의 동방 항해가 이루어졌다.

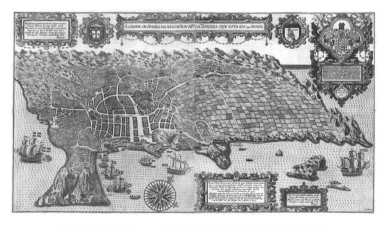

린스호턴의 책《Itinerario》중 아조레스제도 테르세이라섬의 그림

암스테르담의 상인 네 명은 파랜드Far Lands라는 회사를 설립하고 1595년 처음으로 동방 항해에 나섰다. 선박 네 척에 선원 249명을 싣고 인도로 향했다. 네 척의 배에는 네덜란드의 여러 도시가 무료로 제공한 대포를 실었고 최신판 해도도 갖추었다. 이들 선박의 선장과 항해사들에게는 출항하기 전 린스호턴의 항해 지식이 수록된 '항해

안내서'가 서둘러 지급되었다.

1597년 이들이 돌아왔을 때 살아 온 사람은 89명뿐이었다. 이들이 싣고 온 것은 약간의 후추가 전부였고 고급 향신료는 전혀 없었다. 그러나 그것만으로도 투자자들은 상당한 이익을 보았다. 동방무역의 이익이 상상 이상인 것을 알게 되자 파랜드와 다섯 곳의 신생 회사들이 1년 안에 22척 이상의 배를 동방으로 보냈다. 이번에도 14척의 선박만 돌아왔으며 살아 돌아온 선원은 절반에도 미치지 못했다. 그러나 이들이 싣고 온 60만 톤의 후추는 투자자들에게 엄청난 이익을 안겨 주었다. 원정 비용을 제하고도 100퍼센트의 이익을 올렸다.

파랜드의 2차 동방 항해가 성공하자 1601년까지 네덜란드의 6개 기업도 총 14차례에 걸쳐 탐험대를 보냈다. 네덜란드는 동방무역의 주도권을 쥐고 있던 포르투갈을 이내 추월했다.

네덜란드 동인도회사, 얀

동방무역의 이익이 엄청나자 동방무역 선단 파견이 유행처럼 퍼져 나갔다. 네덜란드 회사들의 경쟁이 치열해지면서 아시아 현지의 향신료 가격도 치솟았다. 원산지의 향신료 가격은 6년 새에 두 배로 뛰었지만 본국에서는 공급 과잉에 따라 수익률이 감소했다. 암스테르담의 최대 문제는 이익을 지켜 내기 위해 어떻게 경쟁을 억제할 것인가에 집중되었다.

사정이 이렇게 되자 1602년 동방무역 경쟁사 대표단이 모여 여러 개의 회사를 합병하여 동방무역을 전담할 단일 조직을 만드는 문제를 논의했다. 네덜란드 연방의 총독과 의회는 단일 회사로 통합하는 안에 찬성했고, 희망봉 동쪽에서 네덜란드인들이 갖고 있던 모든 무역 독점권을 이 회사에 부여하는 데 합의했다. 일부 상인들의 반대가 있었지만 1602년 3월 네덜란드 동인도회사Dutch East India Company가 창설되었다. 처음 참여한 264명의 투자자들이 모은 자금은 642만 길더였다. 영국 동인도회사가 모은 자금 53만 길더에 비해 12배 이상의 자본이 모였다. 영국의 경우 동방무역의 성공 경험이 많지 않아 자산가들이 투자를 주저했지만 네덜란드는 몇 번에 걸친 동방무역의 성공으로 확신을 가진 투자자들이 몰려들었기 때문이다.

네덜란드 정부는 동인도회사에 특허권을 부여했다. 특허권은 21년간 동인도 무역에 대한 독점권, 동인도에 요새를 건설할 권리, 총독을 임명할 권리, 병사를 고용할 권리, 현지 지배자와 조약을 체결할 권리 등을 포함했다. 동인도회사는 민간회사였지만 사실상 준정부나 다름없었다. 실제로 네덜란드 동인도회사는 사실상의 주권국가로 행동했으며, 현지에서 총독이나 사령관의 재량으로 경쟁국이나 원주민을 상대로 군사적 행동을 벌이기도 했다.

동인도회사의 경영은 '17인 이사회'로 불린 이사 17명이 맡았다. 이들은 한번 모이면 한 달가량 지속된 모임을 1년에 두세 차례 열어 사업전략을 논의했다. 동인도회사를 구성하는 6개 지부는 근거 지역에 상공회의소Chamber를 설치했고, 상당한 독립성을 갖고 독자적으로 배를 건조하고 의장을 갖추었다. 지부 중 가장 부유한 암스테르담에서는 1,000명 이상의 개인 투자자들을 모았다. 이 가운데 200명 이상이 각각 5,000길더 이상의 돈을 투자하였다.

신설 회사는 처음부터 성공적이었다. 1602년 처음으로 출항한 연합 선단은 엄청난 수익을 올렸고, 포르투갈인들과의 싸움에서 눈부신 성공을 거두었다. 1605년까지 동인도회사는 포르투갈로부터 향신료 제도에서 가장 중요한 암본, 티도레, 테르나테를 빼앗았다. 전 세계의 정향Clove은 이 세 개의 섬에서 거의 생산되었다. 이 승리로 네덜란드 동인도회사는 네덜란드 연방에서 가장 수익성 좋고 강력하며 중요한 사기업으로 인정받았다. 이렇게 되자 네덜란드인들은 동인도회사를 친근하게 '얀Jan' 회사로 불렀다.

네덜란드의 폭력적 아시아 진출

얀 회사가 계속 성공을 거두자 확신을 갖게 된 네덜란드 상인들은 동양에서 더 대담하고 공격적인 태도로 나왔다. 네덜란드 동인도회사는 동남아시아 해역에 진출하는 데 성공하자 몰루카제도와 반다제도의 고급 향신료 무역을 독점하고자 했다.

향신료 무역을 독점하기 위해서는 무역 기지가 필요했다. 네덜란드에서 온 배와 몰루카나 반다 제도에서 향신료를 싣고 온 배가 만나고, 매입한 향신료를 보관할 수 있는 거점이 필요했다. 1619년, 오늘날의 자카르타인 바타비아Batavia가 새로운 네덜란드 동인도회사의 무역 거점이 되었다.

네덜란드 동인도회사는 동남아시아에서 무력을 앞세워 살육을 자행하며 고급 향신료 생산을 장악하고 무역 독점을 꾀해 나갔다. 1620년 반다제도의 주민들이 향신료 판매를 거부하자 영국인들이 선동했다

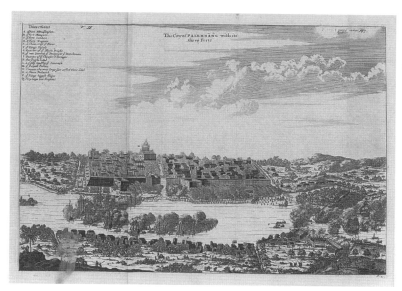

네덜란드 동인도회사가 인도네시아 팔렘방을 공격하는 모습

고 여긴 네덜란드인들은 군대를 보냈다. 네덜란드 동인도회사 군대는 반다제도의 섬들을 차례로 점령하고 800여 명의 주민들을 포로로 잡아 바타비아로 데려가 노예로 부렸다. 주민들이 저항하자 인질로 잡고 있던 주민 지도자 48명을 살해했다.

1621년, 바타비아 총독 얀 피터르스존 쿤Jan Pieterszoon Coen 은 2,000명의 병사를 이끌고 반다 섬에 상륙하여 아무런 이유 없이 주민들을 살육했다. 섬 주민들의 씨를 말린 후 노예를 그 섬으로 보내거나 유럽인들에게 농장을 임대하는 형식으로 육두구 생산을 장악했다. 1623년에는 영국의 동인도회사가 암보이

얀 피터르스존 쿤

나섬에 있는 네덜란드 동인도회사의 요새를 빼앗으려 했다는 이유로, 상관장을 포함한 10명의 직원과 9명의 일본인 용병, 1명의 포르투갈인을 살해했다. 이 사건 후 영국 동인도회사는 고급 향신료 산지로의 진출을 포기하고 사업에서 철수하여 인도 경영에 집중했다.

1641년에는 포르투갈의 무역 거점이었던 말라카도 정복했다. 정향을 재배하는 섬과 장소를 지정한 다음 다른 지역에서 나는 정향나무를 모두 베어 버렸다. 저항 속에서도 네덜란드인들은 지배권을 점차 동남아시아 해역으로 넓혀 갔다. 17세기 말에 이르러 고급 향신료 무역에서 다른 유럽 국가 상인들을 거의 배제하고 독점권을 확보하는 데 성공했다.

De Logie op FIRANDO.

히라도의 네덜란드 상관

해금海禁

네덜란드인들은 동남아시아 해역뿐 아니라 아라비아반도, 인도 서남해 등 인도양 해역에도 상관을 설치했다. 동아시아에서는 일본의 히라도 平戸와 나가사키 長崎, 그리고 대만에 상관을 설치했다.

동남아시아에서 정복자 행세를 하며 폭력과 살육을 일삼았던 네덜란드인들은 일본에서는 전혀 다른 모습을 보였다. 1641년, 막부는 상관을 히라도에서 나가사키로 옮길 것을 명령한다. 그리고 나가사키의 인공섬 데지마 出島에 네덜란드인들의 거주지를 한정하고 외부로의 출입을 금지했는데 네덜란드인들은 이 명령에 아무런 저항 없이 따랐다. 일본에서는 왜 이런 저자세를 취했을까. 그것은 막부가 지배하는 일본의 통치질서와 군사력이 동남아시아 연안국보다 훨씬 강했기에 막부의 지시에 순응하는 것이 이익이 된다고 판단했기 때문이었다. 반면 동남아시아 해역에서 폭력적이고 잔혹했던 이유는 상업적 이익을 보호하고 투자자의 이윤을 극대화하기 위해 경쟁자를 강력히 제압할 필요가 있다고 믿었던 까닭이다. 네덜란드인들의 경제적 이익을 위한 자본주의적 판단이었다.

섬나라 영국의 해적질

유럽의 변방에 머물러 있던 영국이 전 세계에 '해가 지지 않는' 대제국을 건설하고 세계질서를 주도할 수 있었던 출발점은 약탈, 즉 바다에서의 해적질이었다. 섬나라 영국은 오랫동안 정치, 경제에서 유럽의 변방으로 남아 있었다. 이베리아인들이 동방으로 가는 신항로를 개척하고 신대륙을 발견할 때도 영국은 그들이 얻는 막대한 부와 금은이 부러웠을 뿐 대양으로 진출할 생각을 하지 못했다. 프랑스와 백년전쟁을 치르느라 신항로를 개척할 여력이 없었기 때문이었다.

16세기 후반에 들어 영국은 열성적으로 대양으로 진출을 시작했다. 그 발판을 마련한 것은 엘리자베스 1세의 아버지 헨리 8세였다. 그는 왕비 캐서린의 시녀였던 앤 불린과 재혼을 위하여 교황에게 이혼을 허락해 줄 것을 요청하였으나 거절당하자 수장령을 선포하여 성공회를 설립하며 교황청과 결별하였다. 헨리 8세는 조선술과 항해술을 발전시키며 많은 배를 건조하여 영국의 해양력을 획기적으로 키웠다. 갑판에서 이동하며 발사할 수 있는 함포를 개발하여 해상 전투력을 한층 높였다.

엘리자베스 1세 때 영국은 유럽의 중심으로 떠오르며 본격적으로 해양 진출에 나서게 된다. 그 결정적인 계기가 1588년 프랜시스 드레이크Francis Drake가 이끈 영국 함대가 스페인의 무적함대 아르마다Armada를 격파한 칼레해전이었다.

포르투갈과 스페인이 해양패권과 해상무역을 장악하고 있는 상황에서 후발주자로 이들과 경쟁해야 했던 영국의 상황은 녹록하지 않았다. 스페인이 아메리카 대륙에서 금은광 개발로 엄청난 부를 얻는 것을 보고 영국도 신대륙에서 금은을 찾으려 했으나 별다른 성과를 내지 못했다. 상황이 이러하자 이후 영국은 신대륙에서 금은을 싣고 오는 스페인의 보물선을 약탈하는 것으로 방향을 바꾸었다.

프랜시스 드레이크

스페인 보물선 약탈로 이름을 떨친 사람이 사략선 선장 출신 프랜시스 드레이크였다. 드레이크는 원래 그의 사촌 존 호킨스John Hawkins와 신대륙 노예 무역에 종사하고 있었다. 1568년 멕시코의 산후안 데 알루아항에 정박하여 스페인 총독과 협상을 하던 중 습격을 받고 구사일생으로 탈출했다. 이후 그는 스페인에 대한 복수를 다짐하고 갤리선 골든하인드Golden Hind호를 몰아 스페인 선단을 약탈하고 파괴하는 데 집중했다. 드레이크는 1579년 3월 마닐라에서 보물을 싣고 멕시코로 가던 카카푸에고Cacafuego호를 약탈한 다음 스페인의 추적을 피해 세계일주에 나섰다. 2년 9개월간의 항해를 마치고 귀국하여 5만 파운드의 전리품을 엘리자베스 여왕에게 바쳤다. 엘리자베스 여왕은 스페인의 처벌 요구를 무시하고 오히려 드레이크에게 기사 작위를 내렸다.

가톨릭의 수호자를 자처하던 펠리페 2세의 스페인과 신교의 영국 사이에 종교적 갈등이 고조되었다. 이러한 가운데 스페인이 네덜란드 독립전쟁을 진압하기 위해 군대를 파견하자 이어 영국을 침공할 것이라고 판단한 엘리자베스 여왕은 부족한 해군 상비군을 보충하기 위한 방편으로 사략선 제도를 도입했다. 영국 민간 선박들에게 사략선 면허를 주고 적대국 스페인의 선박을 약탈할 수 있도록 허용한 것이다.

드레이크의 골든하인드호

사략선은 정부가 인정한 공식적인 해적선이었다. 나포 면허장Letter of Marque을 발급받은 사략선은 약탈한 수익의 일정 비율을 정부에 바치고 나머지는 사략선 선주, 선장, 선원들이 나눠 가졌다. 사략선 제도는 국가재정을 들이지 않고 민간 선박을 이용하여 적대국에게 타격을 입히고 수익을 챙길 수 있는 일거양득의 사업이었다. 엘리자베스 여왕 시절, 영국은 15년간 매년 100~200척의 선박에 사략선 면허장을 내주었고, 이들은 영국 정부에 연 평균 10만~30만 파운드라는 막대한 수입을 가져다주었다.

약탈에서 무역으로

사략선 시대가 저물고 영국은 약탈에서 교역 국가로 전환하였다. 과거 사략선은 상비군을 보충해 주며 막대한 수입을 가져다주었지만 언젠가부터 골칫거리로 변했다. 전쟁이 끝나자 사략선을 통제하기 힘들어졌다. 사략선이 자신들의 존재가치가 점차 하락하자 공공연히 국가 권위에 도전하기 시작했기 때문이다. 유럽의 중심국으로 부상한 문명국 영국은 더 이상 해적질을 용납할 수 없었다. 더욱이 영국의 미래를 해적질에 걸 수는 없었다. 바야흐로 회계장부가 칼보다 강력한 힘을 발휘하고, 해적이나 영웅, 용감한 해군 대신 무역의 시대가 펼쳐지고 있었다.

네덜란드인들이 동방의 향신료 무역으로 큰 수익을 올리고 있다는 소식은 유럽의 역내무역에 집중하고 있던 영국인들을 자극했다. 희망봉을 경유하여 동인도 무역에서 놀라운 성공을 거두는 네덜란드인들을 보며, 자신들도 동인도 무역에 직접 뛰어들기로 했다. 영국은 그때

해금海禁

까지 희망봉을 경유하는 해상 무역로가 아닌 지중해나 모스크바를 경유하는 육로를 통해 동방의 상품을 들여왔다.

영국 왕실은 이들 무역에 종사하는 무역회사들에게 독점권을 부여했다. 1505년 처음으로 모험상인회사Merchant Adventurers에 독점권을 주었고, 이 회사가 성공을 거두자 이후 독점권을 부여받은 여러 회사들이 생겨났다. 드레이크가 세계일주를 마치고 플리머스항으로 입항하면서 가득 싣고 온 동방의 물품이 엄청난 수익을 올린 것도 또 다른 자극제였다.

동인도 무역에 뛰어든 런던 상인들은 회사를 만들고, 자신들이 동인도 무역을 독점할 수 있도록 엘리자베스 여왕에게 청원했다. 이들의 요청을 받아들인 왕실은 희망봉 동쪽의 모든 국가와 15년간 독점적 무역권을 보장하는 특허장Royal Charter을 발부했다. 1601년 1월, 영국과 아시아 그리고 세계의 역사에 큰 영향을 끼친 동인도회사East India Company가 설립되었다.

영국 동인도회사의 동방 진출

영국 동인도회사가 자금을 모으는 방식은 네덜란드 동인도회사와 달랐다. 네덜란드 동인도회사는 일정한 자본금을 모은 후 투자자의 원금은 그대로 둔 채 수익금만을 배분해 주는 방식이었지만, 영국 동인도회사는 매 항해마다 자금을 모아서는 항해가 끝나면 출자 비율에 따라 원금과 이익금을 모두 되돌려 주는 방식이었다. 새로운 항해를 위해서는 새로운 자금을 모아야 했다.

제임스 랭커스터

1601년 3월, 제임스 랭커스터James Lancaster가 지휘하는 영국 동인도회사의 선단이 동인도로 출발했다. 총 네 척의 선박에 500명 이상의 선원을 태우고 110문의 대포를 장착하였다. 이들은 동남아시아 향신료 산지에 머물며 현지인들과 거래를 하고 1603년 9월, 네 척 모두 무사히 영국으로 돌아왔다. 첫 항해가 성공을 하며 충분한 이익을 거두자 1604년에 2차 항해가 실행되었다. 회사 운영도 점차 궤도에 올랐다.

영국 동인도회사는 아시아 지역 정복과 식민지 개척을 위해 설립한 것이 아니었다. 어디까지나 동방무역에 뛰어든 런던의 상인들이 동인도 무역을 통해 이익을 거두기 위해 만든 민간 무역회사였다. 다수의 출자자가 참여하고 정부가 독점권을 부여한 민간 주식회사였다. 동인도회사가 영토 정복에 관심을 드러낸 것은 18세기 무굴제국이 쇠퇴하면서부터였다.

영국 동인도회사의 체제는 17세기 중반 크롬웰의 특허장1657년과 그것을 승인하는 찰스 2세의 특허장1661년에 의해 완성되었다. 이들 특허장은 동인도회사가 영속적으로 자본을 보유하는 것을 허용하였다. 이 시점에서 동인도회사는 실질적인 주식회사가 되었다. 특허장은 동인도에서의 사법권, 화폐 주조권, 무역 활동을 보호하기 위한 군사권, 위법 무역선을 단속하는 권리 등을 부여했다. 이를 통해 독점적 무역권을 위협하는 다른 회사의 무역선을 단속할 수 있게 됨으로써

해금海禁

동인도 무역의 독점적 지위를 확고히 할 수 있었다.

런던 본사는 24명의 이사Directors로 구성된 임원회가 일상적인 회사 운영을 담당했다. 500파운드의 주식을 가진 주주에게 한 표의 투표권이 있었고, 500파운드당 한 표씩 더 주어졌다. 네덜란드 동인도회사와 달리 영국 동인도회사의 경우 주주는 간접적인 방식으로 그 출자금에 맞게 회사 경영에 참여할 수 있었다.

국가가 주도한 프랑스 동인도회사

1644년, 프랑스에서도 동인도회사가 설립되었다. 영국과 네덜란드에 비해 설립이 늦어진 가장 큰 이유는 런던이나 암스테르담과 달리 특정 항구도시에 동방무역을 후원할 수 있는 거대 상업자본이 축적되어 있지 않았기 때문이었다. 또한 프랑스의 정치, 경제 중심지인 파리는 센강이 바다로 이어지지만 대형 선박이 왕래할 수 없는 지리적 한계 때문에 런던이나 암스테르담처럼 무역의 중심지로 성장하기 어려웠다.

프랑스의 재상 콜베르Jean-Baptiste Colbert는 루이 14세에게 영국과 네덜란드가 동방무역의 이익을 독차지하는 것을 막기 위해 프랑스도 동인도회사를 설립할 것을 건의했다. 콜베르는 국부를 증가시키기 위해서는 무역을 진흥해야 한다고 주장하는 중상주의자였다. 동인도회사의 설립 자본은 국왕과 왕족, 대신, 귀족, 관료들이 출자하였다.

영국과 네덜란드의 동인도회사는 민간 무역상인들이 주도해서 출발한 뒤 왕실이나 공화국이 추인한 것에 반해, 프랑스는 정치권력이 처음부터 설립을 주도했다. 정부가 많은 자본을 출자한 것이 영국과 네덜란드 동인도회사와 다른 점이었다. 이러한 이유로 프랑스 동인도회사는 공기업의 성격을 갖게 되었다. 이들은 남인도의 퐁디셰리와 벵골 지방의 샹데르나고르를 아시아의 거점으로 삼았다.

후추와 향신료

동인도회사의 주요 동인도 상품은 후추와 향신료, 차, 면직물이었다. 이들 상품은 유럽인들의 생활뿐 아니라 아시아를 비롯한 전 세계의 역사에 지대한 영향을 끼쳤다. 질 좋고 저렴한 인도산 면직물 수입은 유럽의 산업혁명을 촉발시킨 원인의 하나로 꼽힌다. 동인도회사를 통해 이들 상품은 아시아의 다른 지역과 아메리카, 아프리카 등 세계의 여러 지역으로 운반되었다.

유럽인들은 신항로를 개척하고 동방무역에 진출하는 데 기독교의 전파를 명분으로 내세웠지만, 실제로는 육로를 통한 향신료 수입이 막히자 그 대체 수단으로 바닷길을 찾아 나선 것이라는 것은 모두가 아는 사실이다. 향신료 무역은 막대한 수익을 보장해 주는 사업이었다. 후추와 향신료는 고기의 누린내를 없애고 풍미를 더해 주며 오래 보관할 수 있게 했다.

그 맛에 매료된 유럽인들에게 향신료는 없어서는 안 될 생활필수품이었다. 향신료는 음식뿐만 아니라 의약품으로도 사용되었다. 메이스는 수종, 육두구는 뱃멀미·불면증·호흡곤란, 정향은 기억력 회복·구토·치통, 시나몬은 식욕증가·소화·임신에 좋다고 알려졌다. 후

추는 남성기능 향상에 효력이 있다고 여겨졌다.

동인도회사가 출범하고 동방무역이 활발하게 진행되었던 17세기 중반의 주역은 향신료였다. 1668년에서 1670년 사이 네덜란드 동인도회사의 매출을 보면 후추가 29퍼센트, 고급 향신료정향, 육두구, 메이스, 시나몬가 29퍼센트로, 향신료가 전체의 58퍼센트를 차지하고 있다. 네덜란드 동인도회사는 아시아 역내무역에도 참가하여 아시아 각지에 향신료를 판매했다. 동남아시아를 찾은 중국 상인들은 네덜란드 동인도회사로부터 후추를 구입했다.

17세기 후반 들어 동인도회사의 수입 상품 중 후추와 향신료가 차지하는 비율이 감소했다. 18세기 들어 후추 수입이 다시 완만하게 증가했지만 증가분 이상으로 동인도회사의 수입 총액 전체가 늘어났다. 후추 이외의 새로운 고가 상품, 즉 차, 커피, 면직물 등이 대량으로 수입되면서 상대적으로 후추와 향신료의 중요성이 떨어지는 것처럼 보였다.

급증하는 차와 면직물 수입

영국에 차가 처음 전해진 것은 1630년 무렵이다. 그리고 1662년 찰스 2세가 포르투갈 출신의 캐서린을 왕비로 맞이했을 때 영국 왕실에 차 마시는 문화가 전해졌다고 한다. 비싼 차에 고가의 설탕을 넣어 마시는 왕실의 문화를 귀족들이 따라 하면서, 차를 마시는 것은 상류층의 상징이 되었다. 차는 18세기 중반 이후부터는 널리 보급되어 일반인들도 즐기는 기호품이 되었다.

차 마시는 모습을 담은 18세기 그림(Jan Josef Horemans II, 〈Tea Time〉)

영국 동인도회사가 본격적인 차 수입을 시작한 것은 1678년경이었다. 당시 사치품으로 간주되어 수입 관세가 무척 높았다. 1파운드에 1실링인 차에 5실링의 관세를 부과할 정도였다. 영국 내에서 꾸준히 증가하는 차 수요에도 안정적인 공급망을 구축하지 못했던 영국 동인도회사는 1713년 이후 중국 광저우廣州에 배를 보내 직접 무역을 하면서 겨우 차의 수급을 맞출 수 있었다. 1760년에는 600만 파운드를 넘었다. 1713년 16만 파운드였던 수입량이 50년이 채 되지 않아 40배 가까이 증가한 셈이다.

17~18세기 동인도회사의 주요 상품으로 후추, 향신료, 차와 함께

해금海禁

면직물이 있었다. 구자라트, 벵골, 코로만델 해안 등 인도는 면직물 산지로 유명했다. 오랜 면직물 생산의 전통을 갖고 있어 마을마다 고도의 기술을 가진 직공과 염색공이 있었다. 비단과 거의 차이가 없는 질 좋은 고급 면직물을 생산했는데, 높은 품질에도 가격은 아주 저렴했다.

영국은 1620년에 5만 점 넘는 인도산 면직물을 수입했다. 1664년에는 인도 면직물을 총칭하는 '캘리코calico' 27만 점을 수입했다. 영국 동인도회사 전체 수입량의 73퍼센트에 달하는 양이었다. 인도산 직물은 1760년까지 매년 영국 동인도회사의 수입 총액 가운데 30~92퍼센트를 차지했다.

당시 유럽에서 인도산 고급 면직물은 테이블보, 침대 커버, 커튼, 벽걸이 같은 집안 장식용으로 인기가 있었다. 17세기 후반부터는 옷 감으로 널리 사용되었다. 그전까지 일반적으로 사용되던 마, 양모, 가죽을 사용한 옷에 비해 면은 가볍고 촉감이 좋아 인기가 높았다. 처음에는 실내복이나 내의용 옷감으로 사용되다 1680년대 초부터 외출복이나 정장으로 사용되게 되었다.

이렇게 인도산 면직물이 대량 수입되자 국내 직물업계의 저항이 일어났다. 향신료나 차와 달리 인도산 면직물은 유럽에서 사용되던 기존의 견직물, 모직물, 마직물과 경합을 하게 된 것이다. 직물을 생산하던 국내 업자들은 인도산 면직물이 자신들의 일자리를 빼앗아 간다는 두려움에 격렬히 반대했다. 견직물 직인들이 캘리코를 파는 가게를 습격하고 여성이 입은 캘리코제 옷을 찢는 일도 일어났다.

영국 정부는 자국민들에게 국산 모직물을 사용하도록 장려하는 한편, 1678년에는 영국인이 사망한 경우 그 시신을 영국제 모직물로 싸서 매장하도록 하는 법을 제정했다. 이어 한 해 중 반은 반드시 모직물을 품에 걸칠 것, 여자 하인은 영국제 펠트 모자를 쓸 것 등과 같은 내용의 법률을 제정하려 했으나 성사되지 못했다.

높은 수익을 안겨 준 아시아 역내무역

네덜란드 동인도회사는 17세기 말까지 아시아에서 큰 성공을 거두었다. 고급 향신료 산지인 몰루카제도와 반다제도를 자신들의 통제하에 두었으며, 중국 무역의 거점으로 대만에 상관을 설치했다. 일본 무역을 독점했고 실론에 바타비아와 같은 무역 거점을 설치했으며 인도 각지에도 무역 거점을 확보했다. 이러한 상관 네트워크를 연결하여 아시아 역내무역을 장악했다. 일본이나 페르시아에서 획득한 금, 은, 동으로 인도산 면직물과 중국산 도자기, 생사 등을 확보했다.

나가사키에서 구입한 동을 인도의 코로만델 해안으로 운송하여 면직물과 교환했다. 그런 다음 면직물을 동남아시아 각지로 싣고 가서 후추, 향신료, 염료, 사슴 가죽, 상어 가죽과 바꿨다. 이들 중 일부는 유럽으로 보냈지만, 사슴 가죽과 상어 가죽은 나가사키로 가져가 다시 동과 교환했다. 이러한 무역은 교환 때마다 이익을 남겨 주었다. 17세기 중반 이후에는 유럽과 아시아 간 무역과 별도로 아시아 역내무역만으로도 회사 운영이 충분할 정도였다. 나가사키 무역은 네덜란드 동인도회사에게 매우 중요했다. 그렇기 때문에 네덜란드인들은 동남아시아에서의 폭력적 행태와 달리 에도 막부의 무리한 요구에 대해 굴욕을 감수하면서도 순순히 따랐던 것이다.

그러나 막대한 수익을 안겨 주던 역내무역도 17세기 말이 되면서 사정이 달라졌다. 대만 상관을 정성공鄭成功에게 빼앗기면서 중국 무역의 거점을 잃었다. 도쿠가와 막부도 무역량을 제한하여 일본산 은과 동을 대량으로 구입하기가 어려워졌다. 유럽에서 품질 좋고 값싼 인도산 면직물의 수요가 많아지면서 원산지 가격이 높아졌기 때문에 동남아시아에 인도산 면직물을 들여오는 것도 어려워졌다. 1600년대 말에는 아시아 역내무역이 적자로 전락했고, 네덜란드 동인도회사는 중요한 사업 분야를 잃게 되었다.

'아시아 침탈의 첨병' 동인도회사의 몰락

영국, 네덜란드, 프랑스 동인도회사는 1600년대 초부터 200여 년간 이들 국가의 아시아 진출, 정복, 상업적 이익과 제국주의의 아시아 침탈을 위한 첨병 역할을 했다. 동인도회사는 사실상의 식민지배자로 활동하며 자신들의 상업적 이익을 극대화하기 위해 정복지 주민들을 가혹하게 다루었고 학살을 자행하기도 했다.

다른 한편으로 동인도회사는 전근대적 체제에 머물러 있던 아시아에 유럽의 선진 문명과 첨단 과학기술, 자본주의제도를 전파하는 매개체 역할을 했다. 동인도회사는 근세 유럽 열강이 아시아를 지배하고 유럽 중심의 세계질서를 확립하는 데 교두보 역할을 했다.

동인도회사가 앞서 해양제국을 건설했던 포르투갈과 스페인을 서서히 몰아내고 아시아 무역을 장악할 수 있었던 것은 유럽에서 싹트고 있던 자본주의 상업제도의 힘이 컸다. 왕실 자본에 의존하고 수익이 왕실로 들어가던 포르투갈이나 스페인의 동인도 무역에 비해, 민간자본의 힘으로 움직이고 수익이 투자자에게 돌아가는 동인도회사는 운영이나 수익창출이 훨씬 효율적이었다. 무역 독점권, 군사, 사법, 조세에 관한 특허권은 본국의 간섭 없이 현지 실정에 맞게 탄력적으로 사업을 펼칠 수 있게 했다.

그러나 번성하던 동인도회사도 정치·경제적 여건이 변화하면서 영광을 뒤로하고 점차 쇠퇴하기 시작했다. 영국 동인도회사의 경우, 투자자들이 인도 지배권을 확장하고 있는 동인도회사에 고수익을 기대하고 배당금 증액을 요구하자 배당금을 종래 7~8퍼센트에서 1771년 12.5퍼센트까지 올렸다. 그런데 동인도회사의 주력상품이었던 중국의 차가 식민지 미국에서 팔리지 않았다. 미국은 영국이 차 수입에 부과한 세금을 거부하고 동인도회사가 들여온 차를 보이콧했다. 대신 네덜란드나 프랑스에서 차를 밀수했다.

산업혁명이 일어나고 자유무역의 요구가 높아지자 영국 동인도회사의 독점적 지위는 흔들리기 시작했다. 산업혁명으로 정치적 힘과 자본을 갖게 된 자본가들은 동인도회사의 무역 독점을 비판하고 자유무역을 요구하였다. 그리하여 1793년 인도 무역의 일부가 자유화되었고, 1813년에는 독점무역이 종료되었다. 중국과의 독점무역도 1833년에 끝나면서 회사는 상업적 활동을 중단했다. 이후에는 국가가 파견한 인도 통치기관으로서 20년 정도 더 존속했다.

1760년대까지 최대 규모의 무역량을 자랑했던 네덜란드 동인도회사도 쇠락의 운명을 피할 수 없었다. 1780년대 초에 2,500만 길더의 부채가 발생하여 네덜란드 정부에 긴급 자금 지원을 요청했다. 이후 재정 파탄으로 국영화되었고, 1799년에는 회사 자체가 청산되었다. 네덜란드 동인도회사의 몰락 원인은 경영진의 무능함, 부패, 높은 배당, 아시아 역내무역의 부진 등 복합적이었다.

초기 자본주의의 산물로서 국가의 지원을 등에 업고 독점적 이익을 누리던 동인도회사가 국가의 뒷받침을 잃고 자유무역이라는 경쟁체제 앞에 섰을 때 쇠락의 길로 떨어지게 된 것은 필연이라 할 수 있을 것이다.

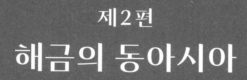

제2편

해금의 동아시아

제3장
동아시아의 반해양 정책

명의 해금령

서양과 동양의 근세 역사와 관계를 결정짓는 키워드는 '해금 海禁'이라 생각한다. 해금은 '하해통번지금 下海通番之禁', 즉 '바다로 나가 오랑캐와 교통하는 것을 금지한다'는 말의 약칭이다. 말 그대로 바다로 진출하는 것을 금지하는 것이다. 해금은 명·청 시대에 중국인이 해외에 나가 무역하는 것을 금지하고 외국 상선의 입출항을 제한하는 반무역 정책이자 해양 진출을 억제하는 해양 통제 정책이었다. 또한 외국에 문호를 닫고 자국민에게는 해외 진출을 금지하는 쇄국 정책이었다.

해금은 중국뿐만 아니라 중국 중심의 화이 華夷 질서 속에 있던 조선과 일본의 근세 역사에도 결정적인 영향을 미쳤다. 해금은 몽골이 세운 원제국을 무너트리고 명나라를 건국한 직후인 1371년에 처음 시행되었다. 이후 해금이 완화되어 외국으로 나가 무역을 하는 것을 허용하고 부분적으로 사무역을 허용하는 개해開海가 시행되기도 했으나, 해금은 명·청 시대의 지배적인 외교·무역·국방 정책이었다.

중국은 유럽 열강들이 앞다투어 활발히 대양으로 진출하던 시기에 수천 년 동안 누려 왔던 해양강국의 지위를 포기하고 스스로 바다에 빗장을 치며 고립을 자초했다. 선뜻 이해하기 어려운 해금이 실시된 배경에 대해 여러 가지 설이 있지만, 원말명초 연안지역에 들끓던 왜구와 직접적인 관련이 있다는 설이 가장 유력하다. 당시 중국 연근해 주변에는 왜구의 노략질로 인한 피해가 심각했다. 왜구들은 선단을 이루어 연해지역에 상륙해 약탈을 하거나 연안지역 주민들과 밀무역을 하는 등 여러 가지 문제를 일으켰다.

기반이 취약한 신생 왕조에게 반명 세력이 이들 왜구와 손을 잡고 도전하는 것이 가장 위협적이었다. 해금은 이들 반명 세력이 동남 연안지역의 백성들과 연계되어 심각한 반란 세력으로 성장하는 것을 막고 왜구의 침입으로 혼란스러운 연안지역에 질서를 유지하기 위한 조치였다.

그런데 해금은 단순히 연안의 질서 유지를 위한 조치가 아닌 반해양 정책이었다. 명나라는 이후 해금을 완화할 때까지 200여 년간 엄격한 해금령을 시행했다. 해금령에 따라 송·원대에 활발했던 민간의 해외무역은 금지되고 정부가 관장하는 공무역인 조공무역만 허용되었다. 조공무역은 조공·책봉 관계

명나라의 정크선

해금海禁

에 있던 번속국의 사신단이 조공을 바치기 위해 방문할 때 함께 온 상인들이 지정된 장소, 즉 입국한 항구와 베이징北京에서 행했던 무역을 의미한다. 명나라 건국 초 16개였던 조공국은 이후 40여 개국 이상으로 늘어났다. 주요 조공국은 일본, 고려조선, 류큐, 안남북부 베트남 등이었다. 조공사절은 정해진 항구를 통해 들어와 공물을 헌상하고 황제가 내리는 선물인 회사품回賜品을 받았다.

오늘날 '해금'은 '쇄국'이란 말로 쓰이고 있다. 해금은 바다 진출을 금하는 의미이지만 바닷길이 거의 유일한 해외 진출 통로인 시대에 해금은 곧 자국민의 해외 출입과 이주, 외국인의 도래, 상거래, 무역에 대한 엄격한 통제를 의미했다. 이런 이유로 해금은 곧 외국에 문호를 개방하지 않는 쇄국이었다.

청의 천계령

명의 해금령을 이어받은 청은 더욱 강력한 해금령을 시행하였다. 청의 법전인 《대청회전》에서 "나뭇조각 하나도 바다에 띄우는 것을 불허한다"고 규정할 만큼 엄격한 해금령을 시행했다. 청의 해금령은 다음과 같이 정리할 수 있다. 첫째, 백성들이 바다로 나가는 것을 제한하고 해상들의 선박 크기를 제한하였다. 둘째, 차·비단 등 고급 중국산 제품의 수출을 금하였다. 셋째, 돛을 두 개 이상 단 대형 선박의 건조를 금하였다. 넷째, 선박에 무기를 싣고 나가는 것을 제한하였다.

만주족이 세운 청은 대만을 근거지로 하여 반청복명 운동을 펼치던 정성공 세력을 진압하기 위해 두 차례의 해금령을 내려 조그만 배라도 바다로 나가지 못하게 했다. 이와 함께 1661년에는 해금을 더욱 강화한 천계령遷界令을 실시하였다. 정성공 세력을 고립시킬 목적으로 푸젠福建, 광둥廣東, 저장浙江, 장쑤江蘇, 산둥山東 등 5성의 연해 주민들의 해상교통과 어업, 무역을 금지하고 주민들을 10~30리 내륙으로 강제로 이주시켰다.

1683년 정성공 세력이 평정되면서 천계령이 폐지되고 제한적으로 바다에서 무역과 어업이 허용되었다. 이것은 어디까지나 해금의 완화였지 폐지는 아니었다. 해금이 완화되면서 해외무역을 위하여 많은 중국인들이 동남아시아 지역으로 이주하였다. 그러나 해금령의 완화로 해적이 들끓고 반청 세력이 다시 일어날 조짐을 보이자 해외무역을 다시 통제하였다.

해금령이 엄격하게 시행되는 시기에도 감시의 눈을 피해 밀무역이 성행하였다. 동남아시아산 향료나 염료 무역이 큰 이익을 가져다주었기 때문에 상인들은 목숨을 걸고 밀무역에 종사했다. 밀무역을 단속해야 할 관료들도 참가하는 경우도 있었다.

떠오르는 개해론

명·청 시대에 해금령이 강력히 시행되면서 많은 문제점들이 드러났다. 정부의 감시의 눈을 피해 밀무역이 급증하였고 무역을 위해 동남아시아 등 해외로 도항하는 중국인들이 크게 늘어났다. 해외로 나간 중국 상인들은 국가의 보호를 받지 못했다. 이들은 국가의 전폭적 지원을 받는 유럽 상인들에게 밀릴 수밖에 없었다. 시간이 지나면서

해금海禁

해금령을 완화하고 해외무역을 허용하자는 개해론開海論의 목소리가 높아졌다.

사정이 이렇게 되자 명나라 조정도 어쩔 수 없이 1509년 광둥성의 광저우를 조공국 상인들에 개방했다. 1576년에는 해금령이 시행된 지 200여 년 만에 다시 사무역을 허용하였다. 사무역이 허용되었다고 해서 완전한 자유무역을 의미하는 것은 아니었다. 사무역은 대동남아시아 무역항인 장저우漳州 한 곳으로 한정되었고 무역선의 연간 출항 횟수도 50회로 제한되었다. 해금령의 완화는 그동안 폐쇄되었던 무역항로와 교역 루트를 빠르게 회복시켰다. 정부의 무역허가장을 받은 선박의 수도 1577년에는 100척, 1597년에는 137척으로 늘어났다.

해금과 개해가 반복되는 과정에서 오늘날의 세관에 해당하는 해관海關이 중요한 역할을 하였다. 해관의 역할은 대외무역을 허가하고 관세를 징수하는 것이었다. 자유롭게 해외무역을 하던 송·원대 시기에는 시박사市舶司라는 명칭의 기관이 그 업무를 담당하였다. 관세를 징수하고 선박을 검사하는 등의 업무를 수행하는 점에서 해관과 동일한 성격의 기관이었다.

해금을 완화한 후 청나라의 강희제康熙帝는 동남해 연안의 장저우, 광저우, 닝보寧波, 상하이上海 네 곳에 해관을 설치하였다. 해외로 출항하는 중국 상선은 배의 규모, 승선자 수, 금지 품목 등 여러 가지 항목에 걸쳐 규제를 받았다. 각 지방 정부가 발급한 도항증명서를 얻은 다음 각 항구의 기관에서 검사를 받은 후 출항할 수 있었다.

그러나 해금을 완화한 지 얼마 지나지 않아 건륭제乾隆帝는 사소한 무역 분쟁과 유럽 상인들이 중국의 풍속을 해친다는 이유로 1757년 외국 상선의 입출항을 광저우 한 곳으로 제한했다. 아편전쟁 후 해금 체제 해체의 가장 상징적 변화는 광저우 해관의 독점적 지위가 무너지고 여러 개항장에 근대적 해관이 설치된 것이었다. 해관은 자본주의라는 서양의 새로운 시스템이 중국에 도입되는 데 중요한 역할을 했다. 동시에 대외무역이나 관세 업무를 넘어 청의 외교의 많은 부분을 담당하는 기관이었다.

찬란한 중국 해양문명의 쇠퇴

해금이 시행되기 전 송·원대 450여 년 동안 중국은 세계 최고의 해양국가였다. 고대 동아시아는 세계 어느 지역보다 역내 해상무역이 활발히 이루어진 곳이었다. 중국과 이슬람 세계는 해양 실크로드를 통하여 무역과 교류를 하면서 자신들의 앞선 문명을 전파하였고 문명 발전의 상승작용을 일으켰다.

송대에는 해안지역을 중심으로 일본 및 동남아시아와의 무역이 크게 발달했다. 11세기에는 일본의 규슈 하카타博多에 중국인 거주지가 형성될 만큼 두 나라 간의 해상무역이 활발히 이루어졌다. 12세기 초 나침반이 실용화되고 대형 선박의 건조 기술이 발전하면서 중국 상인들은 남인도와 동남아시아 각지로 진출했다. 중국의 대형 선박은 500여 명을 탑승시킬 수 있었으며 선미의 방향키로 조종하고 해도와 나침반을 이용해 항해했다. 송대 해외무역의 중심지였던 항저우杭州는 13세기에 인구 70만의 도시로 성장했다.

찬란한 중국 문명의 융성기를 누렸던 송은 이민족 몽골의 침입으로 몰락하고 이들이 세운 원제국이 들어섰다. 초원에서 일어나 중국을 지배하게 된 몽골은 원래 바다와는 거리가 먼 민족이었다. 몽골인들은 남송을 정복한 후 해상무역으로 막대한 이익을 올리는 것을 목격하고 해상무역에 깊은 관심을 가지게 되었다. 무엇보다 광대한 제국 내의 물자를 이동하는 데 육상보다 해상교통이 훨씬 효율적이라는 것을 깨달았다. 원제국의 통치자들은 많은 화물을 운송할 수 있는 대형 선박 건조와 이들 선박이 드나들 수 있는 항구 건설을 독려했다. 그리고 나침반, 해도 등 항해 장비를 개발했다. 자신들의 부족한 항해·조선 기술은 당시 세계 최고 수준이었던 아랍인들을 고용하여 보완하였다.

몽골인들은 중국 남부의 취안저우泉州에서 자바, 실론, 말라카, 인도를 거쳐 페르시아만의 호르무즈로 연결되는 해상 실크로드를 개척했다. 몽골인들은 해양 실크로드를 통하여 베트남, 자바, 실론, 인도의 항구에서 자국에서 생산할 수 없는 설탕, 상아, 계피, 면화 등을 들여왔다. 또한 해양 실크로드의 연안지역에서 무역을 확대하기 위해 중국 남부의 봉신들에게 외국 항구로 이주하여 교역기지를 설치하도록 장려하였다. 몽골제국 통치 기간 중에 많은 수의 중국인이 베트남, 캄보디아, 말레이반도, 보르네오, 자바, 수마트라 해안지역에 공동체를 만들어 정착했다.

정화의 대원정

해금령이 강력하게 시행되던 명대 초기에 정화의 대원정은 해양강국 중국의 위용을 과시한 상징적 사건이었다. 원·명 교체기에 포로가된 이슬람 출신 정화는 명의 제3대 황제 영락제永樂帝의 명을 받고 일곱 차례 걸쳐 대원정1405-1433을 이끌었다. 정화의 원정은 중국의 쑤저우蘇州에서 출발하여 동남아시아, 인도를 경유하여 호르무즈, 동부아프리카의 케냐에 이르는 대원정이었다. 원정대는 세계사에서 유례를 찾을 수 없는 대규모 선단이었다. 길이 138미터, 폭 60미터의 보선寶船을 기선으로 하는 60여 척의 대형 선박과 200여 척의 각종 선박으로 이루어졌다. 참가 인원도 매번 2만 7,000명에 이르는 매머드선단이었다.

정화 원정대를 묘사한 그림

정화 원정대는 중국의 발전된 과학기술, 무기, 조선, 항해술의 결정판이었다. 정화가 원정을 떠난 명대 초는 선박 수, 조선술, 화물운송능력, 항해 범위, 대양 항해 능력, 정비 능력 등 항해에 관련된 모든 역량이 유럽보다 비교가 안 될 만큼 앞서 있었다. 유럽에서 가장 큰 선

해금海禁

단을 가지고 있던 베네치아 선단 중 50톤이 가장 큰 배였고 지중해에서만 운항할 수 있는 능력이었다.

해금령 속에서 장기간에 걸쳐 막대한 비용이 소요되는 대규모 해외 원정대를 보낸 이유에 대하여 여러 가지 설이 있다. 그중에서 가장 유력한 설은 새로 등극한 중국 황제의 위엄을 알리고 원정대가 진출한 국가들과 조공관계를 맺어 중화주의 질서를 확대하기 위한 목적이었다는 것이다.

원정대를 계속해서 후원했던 제5대 황제 선덕제宣德帝가 사망하자 원정은 막을 내렸다. 이후 중국은 강력한 해금으로 회귀하였다. 북방 오랑캐들의 침입 앞에 막대한 재정적 부담을 주는 해양원정을 더 이상 지속할 수 없다는 이유에서였다. 하지만 근본적인 이유는 보수적 관료 집단이 환관이 주도하는 해양 진출 정책은 명의 국가이념인 유교 지배질서에 반한다고 보았기 때문이었다.

반해양 정책의 분위기 속에서 원정에 참가했던 거대한 보선은 해체되어 건축 자재나 연료로 쓰이고 선원은 건축 노동자나 변방을 지키는 군인으로 재배치되었다. 대양으로 항해할 수 있는 선박의 건조는 당연히 금지되었다. 그리고 원정 기록은 철저히 파괴해 버렸다.

콜럼버스가 신대륙을 발견하기 전 한 세기 가까이 먼저 대양을 개척했던 중국은 이후 완전히 대륙국가로 돌아섰다. 찬란했던 중국의 해

정화 원정대의 배

양문명은 스러지고 해양 주도권은 중국이 개척한 해양 실크로드를 타고 동으로 진출한 유럽 국가들에게 내주고 만다. 정화가 개척한 무역항로를 중국이 계속 장악하고 있었다면, 유럽 국가들처럼 식민지를 만들었다면, 그 이후의 역사는 어떻게 전개되었을까.

오늘날 중국은 정화의 대원정을 유럽의 폭압적인 해양 진출과 비교하며 평화적인 해양 팽창으로 찬양하고 있다. 정화가 진출했던 곳에 유럽과 달리 식민지를 건설하고 직접적인 통치를 시도하지 않은 것은 중화주의 틀에서 조공·책봉의 느슨한 지배체제를 구축했던 전통에서 그 답을 찾을 수 있을 것이다. 이 방식이 인仁에 바탕한 유교이념에 부합하고 비용 대비 효율적인 지배체제였기 때문이다.

해금의 세계사적 의미

해금이 중국과 동아시아의 근세 역사에 끼친 영향과 내포하는 의미는 해상무역을 넘어 정치, 안보, 사회, 문화, 과학기술 등 사회의 모든 영역에 걸친 전방위적인 것이었다. 근대에 들어서면서 유럽인들은 '해양은 누구나 자유롭게 이용할 수 있다'는 '자유해' 사상을 바탕으로 일찍이 대양 개척에 나섰다. 이들이 범선과 대포, 총기를 앞세우고 전 세계 해양을 누비며 무역항로를 개척하고 식민지를 정복하면서 단절되어 있던 대륙들은 해양을 통해 하나로 연결되고 있었다. 이에 비해 아시아는 활발했던 해상 활동을 뒤로하고 바다에 빗장을 치며 해양으로부터 멀어지고 있었다. 이런 상반된 모습은 다가올 세기의 유럽 주도 근대 역사와 '식민의 바다'와 '굴욕의 아시아'의 근대사가 펼쳐지는 서막이었다.

중국이 다른 대륙과의 해상무역을 금지한다는 것은 바깥세상을 향한 창을 닫아 버리고 다른 문명과 교류를 단절하겠다는 것과 다름이 없었다. 이것은 중국이 고대부터 육·해상의 실크로드를 통하여 다른 대륙과 교류하고 앞선 문명을 전파하던 개방적이고 포용적인 자세를 버리고 스스로 고립되는 것을 선택한 전환점이었다. 중국 해상海商들이 대규모 선단을 이끌고 계절풍을 이용해 동중국해, 말라카해협을 지나 인도, 아랍, 지중해의 이탈리아반도까지 이어지는 해양 실크로드를 항해하던 해상무역은 먼 옛일이 되었다.

문화적 우월감과 자급자족의 경제적 풍요를 믿고 바깥 세계와 담을 쌓은 중국은 점차 역동성을 잃기 시작했다. 유럽이 새로운 대륙을 발견하고 대항해시대를 열었던 사건이 중세에서 근대로의 전환점이 되고 이후 산업혁명으로 이어졌던 사실을 고려하면 이 점은 보다 분명해진다.

아메리카 신대륙을 정복하겠다는 유럽인들의 욕망은 새로운 지식을 맹렬한 속도로 찾아 나서게 했다. 새로 발견한 방대한 영토를 통제하기 위해서는 신대륙의 지리, 기후, 식물, 동물, 언어, 문화, 역사에 대한 정보를 수집하고 연구를 해야 했다. 성경이나 프톨레마이오스의 지구 중심 세계관, 중세적 종교관에 의한 지리서는 거의 도움이 되지 않았다. 새로운 도전을 위해서는 새로운 지식과 과학을 찾아 나서야 했다. 게다가 개인의 창의성과 성과를 인정해 주고 보상이 주어지는 자본주의제도는 부를 찾아 대양을 항해하고 새로운 과학기술을 발전시키는 강한 유인책이었다.

바다에 빗장을 친 중국과 아시아는 유럽 세력의 대양 진출이라는 세계사의 거대한 흐름에 무지했고 유교적 신분질서와 중화주의의 울타리 속에 갇혀 있었다. 중세를 넘어 이성과 보편적 가치의 존중, 자연 제약을 극복하려는 물질문명의 진보, 자본주의 경제와 첨단 무기에 의한 부국강병 등 근대 세계로 나아가고 있던 서양 세계를 알 수 없었다.

결국 중국과 아시아는 세계사의 메가트렌드에 뒤처지고 자기 주도의 근대 세계로의 전환에 실패했다. 그 결과 이름뿐인 종이호랑이로 전락한 중국과 중화세계는 유럽 식민주의 세력에게 유린당하는 굴욕을 당하고 근대 세계사의 주도권을 서양에게 내주게 된다.

중화주의 세계관에 빠진 중국

해금령의 정치·사상적 배경에는 인의를 중시하는 유교의 지배이념과 중국 중심의 중화주의中華主義 세계관이 있다. 고대부터 중국은 자신을 세계의 중심, 즉 천하로 여기고 있었다. 중국 문명이 세계 최고의 선진 문명이라는 우월감으로 중국 외의 이웃 나라들은 오랑캐로 여기고 천시하였다.

황제는 주변국의 왕에게 임명장을 내리는 책봉冊封을 하여 군신 관계와 종주국과 종속국의 관계를 맺었다. 종속국은 종주국에 대한 복속의 의미로 황제에게 정기적으로 공물을 바치는 조공의 의무를 행하였다. 종속국 통치자들이 중국 문명의 우월성을 인정하고 조공의 의무를 다하면 국내 문제는 별다른 간섭 없이 내버려 두었다. 중국은 상대적으로 강제성이 떨어지는 헤게모니를 가지고 있었기 때문에 오랜 기간 동안 다양한 문화와 거대한 인구를 지배할 수 있었다. 조공·책봉의 중국 중심의 국제질서는 '하나의 문명, 다수의 체제'로 요약될 수 있다.

사농공상의 유교적 신분질서에 의해 농업을 중시하고 상업을 천시하는 중농억상重農抑商 정책을 청조 말까지 고수했다. 상인들의 사회적 신분도 강도보다 한 단계 높았다. 사람과 물자의 활발한 이동과 개인의 부의 추구는 사회적 안정을 해치고 유교적 신분질서를 흔들 수 있다고 보았기 때문이었다. 특히 해외무역의 급증은 황제의 권력과 지배체제에 위협이 될 수 있다고 보았기 때문에 해금령이라는 반무역 정책을 시행하게 되었다.

화이질서에 빠져 있던 유교 관료들은 외국과의 교역을 호혜적 거래 관계가 아니라 교역을 위해 물자를 내놓는 것은 상대국에 공물을 바치는 것과 같다고 생각했다. 이러한 사고는 1793년 교역관계를 맺기 위해 중국을 방문한 영국의 매카트니George Macartney 사절단을 대하는 태도에서 잘 드러난다.

'강건성세康乾盛世'로 불리는 중국의 최고 융성기를 이끌었던 건륭제는 공식적 외교관계 수립과 무역의 확대를 희망하는 매카트니 사절단 일행을 웅장한 궁전과 화려한 별장만 보여 주고 영국으로 돌려보냈다. 그리고 영국 왕 조지 3세에게 보낸 편지에서 "중국의 땅은 거대하고 물자는 풍부하다地大物博" 하여 부족한 것이 없다며 영국의 요청을 거부했다.

매카트니 사절단을 맞는 건륭제

산업혁명 이후 유럽은 폭발적으로 산업이 성장하고 있었지만 변화를 거부하는 중국은 여전히 자급자족의 폐쇄적 경제체제에 머물러 있었다. '천하의 중심'이라는 자만에 빠져 있던 중국은 매카트니 사절단 방문 후 40여 년 만에 무시했던 영국의 위력 앞에 완전히 고개를 숙이게 된다.

기독교를 받아들인 다이묘들

일본도 1853년 미국의 군함 앞에 강제로 문호를 개방하기 전까지 200여 년간 쇄국 정책을 고수하며 서양 열강과의 무역을 허용하지 않았다. 일본의 쇄국은 유교적 화이질서나 배타적 세계관에서 비롯된 것이라기보다는 기독교 전파를 막고 막부 체제에 대한 위협을 없애기

해금海禁

위한 것이 그 목적이었다.

이베리아인들이 신항로를 개척하고 신대륙 탐험에 나선 것은 부를 추구했기 때문이었지만 '신의 사업'으로 포장되었다. 그렇기 때문에 강압적으로 해외 영토를 획득하고 점령지역을 착취하는 것도 기독교 전파를 위한 명분으로 정당화될 수 있었다. 아시아 교역 루트를 먼저 확보한 포르투갈은 동인도 기독교 포교를 위해 인도 고아에 교구를 설치하고 기독교 전파를 추진했다. 포르투갈 점령지에서 예수회Society of Jesus가 포교의 선봉에 섰다.

예수회는 프란시스코 사비에르Francisco Xavier와 두 명의 다른 사제를 인도로 파견했다. 사비에르는 말라카에서 만난 일본인 기독교 신자 안지로를 따라 일본의 기독교 전파를 위해 1549년 가고시마로 들어갔다. 사비에르는 일본에서 2년 3개월 체류하면서 기독교를 전파했다.

일본에 건너온 많은 예수회 선교사들은 일본 각지에 교회를 건설하고 포교 조직을 만드는 데 드는 비용을 마련하기 위해 중국과 일본 사이에서 생사 무역을 하고, 일본인에게 중국 무역을 알선하거나 중개하였다. 포르투갈과의 무역은 규슈 지역 다이묘들에게 중국산 고급 물품과 화승총에 필요한 연鉛과 초석硝石을 얻고 높은 수익을 올릴 수 있게 해주었다. 선교사의 체재를 허락

프란시스코 사비에르

하고 기독교 포교를 허용하는 다이묘의 영지에 포르투갈 상선이 오고 무역이 이루어졌다. 규슈 지역 다이묘들이 기독교를 다른 지역에 앞서 받아들인 이유였다.

선교사와 다이묘의 관계는 종교와 무역 관계 이상이었다. 다이묘들은 박해로부터 선교사들을 지켜 주었고 선교사들은 다이묘들이 위기에 처했을 때 화승총, 연, 초석 등 무기와 군수물품 등 군사적 지원을 했다. 16세기 후반 일본의 기독교 전파는 순수한 포교라기보다는 무역과 영토획득을 위한 군사활동이 결합된 복합적인 성격이었다.

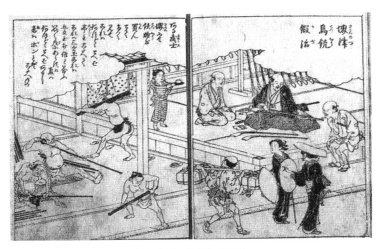

총을 만드는 대장장이의 모습

당시 가장 강력한 다이묘였던 오다 노부나가織田信長의 호의적인 태도는 기독교 신자가 급속히 증가하는 데 큰 기여를 했다. 기독교에 대한 믿음이 없었지만 노부나가가 호의적인 태도를 취한 것은 순전히 정치적 이유 때문이었다. 기독교를 통해 막강한 세력을 가진 불교를

해금海禁

견제하고자 했다. 그리고 규슈 지역의 기독교 다이묘들의 지지를 이끌어 낼 수 있었기 때문이었다. 노부나가는 화승총을 이용해 큰 성공을 거두었듯이 선교사들에 의해 전해지는 발전된 서양의 문물을 받아들이는 데 아주 적극적이었다.

오다 노부나가

다이묘들의 호의적인 태도 속에 스페인의 수도회까지 들어와 경쟁적으로 포교를 한 16세기 말, 일본 내 신자 수가 70만에 이를 만큼 급속히 늘어났다. 당시 일본 소년 네 명이 멀리 로마까지 여행하여 교황을 알현했다는 사실은 기독교에 대한 열의가 얼마나 대단했는지 보여주는 한 단면이라 할 수 있다.

도요토미 히데요시의 금교령

100여 년간 이어지던 전국시대는 1582년 오다 노부나가가 혼노지本能寺에서 비극적 최후를 맞고 그 틈을 타 주도권을 잡은 도요토미 히데요시豊臣秀吉에 의해 1587년 막을 내렸다. 53개의 왕국이 존재한다고 할 정도로 분열되어 다이묘들이 천하의 패권을 두고 쟁투를 벌이던 시대는 끝이 났다. 이로써 일본열도는 하나의 통일된 정권으로 다시 태어났다.

천하를 통일하자마자 히데요시는 갑자기 기독교도를 추방하는 금교령禁敎令을 내린다. "일본은 신의 나라이다. 기독교의 선교사들이 좋지 않은 가르침을 전한다는 것은 해괴한 일이다"라며 기독교를 엄금하고 포르투갈 신부와 선교사들에게 20일 이내에 일본을 떠날 것을 명령하였다. 그러나 포르투갈과의 무역은 금지하지 않았다. 도요토미 히데요시와 이후 기독교 금지령을 내리는 도쿠가와 이에야스德川家康의 기본적인 인식은 선교사들의 선교 목적은 신자들로 하여금 모반을 일으키게 하고 기독교 국가가 군대를 보내 이들과 함께 일본을 정복하기 위해서라는 것이었다.

한편 기독교의 교리는 일본의 전통적인 신불神佛 신앙인 신도神道와 대립하고 봉건사회의 지배이념에 맞지 않았다. 기독교에서는 주군에 대한 충성보다 신에 대한 복종을 강조하고 할복, 순사殉死와 같은 사무라이의 덕을 죄악시하였다. 이 같은 기독교를 지배자들은 봉건질서를 위협하는 커다란 장애물로 인식하였다.

에도 막부의 해외무역

도요토미 히데요시에 이어 일본의 지배자가 된 도쿠가와 이에야스는 처음에 서양에 대해 개방 정책을 취했다. 1543년 포르투갈 무역선이 처음으로 일본에 입항한 이후 일본과 유럽의 무역은 차츰 확대되었다. 1600년, 표류하던 네덜란드의 무역선 리푸데호가 규슈에 들어왔다. 도쿠가와 이에야스는 네덜란드 선원 얀 요스턴, 영국인 수로안내자 윌리엄 애덤스를 에도로 불러들여 유럽의 사정을 들었다. 이들로부터 네덜란드와 영국이 기독교 전파가 아닌 무역만 원하고 있다는 사실을 알게 되었다. 이에 고무된 이에야스는 이들을 외교와 무역 분

해금海禁

야의 고문으로 임명하고 네덜란드
와 영국과의 무역을 추진했다.

1609년에는 네덜란드 선장이 이
에야스와 면담하고 규슈 연해 히라
도에 네덜란드 동인도회사의 상관
설치를 허락받았다. 영국 동인도회

도쿠가와 이에야스

사는 네덜란드의 중개로 1613년 히라도에 상관을 설치하였다. 포르
투갈, 스페인과 달리 네덜란드와 영국은 가톨릭으로부터 이탈한 개신
교 국가였다. 이들 국가는 일본에서 지배자의 반기독교 정서를 알고
무역을 위해 전략적으로 기독교 전파를 자제했다.

이에야스가 해외무역에 개방적인 태도를 취한 것은 순전히 경제적
이유 때문이었다. 에도 막부의 부를 늘리기 위해서는 해외무역을 활
발히 추진해야 한다고 판단했기 때문이다.

17세기 일본 무역선

이러한 차원에서 1607년, 임진왜란으로 단절되었던 조선과의 국교 회복에도 성공했다. 이에야스는 조선을 통하여 명과의 관계도 회복하려 하였으나 뜻대로 되지 않았다. 그러나 공식적인 관계의 단절 속에서도 명에서 건너오는 무역선은 해마다 증가하였고 나가사키에 거주하는 중국인 수도 계속 증가하였다.

명의 해금령이 완화된 후 중국 상인들이 동남아시아 각지로 출항하는 것이 허용되자 일본 상인이 동남아시아에서 그들과 만나 직접 거래를 하는 '만남무역出会い貿易'이 성행하였다. 이에 따라 16세기 말부터 동남아시아 방면으로 출항하는 일본 상선은 급격히 증가하였다.

이에야스는 동남아시아로 진출하는 일본 배에 항해 허가서인 주인장朱印狀을 발부하였다. 동남아시아 국가들에게 주인장을 휴대한 상선의 안전과 상업활동 보장을 요구하고 증서가 없는 상선에 대해서는 무역활동을 허락하지 말 것을 요청했다. 그간 동남아시아 국가들과 관계가 원활하지 못했고 일본 상선들이 왜구로 오인되는 경우가 있었기 때문이었다. 주인장을 발부받은 상선, 주인선朱印船은 반드시 나가사키에서만 출항할 수 있었다. 주인장 제도는 민간의 해외무역 활동을 막부의 관리하에 두겠다는 것이 가장 주된 목적이었다.

일본에 거주하고 있는 자라면 국적에 상관없이 주인장이 발급되었다. 일본 상인, 다이묘, 사무라이, 중국 상인, 유럽 상인들이 주인장을 취득했다. 다이묘들은 선주로서 주인장을 가지고 있었으며 애덤스처럼 일본에 거주하는 외국인도 주인선 무역에 참가하고 있었다. 주인선 무역을 통해 다이묘들은 막대한 부를 축적했다. 1604년부터 쇄국정책으로 주인장 제도가 폐지되는 1635년까지 32년간 총 356척

해금海禁

의 상선이 주인장을 받고 출항하였다. 가장 많은 목적지는 안남베트남 71척, 시암태국 56척, 여송필리핀 54척 순이었다.

기독교 금지와 해금

1613년, 에도 막부는 갑작스럽게 해금령을 공표한다. "주인선 이외의 상선은 절대 해외로 보내지 말고, 외국에 거주하는 일본인으로서 귀국하는 자는 사형에 처한다. 다만 외국 거주기간이 5년 미만인 자는 정상을 참작하여야 한다." 2년 후 쇄국령은 더욱 강화되었다. "어떠한 사정하에서도 일본인이 해외로 나가는 것을 금지하며, 해외에서 입국하는 자는 모두 사형에 처한다."

이에야스는 1613년 전국에 걸쳐 기독교 금지령을 내렸다. 기독교 신자가 빠르게 증가하자 위협을 느꼈던 것이다. 이에야스는 기독교 전파의 목적이 일본 정복이라고 인식하고 있었지만 그동안 무역을 위해 묵인하고 있었다. 그러나 막부 지배질서에 반하는 평등사상, 신자들의 열광적이고 반사회적인 행동, 전통 종교와 부조화, 포르투갈과 스페인의 영토적 야심을 강조하는 네덜란드와 영국의 설명 등 기독교의 위험 요소를 더 이상 두고 볼 수 없다고 판단했다.

교회는 파괴되었고 선교사와 신자들은 체포되어 가혹한 고문과 형벌을 받았다. 기독교 신앙 유무를 확인하기 위하여 그리스도나 성모 마리아 상을 밟아 보도록 하였다. '기리시탄'이라 불리던 신자들에게 가혹한 고문을 가하고 배교할 것을 강요했다. 혹독한 고문에도 신앙을 버리지 않는 신자들은 화형에 처해졌다. 이와 동시에 전국에 숨어

포르투갈 옷을 입은 일본 기독교 신자

있는 선교사나 기리시탄을 고발하는 자에게 포상금을 지불한다는 포
고령을 내렸다.

　엄청난 박해가 가해지는 와중에도 생명의 위험을 무릅쓰고 일본으
로 들어오는 선교사들이 끊이지 않았다. 이들은 마닐라와 마카오로
부터 비밀리에 일본으로 건너갔다. 동남아시아로부터 주인선을 타고
잠입하는 선교사들이 줄을 잇자 막부는 마침내 주인선 제도를 폐지해
버렸다. 기독교 금지와 쇄국령의 시행으로 활발히 이루어지던 해외무
역은 활기를 잃고 일본은 고립의 길을 걷게 된다.

　시마바라島原 농민의 난은 에도 막부가 기독교 금지와 쇄국정책을
더욱 강화하는 결정적 계기가 되었다. 1637년 가을, 규슈의 시마바라
반도와 아마쿠사섬에서 대규모 농민반란이 일어났다. 영주들의 기독

해금海禁

교 탄압과 가혹한 수탈에 반발한 농민들이 반란을 일으킨 것이었다. 반란군의 주축이 기독교도였다. 3만 7,000여 명에 이르렀던 농민 반란군은 십자가의 깃발 아래 굳게 뭉쳐 있었다.

4개월에 걸친 농민군의 저항은 12만 막부군의 공세 앞에 평정되었다. 막부는 나가사키에 있던 네덜란드 동인도회사를 동원하여 함선에 포르투갈 깃발을 내걸고 성을 포격하게 했다. 이것은 포르투갈로부터 지원을 기대하고 있던 반란군의 사기를 꺾는 데는 효과를 거두었다. 시마바라의 난을 보고 기독교의 위력을 절감한 에도 막부는 난이 평정되자 기독교 금교령을 한층 강화했다. 포르투갈과는 국교를 단절했다. 1639년에는 포르투갈 상선의 무역을 금지하고 데지마에 있던 포르투갈인들을 마카오로 송환했다.

농민군이 농성한 하라성

서구를 향한 열린 창, 데지마

기독교의 급속한 확산에 위협을 느낀 에도 막부가 기독교 전파는 막고 막대한 이익을 가져다주는 서양과 무역을 할 수 있는 방법을 고민하다 내린 결론이 나가사키에 인공섬 '데지마'를 건설하는 것이었다. 일반 백성들과 접촉을 막기 위해 포르투갈인들을 데지마에 수용하고 무역도 그곳에서만 허용한다는 것이었다.

막부는 나가사키의 부유한 상공업자들에게 명하여 데지마를 건설했다. 5,000평 규모의 부채꼴 모양 인공섬 건설 비용은 상공업자들이 부담하고 나중에 포르투갈인과 네덜란드인들이 지불하는 토지사용료로 상환받게 했다. 포르투갈 상인들이 추방된 후 1641년에 막부는 네덜란드 동인도회사의 상관을 히라도에서 데지마로 옮기게 했다. 시마바라 난 때 군사적 지원에 대한 보상의 성격도 있었지만, 기독교 포교를 하지 않고 무역에만 관심이 있다는 점이 막부의 환심을 산 가장 큰 요인이었다.

데지마는 공무상 출입이 허용된 관리 외에는 출입이 엄격히 금지되었다. 15명 정도 데지마에 상주했던 네덜란드인들은 밖으로 나가는 것은 허가가 있어야만 가능했다. 1641년에서 1895년 사이 일본과 네덜란드의 무역은 오직 데지마에서만 허용되었다. 데지마에는 1년에 한 차례 두 척의 네덜란드 무역선이 입항했다. 일본이 주로 수입했던 것은 설탕이었다. 일본이 수출한 품목은 은 대신 구리였다.

엄격한 쇄국령 속에 데지마는 일본과 서양을 연결해 주는 교류 창구이자 무역 창구였다. 데지마는 이후 일본 근대화의 진원지이자 일본의 미래에 막대한 영향을 미치게 된다.

해금海禁

인공섬 데지마

　서양의 유일한 무역 파트너인 네덜란드를 통해 망원경이나 지구본 등 첨단 서양 문물이 데지마를 거쳐 유입되었다. 네덜란드 무역선은 교역품과 함께 세계의 문화와 문명을 함께 싣고 왔다. 포도주, 볼링, 배드민턴 등이 이때 일본에 들어왔다. 오늘날 나가사키의 특산품인 카스텔라 빵은 일본인들이 포르투갈인들이 먹는 빵을 만들려고 했으나 버터와 우유를 구할 수 없었기 때문에 밀가루, 계란, 설탕을 이용해 만들면서 탄생한 것이다. 데지마를 통해 유입된 서양의 근대 문물과 지식은 난학蘭學의 발전으로 이어졌고 일본이 근대화로 가는 날개 역할을 하였다.

　에도 막부는 1년에 한 차례 데지마의 네덜란드 상관장을 에도로 불러들였다. 에도참부江戶參府를 위해 나가사키에서 에도로 가는 여정은 네덜란드인들이 데지마를 벗어나 일본 실정을 직접 파악할 수 있고 최고 권력자 쇼군을 만날 수 있는 기회였다. 참부를 위해서는 네덜란드 상선이 입항할 때마다 의무적으로 가져와야 하는 풍설서風說書를 지참했다.

풍설서는 유럽이나 중국, 인도의 사정에 관한 국제정세 보고서였다. 아편전쟁 이후 유럽 세력에 위협을 느낀 막부는 보다 자세한 정보를 담은 별단풍설서別段風說書를 요구했다. 에도 막부는 네덜란드 상관이 정기적으로 전해 주는 정보를 통해 앉아서 서양의 사정을 훤히 파악할 수 있었다. 일본의 지식인들에게도 에도참부는 서양의 신문물을 배울 수 있는 기회였다.

데지마는 쇄국은 하되 일본의 발전에 필요한 서양의 근대문명은 받아들이겠다는 실리주의의 상징과 같은 곳이었다. 신문명을 배우려는 일본의 청년들이 나가사키로 몰려들었다. 데지마로 상징되는 나가사키는 서양을 향한 열린 창구 역할을 했으며 일본 근대화의 여명을 여는 진원지였다.

중국보다 강력한 조선의 해금령

소중화를 자처하며 중화주의의 충실한 이행자였던 조선도 해금령을 시행했다. 중국보다 오히려 더 강력한 해금이었다. 삼국시대부터 고려시대까지 한반도에서는 중국, 일본 등 주변국 상인들은 물론 멀리 아라비아에서 온 상인들과도 교역을 할 만큼 해상무역이 활발히 이루어지고 있었다. 경주에서 발굴된 비잔틴 시대의 색깔 있는 유리잔, 아라비아인 모습의 왕릉 호석, 처용 설화 등이 신라의 해외무역

네트워크가 비잔틴제국까지 뻗쳐 있었음을 알려 주는 유물이다.

《악학궤범》에 그려진 처용

그러나 유교를 지배이념으로 하고 사대주의 노선을 취하였던 조선이 건국되면서 사정이 완전히 달라졌다. 조선은 중국의 해금보다 한층 강력한 '공도정책空島政策'을 실행하였다. 공도정책은 섬에서 사람이 살지 않고 비워 두는 것을 말한다. 왜구의 침입에 시달리던 조선 조정은 섬을 왜구와 결탁할 수 있는 불온지대로 보고 섬에 사람이 살지 못하도록 하였다. 본래 공도정책은 고려 말 한반도 연안을 노략질하던 왜구 때문에 시작되었다. 고려 원종 12년1271년 왜구가 거제도를 공격하자 고려 조정은 거제도민을 거창과 진주로 이주시키고 거제도를 비워 두었다.

조선시대에는 공도정책이 한층 강화되었다. 1403년태종 3년에 시작된 공도정책은 1882년고종 19년에야 공식적으로 폐기되었다. 조선 전기의 공도정책은 일부 섬에 국한되었던 고려와 달리 거제, 진도, 남해 등 몇몇 큰 섬을 제외하고 삼남의 대부분 섬으로 확대되었다.

공도정책은 왜구로부터 섬이나 해안지방을 보호하기 위한 것이 이유였으나 실질적으로는 섬 주민들이 외적과 연계되는 것을 막기 위한 정치·군사적 목적의 조치였다. 임진왜란 중에는 해금령도 잠정적으로 해제되었다. 부족한 군량미를 확보하기 위해 버려진 섬을 둔전으로 개간하고 전시에 필요한 옷감, 화약류, 총통 등을 만들 원재료를 교역을 통해 조달해야 했기 때문이었다.

공도정책은 임진왜란 이후 약화되었지만 전쟁이 끝난 후 해금령이 다시 시행되면서 해상무역은 조선시대 말까지 허용되지 않았다. 임진 왜란 이후 조선은 수군을 강화하고 바다를 통한 외적의 침입에 대비했다. 그러나 바다를 군사 목적으로만 접근했을 뿐 해상무역을 통한 부의 창출, 바깥세상과의 교류, 해상 교통수단으로서의 이용은 생각하지 못했다.

조선 후기에는 수군은 물론 어민이나 상민이 내양內洋을 넘어 외양外洋으로 가는 것을 법령으로 금지했다. 내양은 오늘날 영해와 같은 개념으로, 해안선으로부터 10리까지였다. 1677년숙종 3년에 수군이 외양으로 넘어가는 것을 법령으로 금지했기 때문에 조선 수군의 활동영역은 내양에 한정되었다. 이 법령에 따라 어선과 상선도 외양으로 가는 것이 금지되었다. 조선시대의 내양은 근대 서양에서 관습법으로 형성된 3해리약 15리 영해보다 못 미친다. 강력한 해금령과 내양 바깥으로 나가는 것을 금지했다는 것은 해양 이용에 대한 조선시대의 폐쇄적 인식을 그대로 보여 주는 것이라 할 수 있다.

반도국가이면서 조선은 유교 이데올로기와 사농공상의 신분질서에 의해 바다 일을 천업으로 여기며 중국보다 더 강력한 해금령을 시행하였다. 해금령은 조선 말기 척화비로 상징되는 강력한 쇄국으로 이어졌다. 문호를 단단히 걸어 잠근 조선은 바깥 세계의 흐름과 변화에 전혀 무지했다. 조공을 위해 정기적으로 중국을 다녀오는 사절단이 얻어 오는 정보가 전부였다.

소중화를 자처했던 조선은 성리학적 이념과 문화적 우월감에 사로잡혀 중국 이외의 문명은 오랑캐라 여기며 무시하고 배척했다. 봉건

해금海禁

적 왕조 지배체제에 변화를 가져올 수 있는 서양의 사상과 문명의 전파는 철저히 탄압되었다. 민생을 이롭게 할 수 있는 서양의 실용적 과학, 기술, 지식, 사상, 학문은 설 자리가 없었다. 급진적 정치개혁을 추진했던 1884년 갑신정변의 주역들이 내건 개혁정책의 하나가 해금령의 폐지였다.

제4장

자유무역과 해금의 충돌

중국의 폐쇄적 농업경제

유럽에서 산업혁명이 시작되기 전 중국은 유럽에 비교가 되지 않을 만큼 막강한 부를 구축하고 있었다. 강희제, 옹정제, 건륭제 이 세 명의 유능한 황제가 통치했던 130여 년의 '강건성세' 시기 1661-1796는 중국 역사상 경제가 가장 발전했던 때였다. 1750년 청나라의 산업 총생산량 GDP은 세계의 산업 총생산량의 33퍼센트에 달했다. 이 시기 유럽 전체의 GDP 규모가 23퍼센트에 머물렀던 것을 보면 당시 청나라가 세계 최고의 경제대국이었음을 알 수 있다. 영국은 세계 총 산업생산량에서 차지하는 비율이 1.9퍼센트에 지나지 않았다.

산업혁명 이전의 3세기 동안 아시아의 위상은 유럽을 압도했다. 1500년부터 1800년까지 아시아는 세계 인구와 경제활동, 세계 무역에서 절대적인 비중을 차지하고 있었다. 1800년까지 세계 인구의

3분의 2가 아시아에 거주했고 대부분 중국과 인도에 분포돼 있었다. 인도를 포함한 아시아 경제는 전 세계 생산의 약 80퍼센트를 차지했다. 반면 1775년 당시 세계 인구의 5분의 1이었던 유럽인들은 세계 생산의 5분의 1 정도를 차지하고 있었다. 1500년 이후 3세기 동안 아시아는 세계에서 가장 생산성 높은 경제를 자랑했다.

높은 생산성과 부의 축적에도 불구하고 중국은 거대한 인구와 비옥한 토지를 기반으로 하는 폐쇄적 농업경제 체제였다. 농업 시스템의 한계 때문에 중국의 경제는 성장이 정체되어 있었다. 애덤 스미스Adam Smith는 1776년에 출간한 그의 저서 《국부론The Wealth of Nations》에서 농업 시스템에 머물고 있는 중국의 경제를 다음과 같이 묘사하고 있다.

"중국은 예로부터 세계에서 가장 부유한 나라 중 하나였다. 그러나 중국은 오랫동안 정체 상태로 보인다. 중국은 지금보다 훨씬 이전에 이미 그 국가의 법과 제도가 그 사회에 미칠 수 있는 최고 수준에 도달했던 것 같다."

애덤 스미스는 청나라의 농업 시스템이 이미 정점에 도달했다고 보았다. 즉 상업 시스템이나 산업 시스템으로 전환하지 않고서는 정체에서 벗어날 수 없는 상태였다. 그러나 상공업을 천시하는 유교사상과 사회적 안정을 중시하는 황제와 지배계급은 자유로운 대외무역과 상업 시스템으로의 전환을 허용하지 않았다. 청 조정은 농업과 수리 분야에는 천문학적인 재정을 투입했지만 상공업 발전을 위해서는 아무런 노력도 기울이지 않았다.

유럽은 영국에서 시작된 산업혁명과 해외무역으로 막대한 부를 축적했으며, 그것을 기반으로 한 경제는 단숨에 중국을 추월했다. 100여 년 후 유럽과 중국의 경제는 너무나 대조적인 모습을 보였다. 1900년 제조업에서 유럽은 총생산량의 60퍼센트, 미국은 20퍼센트, 일본이 10퍼센트를 차지하는 동안 중국은 7퍼센트를 차지하는 데 그쳤다. 불과 100년 사이 유럽과 미국이 과거 중국과 인도가 차지했던 세계 산업의 점유율을 뒤엎은 대역전 현상이 일어난 것이다. 바야흐로 서양이 주도하는 근대 역사의 시작이었다.

대역전의 시작, 산업혁명

유럽과 아시아의 대역전이 일어난 가장 큰 요인은 18세기 중반 영국에서 시작된 산업혁명이었다. 산업혁명은 영국뿐만 아니라 전 세계를 변화시킨 인류사의 대혁명이자 전환점이었다. 인류는 기원전 7000년경 수렵·채집 경제에서 가축과 곡식을 재배하는 농업혁명을 이룬 후 산업혁명이라는 두 번째 대변혁을 맞게 된다.

산업혁명은 영국에서 어느 날 갑자기 일어난 것이 아니었다. 영국은 해외무역으로 발전한 산업과 과학기술, 축적된 지식, 자본주의제도, 변화를 수용하는 포용적 정치체제, 창의성에 대한 보상체계 등 변혁이 가능한 기반을 충분히 갖추고 있었다. 영국이 세계 해양을 누비며 여러 대륙에 개척한 식민지와 본국을 연결한 무역 네트워크는 영국이 생산한 제품을 소비하는 거대한 소비시장 역할을 했다.

맨체스터를 중심으로 한 영국의 면직물 산업은 신세계의 노예제도, 중상주의에 근거한 식민지 법령, 미국 남부의 드넓은 목화 플랜테

이선이 만들어 낸 거대한 시장 덕분에 꾸준히 성장할 수 있었다. 신세계의 노예제도 덕분에 면화를 저렴한 가격으로 공급하게 되면서 폭발적으로 늘어난 면직물 수요를 맞출 수 있었다. 그 결과 1820년부터 1840년 사이 영국과 인도의 면직물 산업은 역전되었다.

맨체스터 항구에서 면화를 하역하는 모습

면직물 산업은 1830년대까지 영국의 경제성장을 주도했다. 그러나 산업혁명을 일으킨 직접적인 요인은 석탄을 이용한 증기기관의 발명이었다. 인구가 빠르게 증가하면서 런던에 공급할 목재 연료가 부족해졌고 사람들은 난방과 취사를 위해 석탄을 사용하게 되었다. 영국에는 세계 어느 곳보다 풍부한 석탄이 매장되어 있었다. 1800년 영국은 세계 석탄 생산의 90퍼센트에 달하는 1,000만 톤의 석탄을 생산했다. 석탄 소비가 증가하면서 탄광업자들은 더 많은 채굴을 위해 더 깊이 갱도를 파야 했다. 문제는 깊이 파 내려갈수록 지하수가 솟아나 채탄 작업을 방해했다. 탄광업자들은 갱도에 고인 물을 퍼낼 방법을 고민하다 증기로 피스톤을 움직이는 증기기관을 고안하게 되었다. 증기기관을 이용한 방적기의 발명은 산업혁명의 촉매제가 되었다. 이 방적기를 활용하면 물레를 통한 수작업보다 100배나 많은 실을 생산할 수 있었다. 그 당시 인도와 중국은 여전히 물레를 이용한 수작업에 의존했다.

석탄 생산은 새로운 운송수단의 발명을 이끌었다. 증기기관차였다. 항구로부터 멀리 떨어진 광산에서 생산된 석탄을 운반하기 위해 광차에 증기기관을 장착하였고 철로를 이용해 운반했다. 1825년 11킬로미터에 불과했던 철도는 1850년에는 3만 7,000킬로미터로 증가했다.

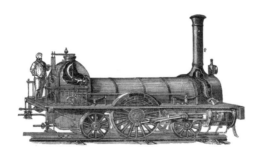

증기기관차

영국의 포용적 정치·경제 체제

산업혁명이 유럽 국가들 중 영국에서 싹이 트고 크게 발전할 수 있었던 이유는 무엇일까. 앞에서 영국의 산업혁명이 발생할 수 있었던 물질적, 경제적, 지리적 요인으로 면직물 산업의 발전, 풍부한 석탄 매장량, 증기기관의 발명을 들었다. 그렇다면 영국보다 더 많은 자연 자원을 가지고 있고 과학, 문명과 산업이 훨씬 앞서 있었던 중국에서는 왜 먼저 산업혁명이 일어나지 않았는가.

영국에서 산업혁명이 일어날 수 있었던 것은 자본주의의 발전과 오랜 시간에 걸쳐 구축한 포용적 정치·경제 체제 덕분이었다. 포용적 경제제도Inclusive economic institutions는 포용적 정치제도 위에 마련되었다. 현대의 정치·경제 이론에서 경제제도가 포용적이라는 것은 사유재산권이 확고히 보장되고, 법체제가 공평무사하게 시행되며, 공평한 경쟁환경을 보장하는 공공 인프라를 제공한다는 것을 의미한다. 이에 비해 착취적 경제제도Extractive economic institutions는 한 계층의 소득과 부를 착취해 일부 계층의 배를 불리기 위해 기능하는 체제를 말한다.

포용적 경제제도는 새로운 기업의 참여를 허용하고 개개인에게 직업 선택의 자유를 보장한다. 포용적 경제제도가 도입되면 경제활동이 왕성해지고 생산성이 높아져 경제적 번영을 이룰 수 있다. 포용적 경제제도에서 핵심적 역할을 하는 것은 사유재산권 보장이다. 사유재산권이 확실히 보장되어야 개인은 투자하고 생산성을 높이기 위해 노력하게 된다. 17, 18세기 영국의 체제는 다른 유럽의 절대주의 국가나 절대주의 체제인 중국에 비해 사유재산권이 인정되고 아이디어에 대한 보상과 자유로운 경제활동이 보장되었다.

포용적 경제체제는 포용적 정치체제Inclusive political institutions에

서만 가능하다. 포용적 정치체제는 권력이 국왕이나 엘리트 계층이 아닌 사회 전반에 분산되어 있고 정치과정에 국민들의 참여가 보장되는 다원적 정치제도를 말한다. 영국이 이러한 선진적인 체제를 갖추게 된 것은 일련의 정치혁명 덕분이었다. 영국내전English Civil War, 1642-1651과 명예혁명Glorious Revolution, 1688이 바로 그것이다. 명예혁명을 계기로 경제제도를 결정할 권한은 의회로 넘어갔고, 사회 각 계각층에서 대표들이 모여 의회를 구성했다. 명예혁명은 군주와 귀족 엘리트의 독점적 이익을 위한 착취적 경제제도에서 다수의 이익과 개인의 사유재산권을 보호하는 포용적 경제체제로 전환된 중요한 사건이었다. 명예혁명을 기해 경제·무역의 독점, 자의적 세금 부과, 사유재산권의 제약이 없어지고 투자와 거래, 혁신에 대한 인센티브를 제공하는 경제제도가 채택되었다.

아이디어에 대한 특허권을 인정함으로써 혁신을 추구할 의욕을 불러일으켰다. 시장의 발달은 혁신적 아이디어에 대한 인센티브를 보장했고, 기술을 구사한 상품을 개발하면 높은 수익을 창출할 수 있는 기회로 이어졌다. 발명가들은 자신의 아이디어로 부의 축적을 꿈꿀 수 있게 되었다.

법치주의도 확립되었다. 자의적 과세는 중단되었고 독점은 거의 철폐되었다. 영국 정부는 중상주의를 내세워 상업활동을 적극 장려했고 국내 산업 육성에 많은 노력을 기울였다. 산업활동 확대를 가로막는 진입장벽을 제거하고 영국 해군을 동원해 상인들의 해외무역을 보호했다.

이러한 정치·경제적 환경 정비와 함께 산업혁명이 영국과 유럽에서 꽃피울 수 있었던 중요한 기반으로 르네상스, 대항해시대를 거치면서 축적된 지식 전반과 과학의 발전, 기술적 진보를 꼽을 수 있다. 명예혁명을 기점으로 불과 수십 년 만에 영국에서 산업혁명이 시작된 것은 결코 우연이 아니었다.

혁신을 가로막는 중국의 절대주의 체제

유럽에서 자본주의가 일어나 사회변혁의 원동력으로 작용하고 있을 때 중국에서는 그 정반대의 길을 가고 있었다. 황제의 권위에 위협이 될 수 있는 어떠한 정치·사회·경제적 변화도 허용하지 않았다. 정치는 황제와 유교 관료에 권력이 집중된 전근대적인 절대주의와 신분제도에 고착돼 있었고, 경제는 지배층의 독점적 이익을 위한 착취 구조로 존재했다.

바닷길을 막아 해외무역을 봉쇄하고, 상공업 활동을 천시하는 농업 중심의 폐쇄 경제체제에서는 독립적인 상공인 계층과 정치세력이 성장할 수 없었다. 관념적인 유교적 가치가 지배하고, 황권체제의 안정이 최고로 중시되는 중국 사회에서는 경제적 이익을 최우선시하는 자본주의가 태동하기 어려웠다. 황제와 유교 관료들은 과학기술의 발전과 산업화로 인한 사회구조의 변화, 창조적 질서 파괴는 권력체계와 사회안정에 위협이 될 수 있다고 판단했다. 바닷길을 막은 근본적인 이유도 여기에 있었다.

중국에서 산업화가 일어날 수 없었던 이유는 수십 년 후 서양 세력의 군함과 함포의 위력에 굴복한 후 그에 맞서기 위해 서양 무기와 문물을 받아들이지만 끝내 스스로 녹여 내지 못한 이유와 같다. 산업화가 일어나려면 과학이나 기술력도 필요하지만 무엇보다 산업화가 가능할 수 있는 포용적 정치·경제 체제와 자본주의가 형성되어 있어야 한다. 서구에서는 사회적 변화와 기술적 진보를 수용할 수 있는 성숙한 가치관, 사법제도, 사회·정치적 구조가 여러 세기에 걸쳐 형성되고 내재화되어 있었다. 이에 반해 중국은 이러한 전통이 부족했거나 전혀 형성되어 있지 않았다.

매카트니의 눈에 비친 중국의 현실

1793년 영국의 조지 매카트니 사절단이 청나라의 건륭제를 방문했을 때의 일이다. 청나라 관리들은 사절단에게 세 번 절하고 아홉 번 머리를 닿게 하는 삼궤구고두三跪九叩頭의 예를 요구했다. 매카트니는 이 요구를 거절했다. "국가 간 사절단은 평등하게 대접을 받아야 한다. 이러한 예식은 체면을 손상시키고 인간의 존엄성을 잃게 한다"는 이유였다. 타협 끝에 사절단은 황제를 알현할 때 한쪽 무릎을 꿇고 고개를 숙이거나 허리를 숙여 경례하는 것으로 합의했다.

사절단과 만난 건륭제는 "청나라에는 부족한 것이 없기 때문에 무역을 할 필요가 없다"며 통상 요구를 일언지하에 거절했다. 그리고 영국 사절단에게 육로를 통해 광저우로 이동한 다음 귀국하라는 명령을 내렸다. 세상을 모르는 영국인들이 청나라의 부유한 면모를 보고 견문을 넓히라는 취지였다. 무역협상을 해보지도 못하고 쫓겨나듯 돌아가야 했던 매카트니는 중국의 속을 들여다볼 수 있는 뜻밖의 기회에

해금海禁

영국 사절단의 청나라 방문 풍자화

기뻐했다.

황제는 매카트니 사절단에 군사력 시범을 보여 주었다. 청의 힘을 과시하기 위함이었으나 매카트니의 눈에 비친 군대는 형편없기 짝이 없었다. 옷자락과 소매가 헐렁한 군복에 군기가 빠져 있는 병사들, 유럽에서는 이미 아이들 장난감이 되어 버린 칼, 창, 활, 화살 등과 같은 재래식 무기들이 전부였다.

육로를 따라 이동하는 동안 매카트니는 낙후된 농촌의 현실을 보면서 청나라가 전혀 부유하지도 강대하지도 않다고 느꼈다. 그가 본 것은 변화가 없는 낙후한 경작 방식, 실의에 빠진 거지 모습의 농민들이었다. 매카트니는 그의 일기장에 다음과 같이 기록했다.

"청나라는 낡아 빠진 전함에 비유할 수 있다. 과거 150여 년 동안 이 전함은 침몰을 면한 채 그 커다란 몸체로 여전한 위용을 뽐내고 있었다. 그것은 오로지 능력 있고 경각심이 강한 일부 군관들이 지탱해 주고 있었기 때문이다. 그러나 일단 갑판 위에서 지휘를 맡을 인재가 사라지면 이 커다란 전함은 점차 통제 불능에 빠져 결국 산산조각 날 것이다."

귀국 후 매카트니 사절단의 보고를 받은 동인도회사와 영국 정부는 중국은 자신들의 진출을 막을 힘이 없다고 결론 내렸다. 중국은 매카트니 사절단에게 자신도 깨닫지 못하고 있던 내면과 허약한 실력을 낱낱이 들켜 버린 것이다. 이로써 그동안 바깥세상과 담을 쌓고 자만에 빠져 있던 종이호랑이 중국은 자본주의와 함포로 무장한 서양 열강의 무자비한 침략에 시달리기 시작한다.

자유무역과 해금의 '충돌'

영국은 면직물을 소비할 수 있는 거대한 식민지 시장을 가지고 있었다. 해외 식민지를 둘러싼 7년 전쟁1756-1763에서 승리한 영국은 인도와 신세계에서 프랑스를 몰아내고 대식민제국의 지위를 확보했다. 그러나 미국 독립전쟁에서 패배하면서 아메리카 식민지를 잃었고, 이후 아시아로 시선을 돌려 아시아 무역에 주력하기 시작했다.

영국은 국가가 무역을 엄격히 통제했던 중상주의mercantilism에서 자유무역으로 전환하며 수입관세를 모두 철폐했다. 중상주의를 추구했던 유럽 국가들은 금은을 축적해 국부를 증가시킬 목적으로 식민지 확대에 나섰다. 무역을 중시해 적극적인 무역 개입 정책을 펼쳤다. 무역수지를 위해 주요 수출품에는 면세, 보조금을 지급하는 한편 수

해금海禁

입품에는 높은 관세를 부과하거나 금지했다. 영국 식민지로 향하는 모든 물품의 운송을 영국 국적의 선박으로 제한하는 1651년 항해조례Navigation Acts가 대표적이었다.

산업혁명의 진전으로 부를 축적한 자본가들은 정치적으로 큰 힘을 갖게 되었다. 그들 중 많은 수익을 올릴 수 있는 아시아와 무역을 하고자 하는 사람들은 동인도회사의 무역 독점 상황에 반대하며 자유무역을 주장했다. 식민지 미국이 독립하고 항해조례가 미국산 목화 수입을 억제하며 영국 면직물 산업을 압박하자 자유무역의 필요성은 더욱 커졌다. 정치·경제·무역 환경 변화에 따라 자유무역으로 정책 전환을 한 영국 정부는 1834년 동인도회사의 아시아 무역 독점을 금지하였다. 자유무역이 확산되면서 외국과의 관계에서도 자유로운 통상의 요구가 이어졌다. 매카트니 사절단이 청의 건륭제를 방문하여 공식적 외교관계의 수립과 통상의 확대를 요구한 것도 같은 맥락이었다.

청나라는 해금체제에서 초기 다섯 곳의 항구를 열어 해외무역을 허용했다가 영국 상인들이 중국의 관습을 해쳤다는 이유로 1760년부터 광저우 한 곳에서만 해외무역을 허용하는 '광저우 체제'로 축소해 운영했다. 유럽 상인들은 공식적으로 무역이 허가된 광저우의 중국 상인 조합 '공행公行'과만 무역을 하도록 제한되었다. 체류가 허용된 구역도 아주 협소했고 영구적으로 거주할 수도 없었다. 유럽 상인들은 여름 계절풍을 타고 입항했다가 몇 달간 체류한 뒤 겨울에 북서 계절풍을 이용해 돌아가야 했다.

1840년경 광저우의 공장들

산업혁명으로 거대한 부를 축적한 면직물 업자 등 자본가들은 국가 권력과 끈끈한 관계를 유지하고 있었다. 이들은 더 이상 직접 식민지를 개척하고 지배할 필요가 없이 권력을 자신들의 이익이 되는 방향으로 움직이면 되었다. 이들은 자유무역이라는 명분을 내세워, 통상 확대를 거부하고 아편 거래를 금지하는 중국에 대해 군대를 동원하도록 영국 정부를 움직였다. 증기기관을 활용하여 기계화에 성공한 맨체스터의 면직물 제조업자들은 세계 어느 나라보다 싼 가격에 면직물을 수출할 수 있다는 자신감으로 자유무역에 적극 나섰다. 이들은 대량생산으로 판로 확대의 필요성을 느꼈고 중국 시장 개방을 위해 적극적으로 전쟁을 촉구했다.

차·은·아편

영국은 영국인들의 애호에 힘입어 중국으로부터 엄청난 양의 차를 수입했다. 처음 차가 수입될 때는 상류층이 애용하는 고가품이었으나

해금海禁

대량으로 수입되면서 가격이 하락해 일반 시민들도 즐겨 마실 수 있게 되었다. 차 맛에 길들여진 영국인들에게 이제 차는 없어서는 안 될 필수품이 되었다. 상류층에서는 아침에 일어나면 '기상 차', 오전 11시에는 '아침 차', 저녁에는 '저녁 차'를 마시는 것이 생활습관으로 굳어졌다.

면직물 공장과 석탄 광산이 대규모로 성장하면서 그곳에서 일하는 노동자들에게 설탕과 우유를 섞어 마시는 차는 중요한 영양 공급원이 되었다. 1760년 500만 톤이었던 영국의 중국 차 수입은 1800년에는 면직물 공장이 급증하면서 1,200만 톤을 수입하게 되었다. 차의 대가는 은으로 지불했다.

영국은 스페인 왕위계승 전쟁의 결과 1713년 체결된 위트레흐트 조약에 의해 스페인 식민지의 노예 공급 독점권을 얻게 되었고 그 대가로 신세계의 은을 획득할 수 있었다. 이렇게 확보한 은으로 중국산 차를 수입했다. 그러나 미국 독립전쟁에서 패배함으로써 영국은 아메리카에서 은을 확보하기가 어려워졌다. 그래도 차 수요는 계속 늘었고 은은 꾸준히 중국으로 유출되었다. 또한 인기가 높은 중국산 비단과 도자기 수입에도 은이 유출되었다.

영국 정부와 동인도회사는 은 유출 문제에 대해 깊이 고민하게 되었다. 동인도회사는 동남아시아에서 네덜란드, 스페인, 포르투갈 상인들과 무역전쟁을 치르고 승자가 되었으나 큰 대가를 치러야 했다. 청나라와 무역을 확대하는 것이 동인도회사가 생존할 수 있는 유일한 길이었다. 이런 상황에서 영국의 무역상인들은 은을 대신해 중국에 차 대금을 치를 수 있는 다른 상품을 찾게 되었다. 그것은 인도에서 생산되는 아편이었다.

아편 무역 갈등

상업적 자본주의는 윤리나 도덕보다 이윤추구를 우선시했다. 영국 상업자본주의는 아편 무역이 중국과의 무역적자를 개선하고 수익을 올릴 수 있다는 결론에 이르자 무차별적인 아편 수출 공세에 나섰다. 영국은 구매자들에게 처음엔 무료로 파이프를 제공하고 아주 낮은 가격으로 아편을 공급하며 조금씩 시장을 늘려 갔다. 1815년 아편 가격을 내리자 중국 내 아편 판매가 급증했다. 1830년, 동인도회사는 급증하는 중국의 아편 수요를 맞추기 위해 인도의 다른 지역에서도 아편을 생산하기 시작했다. 자유무역의 기세를 타고 동인도회사 외의 다른 무역업자들도 아편 무역에 뛰어들었다. 심지어 미국 상인들도 터키에서 아편을 들여와 중국에 판매했다.

아편 중독자가 늘면서 심각한 사회문제가 되자 청나라 정부는 아편 흡연을 금지했다. 사실 아편 문제는 그 당시만의 문제가 아닌 중국의 고질적 문제였다. 치료제로 사용되던 아편이 마약으로 사용되며 사회적 폐해가 늘자 청은 여섯 차례나 아편 사용에 대한 금지와 해제를 반복했다. 그러나 결코 아편 무역을 합법화한 적은 없었다.

영국이 아편 수출에 본격적으로 나서자 청나라의 아편 문제는 이전까지와 전혀 다른 차원으로 변했다. 중국으로 유입된 아편의 양을 보면 1816년에는 360톤이었던 것이 이후 완만하게 증가하다가 1828년에는 920톤, 1832년에는 1,650톤, 1837년에는 2,400톤으로 뛰었다.

20여 년 사이에 아편 수입량이 6배 넘게 늘어난 것이다. 1820년대에 수입된 아편은 아편 흡연자 100만 명에게 충분히 공급하고도 남을 양이었다.

쑤저우에서는 아편 중독자가 10만 명까지 증가했고 광저우에서도 수십만 명에 달했다. 19세기 유럽인들도 많은 아편을 소비했다. 유럽인들은 아편을 섭취했지만 중국인들은 아편을 피웠다. 아편을 피울 경우 먹는 것보다 중독성이 강하기 때문에 중국에 아편 중독자가 훨씬 더 많았다. 늘어나는 아편 중독과 함께 아편을 구입하기 위해 국고가 빠져나가는 것도 큰 문제였다. 1806년을 기점으로 청의 아편 수입량이 차 수출량을 넘어섰고 은이 해외로 유출되기 시작했다.

아편을 단속하는 임칙서

아편 문제와 은 유출의 심각성을 인식한 청나라 정부는 호광총독으로 아편 근절에 공이 있던 임칙서林則徐를 흠차대신으로 임명하여 아편 금지 업무를 총괄하게 했다. 1839년 광저우에 도착한 임칙서는 외국 아편 무역상들이 저지르고 있던 아편 무역의 실정을 파악하고 경악했다. 그는 광저우 인근 외국 상인들의 창고를 봉쇄하고 이들의 아편을 압수하여 태워 버리거나 바다에 버렸다. 아편을 빼앗기고 마카오로 추방된 영국 상인들은 거기서 은밀히 아편을 밀매했다. 이후 마카오에서도 쫓겨나게 되자 영국 상인들은 본국 정부에 광저우에서 당한 사건을 과장해 설명하며 군대를 파견해 줄 것을 요청했다.

1차 아편전쟁

영국 정부는 곧바로 의회에 전쟁 여부를 상정해 표결을 요청했다. 청나라의 강경한 아편 무역 금지조치에 대해 영국의 자본가들은 의회에 군대를 파견하라는 압력을 가했다. 1840년 4월 10일 영국 의회에서 찬성 271표, 반대 262표, 불과 9표 차이로 청나라의 운명이 결정됐다. 서양 열강들의 중국 침탈의 문이 열린 것이다.

인도 정부가 영국을 대표해 대청제국에 선전포고를 했다. 6월에 군함 16척에 4,000명의 병사로 이루어진 영국군 원정대가 광저우만으로 진격했다. 아편전쟁이 시작되었다. 대포와 강철 증기선 군함과 강한 해군을 갖춘 영국군의 진격 앞에 재래식 무기와 범선으로 맞선 청나라 군대는 속수무책이었다. 영국군은 속전속결로 저우산군도舟山群島를 점령하여 양쯔강 하구를 봉쇄하고 톈진天津 인근까지 진격하였다. 다급해진 청나라 협상 대표는 영국인들의 요구를 모두 들어 주기로 합의했다. 배상금으로 은 600만 냥 지급, 홍콩 할양, 광저우 개항

등이 그것이었다. 그러나 합의문은 양국에서 모두 부결되었다. 청나라는 너무 많이 양보했다고 불만이었고, 영국은 기대했던 것보다 수확이 별로 없었기 때문이다.

1841년 가을, 전쟁이 재개되었다. 1만 명으로 증원된 영국군은 계속 북상하여 상하이를 점령했다. 양쯔강을 거슬러 올라가 전장鎭江을 점령해 버리는 바람에 양쯔강과 대운하의 교통이 차단되었다. 영국군은 1842년 6월 상하이를 점령하고 난징南京으로 진격했다. 영국 군함이 난징에 진격해 청나라 내륙 하천에서 공격 태세를 취하자 청나라는 불리한 조건으로 타협하지 않을 수 없었다. 사실상 항복이었다.

결국 청나라는 영국과 1842년 8월 영국 군함에서 '난징조약'을 맺었다. 13개 조로 이루어진 조약의 주요 내용은 다음과 같다.

❶ 홍콩을 영국에 할양한다.

❷ 광둥, 샤먼廈門, 푸저우福州, 닝보, 상하이 등 5개 항을 개항한다.

❸ 개항장에 영사를 주재시킨다.

❹ 중국은 전쟁 배상금 1,200만 달러, 몰수된 아편 배상금 600만 달러를 3년 안에 지급한다.

❺ 수출입 물품에 대한 관세를 제한한다.

이후에 영사 재판권, 최혜국 대우, 5개 항에서 군함 정박권 등을 추가하게 된다.

난징조약은 중국이 외국과 맺은 최초의 근대적인 조약이자 불평등 조약이었다. 중화사상에 젖어 있던 중국이 '서양 오랑캐'로 취급하던 영국에게 패전하고 치욕적인 불평등 조약을 맺게 되자 중국 사회는 커다란 충격에 빠졌다. 외국과의 무역을 광저우에만 제한시켰던 '광저우 체제'는 무너지고 외국 상인들의 활동은 중국 전역으로 확대되었다. 아편 무역이 합법화되지는 않았지만 금지하는 내용이 없었기 때문에 영국은 사실상 아편 무역을 허락받은 셈이었다.

이후 중국은 미국, 프랑스 등 다른 서양 열강들과도 영국과 맺은 조약과 비슷한 내용의 통상조약을 맺을 수밖에 없었다. 1844년에는 미국과 왕샤조약望廈條約, 프랑스와는 황푸조약黃埔條約을 맺었다. 중국 대륙은 상업적 자본주의와 자유무역을 앞세운 서구 열강에 의해 서서히 잠식되어 가기 시작했다.

2차 아편전쟁과 불타는 원명원

1856년 10월, 난징조약을 개정하고 싶었던 영국과 프랑스는 전쟁을 일으킬 수 있는 좋은 구실을 찾았다. 광저우 주장강에 정박해 있던 애로Arrow호에 청조 관헌이 올라가 달려 있던 영국 국기를 내리고 중국 선원들을 해적 용의자로 체포했다. 영국은 이 조치에 대해 강하게 항의했다. 광둥에서는 반영 움직임이 거세지면서 무력충돌이 일어나기 시작했다. 영국 정부는 개전 방침을 정하고 프랑스를 끌어들였다. 같은 해 프랑스 신부가 광시성廣西省에서 절도 혐의로 현지 관리들에게 사형을 당한 사건을 명분으로 프랑스도 참여했다.

전쟁 명분을 찾은 영·불 양국은 연합군을 구성해 1년 뒤인 1857년 12월 중국을 침략하여 며칠 만에 광저우를 점령했다. 미국과 러시아

해금海禁

도 가담하여 4개국은 통상 확대를 목표로 새로운 조약 체결을 요구했다. 그러나 청이 미진하게 나오자 영·불 연합군은 청을 더 압박하기 위해 육로로 북상을 계속했다. 대고포대 大沽砲臺를 함락하고 톈진까지 진격했다.

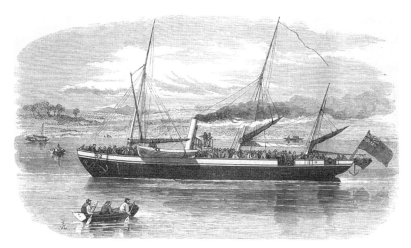

광저우로 향하는 영국 군함

군사 요충지가 함락되고 베이징이 위협받게 되자 1858년 6월 청나라 관리들은 서둘러 영·불·미·러와 '톈진조약'을 체결했다. 조약은 각국 외교사절의 베이징 상주, 기독교 승인, 무역항 추가 개방, 내륙 하천 자유항해 인정, 관세율 인하, 영국과 프랑스에 600만 냥 배상, 아편 무역 합법화 등을 내용으로 했다.

여기서 주목할 것은 아편 무역이 정식으로 인정을 받았다는 것이다. 1차 아편전쟁 이후 아편 수입은 활발히 계속되었지만 청나라 지방관리의 묵인 속에 이루어졌을 뿐이었다. 1858년 11월에 체결된 통상협정에 따라 아편 무역에 수입관세를 부과하게 되면서 합법적 무역으로 인정받게 되었다.

함풍제咸豊帝와 강경파 관리들은 조약의 가혹한 내용도 받아들이기 어려웠지만 '서양 오랑캐'의 외교사절이 황제가 머무는 베이징에 상주한다는 것은 도저히 용납할 수 없었다. 1859년 6월, 조약 비준서를 교환하기 위해 베이징으로 가는 영·불 공사가 탄 함대가 텐진 해상에 나타났을 때 청 조정의 불편한 심기를 반영하는 사건이 일어났다. 청나라군은 대고 항구에서 기습공격을 가해 영국 군함 네 척을 격침시켰다. 예상치 못한 공격에 큰 피해를 입고 물러난 영국과 프랑스는 1860년 8월, 2만 5,000명으로 구성된 연합군을 이끌고 와서 텐진을 점령했다. 연합군이 베이징 인근으로 접근하자 함풍제는 러허熱河로 피신했다. 그해 10월, 베이징으로 진격한 연합군은 한바탕 약탈을 한 후 청나라 황제의 별궁인 원명원圓明園을 불태워 버렸다.

朗圓新版/wikimedia commons

원명원 유적

해금海禁

강희제 때 만들어진 황실 정원궁전 원명원은 이후 역대 황제의 보수와 확장을 거쳐 '만국의 정원'이라는 별칭을 얻을 정도로 아름답고 화려했다. 강희제 이후 모든 황제의 소망은 "원명원에서 태어나 원명원에서 죽는 것이다"라 할 정도로 원명원은 황제들의 세계였다. 러허로 피신해 있던 함풍제는 원명원이 '서양 오랑캐들'의 손에 불타 버렸다는 소식을 듣고 시름시름 앓다가 1년 뒤에 죽었다.

사정이 다급해진 청나라는 함풍제의 이복동생인 공친왕 혁흔奕訢을 내세워 타협을 시도했다. 먼저 톈진조약의 유효성을 승인하고 후속 조약인 베이징조약을 체결하였다. 베이징조약에서는 톈진 무역항구 증설, 영·불에 군비 각각 800만 냥 지급, 주룽반도九龍半島의 영국 할양 등을 담고 있었다.

이로써 중국은 해금으로 수백 년 동안 굳건히 닫고 있던 문호를 자유무역을 요구하는 서양 열강들에게 강제로 열게 되었다. 세계의 중심으로 천조상국天朝上國을 자부하던 거인 중국은 이제 '병든 노새'로 전락하여 해외무역과 자본주의, 기술혁신으로 부와 군사력을 키운 서양 세력에게 온갖 수모와 약탈을 당하는 '굴욕의 한 세기'를 맞게 되었다.

해양세력과 대륙세력의 승부

영국은 아편전쟁을 벌일 무렵 전 세계 해양을 지배하며 대륙마다 식민지를 건설하는 '해가 지지 않는' 대제국으로 군림하고 있었다. 영국은 해외무역과 산업혁명으로 축적한 부로 세계 최고의 강대국이 되었다. 1840년 영국의 석탄 생산량은 3,600만 톤으로 전 세계 총생산량의 82퍼센트를 차지했고, 철 생산량은 전 세계의 64퍼센트를 차지했다. 영국의 산업 총생산량과 총생산액은 전 세계의 45퍼센트와 30퍼센트를 각각 차지했다. 해군력은 군함 150척, 해군 9만여 명, 선원 2만 2,000명을 보유하고 있었다.

아편전쟁 당시 영국은 강철로 만든 최신식 군함과 무기로 무장했다. 전 세계 해양을 제패한 오랜 전통의 조선산업과 해양기술, 산업혁명을 이룬 혁신적인 과학기술이 결집되어 증기기관을 장착한 강철 전함을 만들어 냈다. 선체를 전부 강철로 만든 네메시스Nemesis호는 아시아의 강에서 전투를 목적으로 건조된 맞춤식 전함이었다. 이 전함은 영국 해군이 아닌 동인도회사가 건조했다. 영국이 대양을 누볐던 주력 함정은 규모가 큰 목제 범선이었다. 네메시스호는 다른 전함에 비해 규모가 작았다. 길이 56미터, 폭 8.8미터, 흘수는 1.5미터에 불과했지만 전부 강철로 건조된 전함이었다. 동인도회사는 인도를 비롯한 아시아의 다른 지역에 식민지를 확장하기 위해서는 강에서 활동할 수 있는 전함이 필요하다고 보고 전투함 개발에 노력을 기울여 왔다.

네메시스호가 중국 정크선을 공격하는 모습

해금海禁

1840년 후반 영국은 3개월 만에 건조된 네메시스호를 비롯한 강철 전함 10여 척을 중국 해안에 배치했다. 이들 강철 전함은 주장강의 거친 급류와 거센 바람에도 뛰어난 작전능력을 발휘했다. 속력이 빠른 이들 전함의 기동력과 위력 앞에 중국의 전통적인 목제 '정크선'은 상대가 되지 않았다.

긴 해안선을 따라 구축된 청나라의 해안방어선 또한 영국 군함에서 발사한 대포의 위력 앞에 무용지물이었다. 청나라 해안포는 지면에 고정되어 있다 보니 실질적으로 조준할 수가 없었다. "대포라기보다는 폭죽에 가까웠다" 할 정도로 포의 위력도 형편없었다.

큰 칼과 긴 창 등 재래식 무기로 무장한 청나라 군대는 수적으로 훨씬 우위에 있었지만 새로운 형태의 군대와 해양기술을 앞세운 영국군에 맞서 변변한 싸움 한번 해보지 못하고 힘없이 무너졌다. 청나라의 군대는 새로운 무기에 너무 무지했다. 광저우에 파견된 청나라의 한 지휘관은 영국군의 대포가 뿜어내는 막강한 화력을 사악한 요술로 단정하고 이것을 물리치기 위해 광저우 내의 돼지 피와 개 피, 분변을 전부 거두어 성벽 위에 쌓아 놓았을 정도였다.

세계의 중심이라는 자만에 빠져 있던 청나라는 외부 세계의 변화에 무지했다. 영국을 '손바닥만 한' 나라, '붉은 야만인'의 나라 정도로 인식하고 있던 청나라는 영국이 산업혁명 이후 세계 최강국이 되었으며 그들이 이룬 혁신적인 과학기술의 발전이 얼마나 눈부신지 가늠조차 하지 못했다. 겉으로는 최전성기였지만 청나라는 부정부패와 민란, 아편, 경직된 사상체계, 폐쇄적 농업경제로 인해 사회는 활력을 잃고 내부적으로 중병이 들어 가고 있었다. 관리들의 만연한 부정부패는 경제의 쇠락과 정치 불신을 초래했다. 건륭제 시절 황제에 버금가는 막강한 권력을 휘두르던 화신和珅의 몰수된 재산이 청나라의 18년간 조세수입과 맞먹었다. 건륭제 시절, 글의 내용, 의미를 문제 삼아 가혹한 형벌을 내린 문자옥文字獄은 70건이 넘었다. 정치에 대한 비판은 조금도 용납하지 않고 황제에 대한 절대적 충성만 요구하는 전제적 황권 체제에서 사상의 발전이나 창의적 변화는 기대할 수 없었다.

아편전쟁은 전 세계 해양으로 진출해 해양패권을 장악하고 산업혁명으로 부를 축적한 '세계 최강국' 영국과 '병든 노새'로 전락한 청나라의 싸움이었다. 몽골의 유럽 원정 이후 서양과 동양의 대결이었던 동시에 해양세력과 대륙세력의 한판 승부였다. 농업 경제에서 상공업 경제로 전환한 영국과 전통적 농업 경제 체제에 머물러 있던 중국의 싸움이었다. 아편전쟁은 근대화를 이룬 서양이 세계 역사를 주도하면서 동양을 근대화라는 구실로 핍박해 이권을 빼앗기 시작한 결정적 사건이었다.

아편에 중독된 중국대륙

수많은 중국인들이 아편에 찌들어 심신이 쇠약해져 가는 청나라 말기 사회는 몰락해 가는 거대 제국의 전형이었다. 수익이 되는 아편 무역에 영국은 자유무역과 상업자본주의 논리에 따라 무차별적으로 아편을 공급했다. 영국은 할양받은 홍콩을 아편 무역의 전초기지로 활용하며 중국대륙에 아편을 공급했다. 영국의 무역회사들은 수많은 아편 중독자들에게 아편을 팔기 위해 해마다 300만 킬로그램의 아편을 수입했다.

아편 무역으로 영국뿐만 아니라 미국도 큰 수익을 올렸다. 독립 후 미국 상인들도 중국으로 진출하여 영국 상인들과 아편 무역에서 경쟁했다. 미국이 아편 무역을 통해 엄청난 수익을 올리면서 동부의 아이비리그 대학들은 아편 무역상들로부터 상당한 기부금을 확보할 수 있었다. 벨이 전화기를 발명할 수 있었던 자본도 축적했다.

2차 아편전쟁 이후 영국은 중국에게 아편 판매를 합법화하도록 강요했고, 결국 그들의 뜻대로 합법화되었다. 이 전쟁을 계기로 더 많은 중국 시장이 아편에 개방되었다. 이제 홍콩을 거치지 않고 아편 무역상들은 곧바로 중국 항구들에 진출할 수 있게 되었다.

19세기 말 아편굴

인도에서 새로운 아편 생산지가 확보되고 중국 시장까지 개방되자 페르시아, 인도, 중국의 상인들까지 아편 무역에 가세했다. 아편 무역이 활기를 띠자 1870년대 중국에서는 해안지역에서 멀리 떨어진 내륙지방에서 양귀비를 재배하고 아편을 제조하기 시작했다. 1800년대

후반 중국으로 유입되거나 중국 내부에서 생산되는 아편의 양은 엄청
난 규모로 증가했다. 당시 중국 인구의 10퍼센트에 달하는 4,000만
명이 아편 흡연자였고 그중 절반이 심각한 중독자였다.

충칭 근방의 양귀비 밭

20세기에 들어서면서 중국은 전 세계에서 생산되는 아편의 95퍼
센트를 소비했다. 거의 모든 도시에 아편 소굴이 있었고 아편의 판매
와 흡연은 중국인들의 일상이나 다름없었다. 중국 정부는 양귀비 재
배와 아편 제조를 통해 세금을 확보했고 농민들은 양귀비를 재배해
현금을 벌어들였다. 그렇게 중국은 거대한 '아편대국'이 되었다. 오늘
날 중국이 마약사범에 대하여 어느 나라보다 엄격한 조치를 취하는
것은 이러한 역사적 교훈에서 연유한다.

제 3 편

동양 3국 근대화의 도전

제5장

청, 제국의 몰락과 근대화 노력

강건성세기의 청

이 장에서는 천조상국이라 자부하던 청이 '서양 오랑캐'로 멸시하던 서양 열강들과의 전쟁에서 잇달아 패배한 후 서양 문명의 수용을 통하여 자강을 모색하였으나 결국은 몰락으로 이어지는 역사적 과정을 살펴보고자 한다. 중국인들이 '치욕의 한 세기'로 기억하는 19세기 중반 아편전쟁에서부터 20세기 중반 중화인민공화국이 건설되기까지 외세에 의해 국토가 침탈당하고 국권이 짓밟힌 시기이다.

중국의 역대 왕조들이 200~300년 주기로 수명을 다하고 새로운 왕조로 교체되었지만 근대문명을 이룬 외세에 의한 청의 몰락은 전혀 다른 의미를 지닌다. 한족 중심의 중국 역사에서 원과 청과 같은 이민족 왕조가 개창된 적은 있었으나 그것은 어디까지나 중화체제라는 테두리 내에서 이루어진 세력 교체였다. 청의 몰락은 전혀 다른 역사적 배경과 문명을 가진 서양 세력이나 근대화에 먼저 성공한 일본의 침입이 결정적 요인이 되었다. 그리고 봉건왕조 체제가 종식되고 공화 체제로의 전환과 오늘날 공산 중국의 탄생으로 이어졌다는 점 때문에 이전의 왕조 교체보다 특별한 역사적 의미를 지닌다.

청은 4대 황제 강희제 재위 1661-1722부터 5대 옹정제 재위 1722-1735, 6대 건륭제 재위 1735-1796 의 3대가 통치한 130여 년간 안정과 번영 속에 최고의 전성기를 구가했다. 로마 시대의 오현제에 비견될 수 있는 능력과 덕망을 갖춘 세 명의 출중한 황제에 의해 통치되던 이 시기를 '강건성세'로 부르며 태평성대와 같은 의미로 사용한다.

강희제

강건성세기는 역사상 중국의 정치·경제적 위상이 가장 높은 시기였다. 다음 통계는 당시 청의 경제적 지위가 어떠했는지 보여 준다. 1750년 청나라의 산업 총생산량 GDP 은 전 세계 GDP에서 약 33퍼센트를 차지했다. 이것은 유럽 전체 GDP보다 10퍼센트가 높은 비율이었다. 당시 해상패권을 차지하고 전 세계를 누

옹정제

해금海禁

비며 무역을 하고 있던 영국의 GDP는 1.9퍼센트를 차지하고 있었다. 그러나 1750년부터 1949년까지 200년 동안 중국의 경제는 계속해서 추락했다. 그 결과 중화인민공화국이 설립되는 1949년에는 세계 GDP의 1퍼센트만 차지하는 최빈국 수준으로 떨어졌다.

안정과 번영을 누리고 있던 시기였지만 그것은 어디까지나 외부와 단절된 채 변화를 거부한 폐쇄체제 속의 안정과 번영이었다. 아이러니하게 태평성대의 정점을 구가하던 건륭제 시대에 제국의 몰락 조짐이 나타나고 있었다.

건륭제

서구 사회는 새로운 사상의 발전과 함께 산업화의 거대한 흐름을 타고 있었지만, 청은 바깥 세계의 변화는 전혀 모른 채 태평성대의 자아도취에 빠져 있었다. 그러는 사이 폐쇄적 봉건체제와 농업생산 시스템의 모순이 쌓이며 역동성을 잃은 청나라는 내외로부터의 거센 도전 앞에 무기력하기만 한 채 몰락해 갔다.

상공업 경제체제로의 전환 실패

대청제국이 몰락하는 주요한 원인의 하나는 생산 시스템을 개선하지 못하고 효율성이 낮은 전통적 농업생산 시스템에 계속 머물러 있었다는 것이다. 한정된 토지에서 생산성 낮은 농업 시스템이 유지되는 가운데 18세기 들어 인구가 급격히 증가했다. 17세기 약 1억 명이었던 인구가 건륭제 말기인 18세기에는 3억 명, 19세기에는 약 4억 명을 넘어섰다.

18세기에 인구가 급격하게 증가한 배경에는 개발 여지가 있는 곳으로의 활발한 이주와 토지 개발로 식량과 옷감을 비롯한 전반적인 생산량의 증가가 있었다. 또한 큰 전란 없이 통치가 안정되고 경제적으로 번영한 것도 원인으로 꼽을 수 있다. 급격한 인구 증가는 정체되어 있던 청조 사회에 큰 부담을 안겨 주었다. 이주민에 의한 개발이 있었지만 기름진 토지가 줄어들었고 농지와 주택 부족도 문제가 되었으며 쌀 값이 급등했다.

청나라도 역대 왕조의 전통적인 중농억상 정책에 따라 농업과 양잠업을 근본으로 하면서 상인을 천시하며 상업활동을 중시하지 않았다. 역대 왕조들은 자연재해와 기근으로 이재민들이 반란을 일으키는 것을 가장 두려워했기 때문에 치수와 농업생산을 통치의 기본으로 삼았다. 강희제와 옹정제 이래 황무지 개간, 식량 생산, 수리 공사·건설을 장려하며 천문학적인 재정을 투입했다. 농잠, 하운과 조운 등을 발전시키는 것은 정부의 중요한 책무로 여겼다. 그러나 경제작물 재배를 반대하고 광산 개발, 수공업 같은 업종들은 법으로 금지했다.

한편 산업혁명이 진행되고 있던 영국은 동인도회사를 앞세워 오래전부터 청나라와 무역을 확대하기 위해 개항장 증설을 요구하고 있었다. 이 소식을 들은 건륭제는 외국 상선의 출입을 엄격히 통제하라고 지시했다. 1757년 저장성 세관은 영국 상인들의 동남해 연안에서의 무역 활동을 막기 위해 새로운 관세를 부과했지만 뜻대로 되지 않았다. 상업과 외국과의 무역을 억제했던 가장 큰 이유는 자유로운 자본

해금海禁

과 상품의 이동과 새로운 부유계층의 출현은 황권과 전통적 지배질서에 위협이 된다고 보았기 때문이었다.

이러한 결과 애덤 스미스가《국부론》에서 지적한 것처럼 청나라의 농업생산 시스템은 그 체제에서 도달할 수 있는 최고 수준에 올라 있었지만, 상공업 체제로의 전환이 이루어지지 못하고 효율성이 낮은 농업 시스템에만 머물러 있었다. 이 때문에 사회는 정체되고 국부는 농업 시스템 내부에만 존재했다.

인플레이션 그리고 재정악화

건륭제 말기인 1771년의 청의 재정 상태는 최고 수준이었다. 오늘날의 외환 보유고라 할 수 있는 은 보유량은 7,894만 냥에 달하고 있었다. 청나라 역사상 최고 수준이었다. 이러한 은 보유량은 해외로부터 은이 대량으로 유입된 결과였다. 유럽 상인들이 신대륙에서 발견한 금은을 가지고 와서 유럽 시장에 잘 팔리는 중국산 차, 비단, 도자기를 사 갔기 때문이었다.

Gary Todd/wikimedia commons

청 시대 말굽은

중국 내 은 보유량이 급증하면서 쌀 가격을 비롯한 물가가 지속적으로 상승하였다. 당시에는 인구 증가가 원인이라고 믿었으나 은의 대량 유입 때문이라는 것은 시간이 한참 지나고 나서야 알게 되었다. 물가가 폭등하면서 청의 중앙정부와 지방정부는 재정위기라는 심각한 문제에 직면했다. 특히 물가가 급등하면서 군비 지출이 막대해졌기 때문이었다. 1770년대 이후 중앙정부의 재정지출에서 군비가 차지하는 비중이 75퍼센트를 초과했고 지방정부의 군비 지출 비중은 60퍼센트에 달했다.

이것은 건륭제 당시 청의 경제력을 감안하더라도 과도하고 불합리한 군사비 지출이었다. 군비가 재정지출의 대부분을 차지하면서 다른 부문의 지출은 줄어들었고, 지출 구조가 불합리하게 되면서 사회 발전에도 왜곡현상이 일어났다. 이처럼 막대한 군비를 지출하고도 수십 년 뒤 서양의 첨단 군사력 앞에 힘없이 무너진 것은 당시 청나라의 군비가 얼마나 비효율적으로 사용되었는지 보여 주는 증거이기도 하다.

거대한 부패의 고리

물가는 계속해서 폭등했고, 이 결과 1770~1780년대에 이르러 재정 상황이 악화되었다. 재정 상황의 악화는 다른 더 큰 문제를 초래했다. 그것은 관리들의 부정부패였다. 국가 재정이 바닥을 드러내자 청 조정은 물가상승에 비례해서 관리들의 녹봉을 올려 줄 능력이 없었다. 이렇게 되자 뇌물수수, 공금횡령과 같은 관리들의 부패 행위를 눈감아 줄 수밖에 없었다.

해금海禁

고금을 통틀어 관리들의 부정부패는 나라를 좀먹고 정부에 대한 신뢰를 잃게 하여 정권이나 나라를 망치는 제일 큰 요인이다. 그러나 청에서는 관리들의 부정과 부패 행위를 통제해야 할 황제가 뇌물수수에 앞장서는 이상한 일이 벌어졌다. 건륭제는 의죄은議罪銀이라는 벌금제도를 만들어 각 성의 총독, 순무 등 고위관리들이 기한 내에 일을 처리하지 못하거나 직무를 소홀히 하는 명목으로 벌금을 부과했다. 액수는 적게는 2~3만 냥, 많게는 수십 만 냥에 달했다. 이렇게 거두어들인 은은 모두 국고가 아닌 황제의 개인 금고에 들어갔다.

　사정이 이렇다 보니 황제에게 환심을 사고 미리 보험을 들어 두기 위해 경쟁적으로 자청해 의죄은을 납부하는 일까지 벌어졌다. 당시 총독이나 순무의 연봉은 130냥에서 155냥에 불과했다. 이만한 연봉으로 수만 냥에 해당하는 의죄은을 낼 수 있는 방법은 단 하나, 자신들의 권력을 이용해서 온갖 불법과 탈법을 저질러서라도 돈을 끌어모으는 것이었다.

　관리들의 부정행위의 정점에 화신和珅이 있었다. 건륭제의 총애를 받은 화신은 중국 역사 전체를 통틀어 가장 많은 재산을 축재한 사람으로 꼽힌다. 그야말로 부패의 화신化身이었다. 자금성을 지키는 근위병으로서 출중한 외모를 가진 만주팔기 출신 화신은 우연한 기회에 건륭제의 눈에 띄었다. 이후 그는 초고속 승진을 거듭했다. 몽골어, 티베트어 등 4개 국어를 구사하고 능력도 출중

화신

했지만 건륭제가 총애한 이유는 화신이 건륭제가 사랑했던 여인의 이마에 있던 붉은 색 반점을 가졌다는 것이었다.

근위병에서 1년 만에 오늘날 우리의 행정안전부 장관에 해당하는 지위까지 올랐다. 그때 나이가 27세였다. 화신은 군, 정, 외교에 이르기까지 국정의 모든 실권을 장악하고 황제에 버금가는 자신의 권력을 이용하여 부정부패를 일삼았다. 건륭제가 죽고 나자 가경제嘉慶帝는 그의 전 재산을 몰수했고 자결을 명했다. 그가 20여 년간 부정한 방법으로 모은 재산은 은 9억 냥으로, 이것은 청나라의 18년 치 재정수입과 맞먹는 천문학적 규모였다.

청나라 말기에는 황제에서부터 말단 관리에 이르기까지 뇌물을 받고 상부에 뇌물을 바치는 거대한 부패 체인이 형성되어 있었다. 긴밀하게 연결된 부패 고리와 만연화된 부패 문화는 대청제국을 내부로부터 무너트리고 있었다.

급격히 무너지는 대청제국

관리들의 부정부패와 수탈로 도탄에 빠진 민중은 끊임없는 봉기로 청조 지배에 맞섰다. 새로운 세상을 약속하는 종말론 신앙은 이들의 정서를 파고들어 세력화하며 청조 지배를 위협하는 대규모 민중봉기로 발전했다. 청나라는 이들 반란을 진압하는 데 국력을 소진하며 급격하게 무너지고 있었다. 아편전쟁의 와중에 청조 지배체제를 뿌리부터 뒤흔든 사건이 1851년에 일어난 '태평천국의 난'이다.

광둥성의 유생 홍수전洪仁坤에서 개명은 과거시험에 계속 실패하고 광저우에서 유랑하다가, 중국판 성경 해설서
인《권세양언勸世良言》이라는 책을 얻었다.
과거에 연이어 낙방하고 우울한 날을 보내
던 홍수전은 그 책을 읽고 몇 년 전 꿈속에서
보았던 사람이 하느님과 예수였고 자신이
예수의 동생이라는 것을 깨달았다. 이후 배

홍수전

상제회拜上帝會라는 단체를 설립하고 본격적으로 변질된 그리스도의
복음을 전파하기 시작했다. 기근과 관리들의 부정부패에 시달리던 농
민과 나무꾼, 숯쟁이, 관아의 심부름꾼, 군인, 상인, 산적과 같은 다양
한 계층의 사람들이 앞다투어 홍수전의 추종자가 되었다.

배상제회 신도가 2만을 넘어서자 홍수전은 태평군太平軍을 조직했
다. 1851년 1월, 광시성 금전촌에서 반란을 일으키고 '태평천국'을 선
포하고 자신이 천왕에 올랐다. 1853년, 규모가 50만 명으로 불어난
태평군은 후베이성湖北省 무한을 점령하고 양쯔강 중하류 지역의 주
요 도시들도 점령하였다. 남경南京, 난징까지 점령한 홍수전은 남경의
이름을 천경天京으로 고치고 태평천국의 수도로 삼았다.

정규훈련을 받은 적이 없는 자들로 구성된 태평군이었지만 이들의
진격 앞에 대청제국의 무기력한 팔기군은 형편없이 무너졌다. 홍수전
은 기독교 교리에 대한 단편적인 이해에 근거해 이상적인 기독교 사
회를 건설하려고 했다. 조상숭배의 전통문화를 가지고 있는 사회에서
기독교 사회를 건설하기 위해서는 기존 사회구조를 철저히 무너트러
야 했기 때문에 태평천국은 무지막지한 살육과 파괴를 일삼았다. 태
평천국 지도자들은 천경을 수도로 정한 후부터 극도의 타락에 빠졌

다. 천왕 자리를 노리고 지도자들이 서로 죽고 죽이는 내분이 일어나면서 존립 기반이 흔들렸다.

　팔기군, 녹영과 같은 정규군으로 난을 진압할 수 없게 되자 함풍제는 후난성湖南省의 향신 증국번曾國藩에게 비정규군인 단련團練을 조직해 태평천국을 토벌하라는 조서를 내렸다. 황제의 명에 따라 증국번은 후난성의 유생, 농민을 모아 상군湘軍을 조직했다. 1864년 7월, 증국번의 동생 증국전曾國荃이 이끄는 정부군이 천경을 포위하고 쳐들어가 태평천국을 완전히 무너트렸다.

　태평천국의 난은 중국의 역사와 경제에 커다란 두 가지 유산을 남겼다. 하나는 중국에서 가장 부유하고 풍요로웠던 중국 동남부 지역이 10여 년 동안 전장으로 변하면서 생산 시스템이 완전히 파괴되었다는 사실이다. 사상자 숫자만 2,000만 명에 달했다. 이때부터 청나라의 세원이 급격히 고갈되어 대청제국의 멸망과 빈국으로의 추락이 가속화되었다. 다른 하나는 태평천국을 진압하는 과정에서 지방 무장조직의 합법화가 이루어진 사실이다. 한인 군벌들은 무기력한 팔기군을 대체하며 새로운 권력으로 급부상하여 이후 중국 정치무대에서 주인공으로 활약하게 되었다. 지방 군벌의 힘으로 난을 진압한 청나라 중앙정부는 난 종식 후에도 권위를 찾지 못했고, 권력의 중심이 중앙에서 지방으로 이전되었다.

　지방에서 상군이나 회군처럼 단련이나 의용병인 향용鄕勇을 보유하고 있던 군벌들이

증국번

이때부터 막강한 권세를 누리기 시작했다. 조정의 권력이 약해지고 지방 권력이 강해진 이러한 권력구조는 청나라가 멸망할 때까지 계속되었고 이후 벌어진 내전의 씨앗이 되었다.

신유정변과 서태후의 등장

베이징이 영·불 연합군에 점령당하고 원명원이 불타는 것을 지켜보고만 있어야 했던 함풍제는 피신처인 러허에서 술로 울분을 달래다 병사했다. 함풍제가 요절한 다음 여섯 살밖에 되지 않았던 서태후西太后의 아들이 청나라 10대 황제 동치제同治帝로 등극했다.

정치적 야심이 대단하고 수완이 좋았던 27세의 젊은 서태후는 시동생 공친왕 혁흔과 손을 잡고 어수선한 틈을 타 함풍제가 지명한 고명대신 8명을 일거에 제거하고 대청제국의 권력을 순식간에 장악해 버렸다. 이것이 1861년의 '신유정변'이다. 이후 신해혁명으로 막을 내리기까지 대청제국의 마지막 역사는 서태후에 의해 쓰였다 해도 과언이 아닐 정도로 그녀는 반세기 가까이 청나라 말의 국정을 좌우했다.

정치에 관심이 없었던 동태후 덕분에 서태후는 막강한 권력을 혼자서 행사하게 되었다. 몇 년 동안 수렴청정을 하면서 공친왕 혁흔을 비롯한 자신의 권력을 위협할 수 있는 장애물들을 하나씩 제거해 나갔다. 동치제는 서태후의 10여 년의 수렴청정 후 친정을 시작하였으나 얼마 지나지 않아 천연

동치제

두로 사망했다. 한번 권력의 맛을 본 서태후는 결코 쥐고 있던 권력을 놓으려고 하지 않았다. 수렴청정을 계속하기 위해 조정의 법도를 어기면서 겨우 세 살밖에 되지 않은 동치제의 사촌동생을 황위에 앉혔다. 그가 1871년 황위에 오른 11대 황제 광서제 光緖帝이다.

광서제 즉위 후 수렴청정을 해 나가던 서태후는 광서제가 친정을 할 나이가 되어도 실권을 놓지 않았다.

서태후는 최고권력을 행사했던 50년 동안 증국번, 이홍장 李鴻章 등 출중한 능력을 가진 한족 관리들을 중용하며 청의 자강을 위한 양무운동, 변법자강운동, 예비입헌 등 변혁운동을 후원했다. 서태후는 변혁에는 동조했지만 변혁의 속도가 빨라지고 변혁의 내용이 황권이나 자신의 권력을 위협하는 경우에는 무자비하게 탄압했다. 이것이 청나라 말 근대화를 위한 변혁 시도가 성공하지 못한 중요한 이유였다.

서태후는 외세의 위협 속에 청나라 말기의 정국을 관리하고 변

서태후

광서제

해금海禁

혁을 주도했다는 긍정적 평가보다는 그녀의 탐욕과 사치로 청의 몰락을 가속화시켰다는 부정적 평가가 앞선다. 1894년 청일전쟁이 일어나던 해에 환갑을 맞은 서태후는 환갑잔치와 자신의 처소인 이화원 공사를 위해 은 1,000만 냥을 쏟아부었다. 당시 청나라 예산의 6분에 1에 해당하는 엄청난 금액이었다. 서태후는 이화원을 재건하면서 북양해군의 예산까지 끌어다 썼다. 서태후가 끌어다 쓴 은 30만 냥은 당시 청나라 해군 예산의 절반에 달하는 액수였다.

서양 문물을 받아들인 양무운동

'서양 오랑캐'라고 무시하던 서양 열강에게 잇달아 패하고 난 뒤 청나라는 근대화 운동을 통하여 '부국'과 '강병'을 추진했다. 서양의 군함, 화기, 대포의 위력을 실감한 관료들은 서양의 선진 문물과 무기를 수용하여 부국강병을 이루고자 했다. 궁극적인 목표는 천조상국에게 패배와 치욕을 안겨 준 서양 세력을 제압하는 것이었다.

'양무운동洋務運動'은 서양 근대 문물의 도입을 통해 몰락해 가는 대청제국을 다시 일으켜 세우려는 자강운동이었다. 태평천국의 난을 진압하는 데 큰 공을 세운 증국번, 좌종당左宗棠, 이홍장과 같은 한족 출신 지방 관료들에 의해 주도되었다. 이들은 황제에 충성하는 전통적 가치관 위에서 서양의 근대 기술과 무기, 산업을 받아들여 무너져 가는 청조 지배체제를 강화하려고 하였다. 이것이 근대화 추진의 가장 큰 장애물로 인식되던 막부 체제를 무너트리고 새로운 정치체제를 수립한 일본의 메이지유신과 본질적인 차이였다.

'중체서용中體西用'의 기
치 아래 양무파 관료들
이 제일 역점적으로 추진
한 분야는 무기와 장비,
군사시설이었다. 태평천
국의 난을 진압하기 위해
서양의 무기 제조기술을
배워야 한다는 명분을 내

금릉기기국의 무기 제조

세워 자강을 통해 서양 세력을 제압하려는 진의를 감출 수 있었다. 청
나라 조정은 베이징조약이 체결된 후 1861년 영국과 프랑스의 요청
으로 외교 사무를 전담하는 '총리각국사무아문總理各國事務衙門'을 신설
했다. 총리아문의 진두지휘 아래 전국 각지에서 양무운동이 활기차게
진행되었다.

이홍장은 1863년에 상하이 조계에 있던 미국인 공장을 매입하여
강남제조총국江南製造總局을 세워 총포, 탄약, 기선을 만들고, 난징에
는 금릉기기국金陵機器局을 세워 대포와 화약을 생산하였다. 좌종당은
1866년 복주선정국福州船政局을 세워 전함을 건조하였다. 이렇게 전국
적으로 24개의 군수공장이 설립되었다. 군수산업을 크게 발전시키는
한편 전보, 철도, 광산 개발 등 근대화에 필요한 다른 산업의 발전도
꾀했다. 그러나 군수산업이 가장 우선시되다 보니 다른 산업은 군수
산업의 수요를 충족시키는 정도였다.

해금海禁

복주선정국의 조선소, 항구, 건물 전경

낡은 제도와 전통, 관료들의 부정부패는 바뀐 것이 없고 서양이 강대하게 된 근원은 무시한 채 서양의 근대 기술과 무기만 도입하여 부국강병을 꿈꾸었던 양무운동은 처음부터 그 한계가 있을 수밖에 없었다. 더구나 서태후가 양무운동의 성패보다 자신의 권력 유지에 어떻게 작용하는지에 따라 정책 추진을 바꾸었기 때문에 일관성 있게 추진될 수 없었다. 몰락해 가던 청은 1861년 신유정변 이후 30여 년 동안 근대화 운동을 통해 자강을 꾀했으나 그 결과는 1894년 청일전쟁의 어이없는 패배였다.

근대식 해군의 창설

아편전쟁 때 첨단 화포를 장착한 서양의 철갑 기선에 맞서 전통적 범선으로 싸웠던 청나라는 근대식 해군 창설의 필요성을 절감했다. 북양함대, 동양함대, 남양함대의 3개 함대를 동시에 창설하려 했으나 예산 문제로 북양함대를 먼저 창설하기로 했다. 일본이 서양의 압도적인 해군력을 경험한 후 메이지유신 이전부터 해군 육성에 본격적으로 나섰던 시기보다 한참 늦은 시점이었다.

이홍장

자국에서 건조하는 것보다 외국에서 수입하는 것이 비용적 측면에서 훨씬 유리하다는 이홍장의 주장을 받아들여 함선은 수입하기로 했다. 이에 따라 영국에서 4척, 독일에서 2척의 철갑선을 구입하였다. 청 조정은 해군 육성을 위해 매년 은 400만 냥을 조달하기로 했으나, 그 액수가 점점 줄어들어 실제로 군함 구입에 사용된 은은 매년 100만 냥밖에 되지 않았다.

해군 사관을 육성하기 위해 1876년 복주선정국의 학생들을 영국과 프랑스로 유학을 보냈다. 1879년 일본이 류큐를 침략하자 청나라는 해군력 강화에 더욱 박차를 가하여 이홍장은 북양해군을 조직하였다. 1888년 말 산둥성 위해에서 북양해군이 정식으로 출범했다. 18척의 함선을 보유하여 아시아 최대 규모의 현대식 해군 함대였다. 북양함대의 함장과 고위 장교들은 복주선정학당을 졸업하고 영국 해군학교에서 교육을 받은 이들이었다. 중견 장교들도 어렸을 때 대부분 미국 유학을 갔던 이들이었다. 그들은 복주선정학당을 졸업한 후 현역 복무를 시작했다. 장교들은 현대식 교육을 받았고 영어에 정통했다. 내부 지휘명령은 전부 영어로 할 정도였다. 북양함대를 주축으로 하는 대청제국의 해군력은 세계 6위 내지 8위의 규모였다.

그러나 이러한 대규모의 근대식 해군력을 갖추고도 청나라 해군은 청불전쟁과 청일전쟁에서 잇따라 패배했다. 각 함대의 장비를 여러 나라에서 수입하다 보니 규격이 서로 맞지 않아 훈련이 어려웠다.

해금海禁

북양함대의 전함들

　　무엇보다 예산 지원이 부족하다 보니 훈련을 통해 전투 역량을 키
우기가 어려웠다. 부패한 청 조정은 해군 방위비를 서태후의 이화원
별궁 신축비로 사용해 버렸다. 이와 함께 다량의 예산을 만주 주변에
서 러시아의 위협에 대비하기 위해 육군 경비와 광동해군의 증강에
충당한 것도 예산 부족의 원인이었다.

청불전쟁의 패배

1858년 프랑스는 제2차 아편전쟁에 참가하는 동시에 중국의 오랜 종속국인 베트남에 군대를 파견하였다. 기독교 탄압이 그 이유였다. 1862년 베트남 남부의 동부 3성이 프랑스령으로 할양되고, 프랑스는 1873년에 다시 침공하여 베트남 남부를 모두 점령하였다.

프랑스는 1882년 청의 윈난雲南 지역과의 통상을 방해하는 흑기군을 제압하기 위해 하노이에 다시 군대를 보냈다. 응우옌 왕조는 종주국 청에 사절을 파견하여 지원군을 보내 줄 것을 요청했다. 종속국에 대한 보호 책임을 가지고 있던 청나라는 베트남 북부에 군대를 파견했다. 그러나 청나라의 지원 군대는 하노이 일대에서 연달아 참패했다. 1884년 5월, 청·불 양국은 텐진에서 청불 간명조약簡明條約을 체결하고 프랑스의 베트남 지배권을 승인했다. 이로써 청은 베트남을 지켜 주지도 못하고 프랑스의 지배권을 승인한 채 군대를 철수해야만 했다.

이후 프랑스는 베트남과의 번속관계가 완전히 청산되지 않았다는 이유로 베트남 북부에 주둔 중인 청나라군을 기습 공격했다. 이 사건이 일어난 지 얼마 되지 않아 프랑스 극동함대가 푸젠성福建省의 마미항으로 들어왔다. 평화협상이 결렬되자 프랑스 함대는 갑자기 복건해군을 향해 포격을 가했다. 순식간에 기습을 당한 복건해군은 무방비 상태로 당하고 말았다. 불과 30분의 해전 끝에 복건해군은 군함 11척, 수송선 19척, 그리고 800명의 군인을 잃었다. 프랑스 함대는 복주선정국에 함포를 퍼부어 조선시설을 모조리 파괴해 버렸다.

푸저우(福州) 해안을 포격하는 프랑스 함대

　이후 프랑스 함대는 대만의 군사요충지를 공격했다가 목적을 달성하지 못하자 아예 대만해협을 봉쇄하고 중국 동부 연안 지역에서 충돌을 일으켰다. 1년 넘게 지속된 전쟁은 많은 사상자를 내고 1885년 6월에 청나라가 베트남을 프랑스에게 완전히 넘겨 주며 끝났다.

　마미해전의 참패로 청나라가 양무운동을 통해 애써 구축한 해군기지가 완전히 파괴되면서 그간의 자강운동이 일거에 무위로 돌아갔다. 무엇보다 청불전쟁 중에 군비가 부족해 외국 은행에서 군비를 빌려왔다. 가뜩이나 허약한 재정 상태는 더욱 악화되었고 대청제국은 전쟁을 치를 재정 능력을 거의 잃어버리게 되었다.

청일전쟁과 자강운동의 실패

1894년 초여름, 동학혁명이 한반도 남부 지역으로 확산하자 당황한 조선 조정은 다급히 청나라에 원병을 요청했다. 청과 조선은 오랜 역사 동안 주종 관계이면서 순망치한脣亡齒寒의 관계에 있었다. 청은 종주국으로서 의무를 이행하기 위해 군대를 파견하고, 갑신정변 후 1885년 체결된 텐진조약에 따라 일본에 이 사실을 통보했다.

갑신정변 때 청나라에 밀려 조선에서 물러났던 일본은 만회할 수 있는 절호의 기회로 여기고 400여 명의 해군 육전대를 파견했다. 외세가 개입하자 조선 조정과 동학군은 화의를 약속하고 싸움을 중단하였다. 그러나 청·일 양국은 철병하지 않고 그대로 조선에 머물렀다. 일본은 청에게 조선 내정개혁을 함께 하자고 제의하였으나 청이 거절하자, 7월 23일 경복궁에 침입하여 민씨 정권을 몰아내고 권력을 장악해 버렸다. 대원군을 앞세워 친일 정권을 수립하고 '갑오개혁'이라 불리는 일련의 개혁 조치를 시행하였다.

본국 정부로부터 수단과 방법을 가리지 말고 군사충돌을 일으키라는 지령을 받은 일본군은 청나라 부대를 공격하며 정식으로 선전포고를 하였다. 오랑캐라고 멸시하던 일본의 도발 앞에 청나라 조정은 격분했다. '서양 오랑캐'에게 당하는 수모는 참고 견디었지만 '동양 오랑캐'에게 당하는 모욕은 도저히 참을 수가 없었다.

청나라는 군사를 증파했다. 1894년 7월 25일, 북양함대의 호위 아래 증원군을 싣고 오던 청나라 함선은 아산만 풍도 앞바다에서 일본 함대와 조우했다. 이른 아침 기습공격을 당한 청나라 함대는 함선 두 척이 침몰하고 한 척이 대파되며 승선하고 있던 증원군 1,100여 명을 잃었다. 이에 비해 일본군은 한 척의 배도 피해를 입지 않았고 한 사람의 사상자도 없었다.

풍도해전

지상전에서 청나라 군대는 일본군의 맹렬한 공격 앞에 제대로 싸워보지도 못하고 패배만 거듭하다 평양까지 밀려났다. 풍도해전이 있고한 달 후 평양에서 본토로 후퇴하는 병력수송을 마친 북양함대는 압록강 하구에 가까운 황해에서 일본 함대와 다시 조우했다. 풍도해전의 패배를 복수하려는 청나라 해군은 선제공격을 감행했다. 5시간의전투 끝에 북양함대는 5척이 침몰하고 사상자가 1,000명을 넘는 피해를 입었다.

일본군은 패퇴하는 청나라군을 요동반도 최남단까지 집요하게 추격하여 뤼순旅順을 함락했다. 1895년 1월, 3만 명으로 구성된 일본육군은 북양해군 사령부가 있는 산둥반도 위해에 상륙해 신속하게 해안 방어시설을 점령했다. 심혈을 기울여 구축한 해안 방어시설은 거꾸로 청나라 함대를 공격하는 시설로 이용되었다. 일본군은 육지와 바다에서 협공으로 북양함대를 공격했다.

결국 수십 년 동안 어렵게 육성했던 북양함대는 순식간에 전멸하고 말았다. 위해해전의 패전으로 청일전쟁은 일본의 승리로 끝나고, 30여 년의 자강운동은 물거품이 되고 말았다. 패전 소식을 들은 서태후와 광서제는 통곡했다. 반면, 승전 소식이 전해진 도쿄는 축제 분위기에 휩싸였다. 환희에 젖은 시민들이 몰려나와 골목을 누비며 밤새 흥청거렸다. 경축대회가 열린 우에노공원에는 40만 명의 인파가 몰려들어 승전의 기쁨을 누렸다.

청나라가 훨씬 우세한 병력에도 불구하고 패한 주요한 원인은 지휘체계의 혼선과 기강이 무너진 오합지졸 부대였다는 점이다. 태평천국의 난과 같은 민란을 진압하기 위해 조직되었던 단련이나 향용은 지휘체계를 따르지 않았고 개별적으로 행동하거나 일본군이 쳐들어오면 도망가는 경우가 많았다.

조차의 수난

청일전쟁에서 패한 청나라는 이루 말할 수 없는 커다란 충격을 받았다. 서양 세력에 국력이 밀리는 것은 이미 알았지만, '섬나라 오랑캐'라 멸시하던 일본한테까지 밀릴 것이라고는 상상하지 못했기 때문이었다. 1895년 4월, 미국의 중재로 청과 일본은 전쟁을 종결하기 위해 시모노세키에서 조약을 체결하였다. 시모노세키 조약은 청나라가 조선이 자주독립국임을 인정하고 요동반도와 대만, 펑후제도를 일본에 할양하며, 전쟁배상금으로 일본에 2억 냥을 지불하는 것을 내용으

해금海禁

로 했다.

배상금 2억 냥에 전쟁 기간에 약탈한 것까지 합치면 일본이 전쟁을 통해 얻은 경제적 이익은 5억 엔에 달했다. 당시 일본의 6년 치 재정 수입과 맞먹는 천문학적인 액수였다. 일본이 전쟁비용으로 지출한 액수는 1억 5,000만 엔에 불과했으므로 일본으로서는 엄청난 경제적 이득을 얻은 것이었다. 일본은 배상금 중 1억 8,000만 엔을 육군과 해군 확장 비용으로 사용하고 나머지는 시모노세키 부근에 철강 산업 단지를 조성하거나 철도 부설, 전화 설치 비용으로 사용했다. 청일전쟁의 배상금이 일본 근대화의 종잣돈 역할을 했다.

아편전쟁과 청불전쟁에 패했을 때만 해도 '잠자는 사자'에 비유했듯이 서양 열강들은 대청제국의 힘에 대한 일말의 두려움이 있었다. 그러나 일본에마저 패하자 대청제국의 실체와 국력을 알게 된 서구 열강은 거리낌 없이 더 많은 이권을 차지하기 위해 마구 달려들었다. 이들은 개항지에 행정권, 경찰권 등의 치외법권을 행사하여 '나라 안의 또 다른 나라'라 불리던 조계지를 설정했다. 이들은 세력에 따라 조계지를 확정했고 세력범위 안에서는 철도, 광산, 통신 건설권을 마음대로 독점했다. 일본은 대만 정복으로 제국주의 대열의 끝자락에 합류할 때 대청제국은 제국주의 열강들에게 경제적 이권, 조계지, 조차지 등을 내주면서 식민지나 다름없는 처지의 이른바 '반식민 사회'로 전락했다.

독일은 선교사 피살 사건을 구실로 군함을 파견하여 산둥성 자오저우만膠州灣 일대를 점령하고 칭다오靑島를 조차한 다음 산둥성 전체를 세력범위에 넣었다. 러시아는 다롄大連과 요동반도 일대를 강제로 조

조계지였던 상하이 주장로(1920년대 모습)

차하고 동북 지역을 자신의 세력범위에 넣었다. 러시아는 독일과 프랑스와 함께 압력을 넣어 일본이 요동반도를 포기하도록 한 것에 대한 보답으로 청나라로부터 은 3,000만 냥을 받았다.

프랑스는 광저우만을 조차한 다음 광둥성, 광시성과 윈난성을 자국의 세력범위 안에 넣었다. 영국은 양쯔강 유역 일대를 우선 세력범위 안에 넣고, 산둥성 위해를 조차하고 홍콩의 조계지를 늘렸다. 이어서 주룽반도까지 조차하는 데 성공했다. 일본도 청나라 정부에 압력을 넣어 푸젠성을 자신의 세력범위에 넣었다. 세상의 중심을 자처했던 대청제국은 칼을 들고 덤벼드는 열강들 앞에 '도축장의 돼지' 같은 가련한 신세로 전락했다.

해금海禁

백일유신으로 끝난 무술변법

청일전쟁에서 패배한 후 청나라의 변혁세력은 서양의 기술과 무기만 받아들이는 양무운동의 한계를 절감하고 제도와 정치체제의 변법을 통한 사회변혁의 필요성을 인식했다. 변법의 움직임은 청일전쟁 이전부터 있었지만 보수파의 저항으로 실현되지 못했다.

청일전쟁 후 일본의 메이지유신에 대한 관심이 높아졌다. 메이지유신을 다룬《일본변정고日本變政考》를 읽고 깊은 인상을 받은 광서제는 저자인 캉유웨이康有爲와 그를 추종하는 량치차오梁啓超와 같은 젊은 서생들을 불러들여 변법을 주도하게 했다. 캉유웨이는 그전에 여러 차례 상주문을 올려 변법의 필요성을 역설했다. 그는 중국 중심의 세계관에서 열국병립지세列國竝立之世로, 즉 조공관계에 기초한 상하관계에서 주권국가가 병립하는 세계관으로 전환할 것과 일본식의 입헌군주제를 제안했다.

왼쪽부터 량치차오, 광서제, 캉유웨이

1896년 6월 11일, 광서제는 조칙을 통해 위기상황과 변법자강의 필요성, 변법 의지를 표명하고 유신운동의 시작을 알렸다. 9월 21일까지 103일이라는 짧은 기간에 캉유웨이와 젊은 서생들이 제안한 시책들은 광서제의 유지 형식으로 숨 가쁘게 발표되었다. 변법 제정과 의회 개설이라는 제도 개혁과 인재 양성을 위한 경사대학당京師大學堂 설립, 실업 지원, 과학 및 발명 장려, 군제 개혁 등의 개혁안이었다.

그러나 급진적이고 급격한 개혁안은 개혁파를 포함하여 보수 관료층과 황족의 반발을 불러왔다. 기득권을 상실할 위기에 몰린 보수파는 광서제에게 정무를 위임하고 뒤로 물러나 있던 서태후를 움직여 반격을 가했다. 광서제는 위안스카이袁世凱를 움직여 서태후와 보수파 세력을 제압하려고 했으나 권력의 향방을 가늠하던 위안스카이가 이 사실을 서태후에게 밀고해 버렸다.

자신을 제거하려는 광서제의 계획에 격분한 서태후는 정무에서 물러나 머물던 이화원에서 베이징으로 돌아와 권력을 다시 손에 넣고 광서제를 자금성 안에 유폐시켜 버렸다. 캉유웨이를 비롯한 변법운동의 주도자들은 일본으로 망명하거나 붙잡혀 처형되었다. 이로써 무술변법은 갑자기 막을 내렸다. 무술변법에서 제시된 개혁안의 상당 부분이 나중에 다시 개혁안으로 채택되기도 했다. 변법운동으로 설치된 경사대학당은 폐지되지 않고 있다가 오늘날의 베이징대학으로 발전했다.

변법운동은 대중의 지지를 받지 못한

위안스카이

해금海禁

점, 보수세력의 반발을 당해 낼 정치적 세력이 없었다는 점, 변혁을 실행할 전략이 부재하였다는 점 등이 실패의 원인으로 꼽힌다. 무엇보다 대중의 지지를 받지 못한 채 너무 급격히 추진된 것을 가장 큰 실패 원인으로 꼽을 수 있다. 비록 무술변법은 실패했지만 이후의 개혁과 사상의 발전에 많은 영향을 미쳤다. 몇 년 후 추진되었던 입헌군주제는 백일유신의 연장선에서 이루어진 것이었다.

의화단운동과 불타는 이화원

청일전쟁의 패배로 반외세 정서가 높아지면서 반서양 정서도 고조되었다. 기독교가 포교하는 과정에서 선교사와 기층 사회의 갈등으로 인한 반기독교 사건, 이른바 구교안仇敎案이 적지 않게 발생했다. 특히 1897년 독일이 산둥성을 무력으로 점령하고 기독교 포교를 강화하기 시작하자 반기독교 운동이 격렬하게 일어났다.

청나라 중기부터 산둥성 지역에는 의화권이라는 민간 비밀결사 단체가 권술을 보급하며 세력을 확장하고 있었다. 이들은 독일의 침략에 시달리고 있던 산둥에서 기독교 신자와 교회에 대하여 폭력적 공격을 가했다. 1899년 산둥성 서북부에서 활동하고 있던 신권과 결합하여 의화단義和團이라는 보다 조직적인 이름으로 바꾸고, '청을 도와 서양을 멸한다'는 부청멸양扶淸滅洋의 기치를 내걸었다. 의화단은 기독교도들을 살해하고 교회를 파괴하며 서양인들이 부설한 전선, 철도, 학교와 수입품 상점 등 서양과 관련된 것이면 가리지 않고 파괴하였다.

외국 사절들은 청나라 정부가 나서서 의화단운동을 금지시키고 외국인의 안전과 이익을 보호해 줄 것을 요청했다. 청나라 정부는 의화단을 지원했던 관리들을 파면하고 '의화단 비적'을 해체시키라는 조서를 내렸다. 그러나 의화단의 반서양 활동을 지지하고 있던 서태후와 청나라 정부

의화단원

는 외국의 압력에 마지못해 조서를 내렸을 뿐이었다. 이러한 사정을 모를 리 없는 의화단은 청나라 정부의 지시에도 아랑곳하지 않고 활동을 계속 이어 갔다.

1900년 초여름, 대거 베이징에 진입한 의화단원들은 베이징 시내의 교회와 서양식 건물에 방화하고 파괴했다. 수많은 외국인 선교사와 외국인, 중국인 신자들이 죽임을 당했다. 각국 부대로 구성된 연합군은 청나라 정부에 의화단운동 진압을 요구하며 톈진의 대고포대를 공격했다. 그러지 않으면 직접 베이징으로 진격하여 점령하겠다는 최후 통보를 하였다. 청나라는 서태후의 위세를 등에 업은 강경론자들이 주도한 어전회의에서 영국, 프랑스, 일본을 포함한 열강 11개국을 상대로 선전포고를 했다. 이 중 한 국가만을 상대로도 제대로 전쟁을 벌일 능력도 없을 만큼 허약해져 있던 청의 국력을 고려하면 너무나 무모한 결정이었다.

11개 열강 중 8개국 군사로 이루어진 연합군은 베이징에 무력침략을 개시했다. 대청제국 정규군과 의화단은 서양 현대식 무기의 위력

앞에서 제대로 싸워 보지도 않고 도망치기에 바빴다. 베이징이 위험해지자 서태후는 광서제를 데리고 산시성陝西省의 시안西安으로 피신했다. 연합군은 자금성을 총사령부로 삼고 약탈, 강간, 살인, 방화 등 무자비한 보복을 했다. 청나라 정부는 의화단 진압령을 내리고, 위안스카이가 진압군을 이끌었다.

1년 가까이 소요된 협상 끝에 1901년 9월, 청나라와 11개국은 베이징에서 신축조약辛丑條約을 맺고 전쟁을 종결했다. 의화단전쟁의 주모자는 사형시키거나 유배를 보내고, 1940년까지 4억 5,000만 냥의 배상금을 지불하며, 톈진의 대고포대를 해체하고, 베이징에 공사관 구역을 설정하고 열강의 군대가 주둔할 수 있도록 해야 한다는 것이었다. 배상금은 청나라의 6년간 재정수입과 맞먹는 액수였다. 배상금의 비율은 러시아와 독일이 절반을 차지했고 프랑스 16퍼센트, 영국 11퍼센트, 일본과 미국이 각각 4퍼센트였다.

1906년, 미국의 시어도어 루스벨트 대통령은 청으로부터 받은 배상금 일부를 대학 설립과 유학생 지원에 쓰도록 돌려주었다. 이렇게 해서 설립된 대학이 오늘날 중국의 명문 칭화대이다. 영국, 일본, 프랑스 등 다른 연합국들도 미국의 뒤를 이어 배상금 중 일부를 반환하여 중국에 많은 대학이 설립되었다. 오늘날 중국 대학의 역사에는 청나라 말 서양에 당한 굴욕의 아픈 흔적이 배어 있다.

청의 마지막 변혁 시도

의화단운동의 실패와 8국 연합군의 베이징 침입 후 서태후와 청나라의 통치자들은 존망의 위기의식을 가졌
다. 전제황권 지배체제의 변혁에 대한 내부
압박이 극도로 고조되었기 때문이었다. 청
조 지배체제의 변혁 방법에 대해서는 상반
된 주장이 극단적으로 대립했다. 해외로 망
명한 캉유웨이, 량치차오 등 유신파들은 청
나라의 부활을 위해 입헌군주제를 주장했지
만, 쑨원孫文을 비롯한 혁명파들은 무장봉기

쑨원

로 만주족 지배의 청나라를 끝내자는 민중혁명을 추구했다.

청나라를 뒤엎으려는 혁명의 기운이 고조되자 서태후는 변법으로
대응했다. 무술변법 때 강제로 폐지했던 신법을 받아들이기로 하고
무술변법에 연루되었던 자들을 사면하거나 복직시켰다. 그러나 캉유
웨이와 량치차오는 사면을 받지 못했다. 체제전복의 위기 앞에서 군
사권의 중앙집권화, 과거제 폐지, 재정의 중앙집권화, 자본주의적 기
술 도입을 내용으로 하는 개혁정책을 시도했다. 이것이 청나라의 마
지막 개혁정책인 서태후의 신정新政이다. 가장 중요한 개혁 요구였던
전제군주 체제의 변혁에 대해서는 전혀 손을 대지 않았기 때문에 처
음부터 실패가 예정되어 있었다.

이런 가운데 1904년 2월, 만주 지방의 세력권을 두고 갈등을 빚던
러시아와 일본은 전쟁을 시작했다. 2년 동안 지속된 전쟁은 예상을 뒤
집고 일본의 승리로 막을 내렸다. 중국은 큰 충격을 받았다. 소국 일
본이 강대국 러시아를 이길 수 있었던 것은 입헌정치의 힘 때문이라
고 받아들였다.

입헌군주제 도입 요구가 높아지자 1905년 7월 서태후는 입헌정치를 시행하고 있는 일본과 서구 각국으로 시찰단을 보내 입헌제도를 살펴보고 오도록 했다. 입헌파는 크게 환영했지만 혁명파는 다해 가는 청나라의 생명이 입헌으로 부활할 것을 우려했다. 혁명파는 입헌 움직임을 저지하기 위해 시찰단이 탄 열차에 폭탄 테러를 했지만, 출국 시기를 몇 달 지연시켰을 뿐이었다.

1차와 2차로 나누어 미국과 유럽으로 출발한 시찰단은 반년 동안 미국, 영국, 프랑스, 독일, 일본 등 10여 개국을 방문했다. 이들은 여야가 공익을 위해 진지하게 토론하고 군주와 의회가 권력을 분점하여 선순환하는 체제에 깊은 인상을 받았다. 방문국의 정치제도뿐만 아니라 선진 행정제도와 사회시설, 통신·철도 등 기간시설도 둘러보았다. 처음 이용해 보는 회전식 호텔 문에 갇히는 에피소드도 있었지만, 선진 제도와 문물에 많은 감동을 받고 귀국했다. 이들은 귀국 보고서에서 청나라가 약화된 근본 원인은 전제통치 때문이며 입헌정치체제를 도입해야 부국강병을 이룰 수 있다고 주장했다. 입헌군주제의 모델로는 황제의 지위와 권력이 다른 입헌국들보다 강한 일본식을 채택할 것을 건의했다.

서태후는 이들의 보고서와 지방관리들의 의견을 받아들여 입헌군주제 채택을 결심했고, 1906년 9월 1일 광서제는 예비입헌 방침을 선포했다. 금방 입헌체제가 실현될 것이라는 기대는 입헌 예비기간이 자꾸 늦춰져서, 1908년 서태후가 예비입헌 기간을 9년으로 선포하면서 무너져 버렸다. 그러는 동안에 대의기관 성격으로 각 성에 자의국, 중앙에는 자정원이 설립되었지만, 제 기능을 하지 못하는 형식적이고 실권이 없는 어용 기관에 불과했다.

1908년 8월에는 중국 역사상 최초의 헌법인 흠정헌법대강欽定憲法大綱이 발표되었다. 헌법의 핵심은 '군상대권君上大權', 즉 황제의 최고 권력을 유지하는 데 두고 있었다. 입헌군주제의 도입과 새로운 법률 제정 노력은 때가 너무 늦었다. 입헌제도의 도입과 새로운 법률을 실시하기도 전에 대청제국이 멸망해 버렸기 때문이다.

해금海禁

제6장

일본, 무사의 나라에서 근대국가로

무사 집단이 지배하는 나라

일본은 1868년 메이지유신을 통해 근대국가로 전환되기 전까지 700여 년간 무사 집단이 지배한 무사국가였다. 쇼군將軍을 정점으로 하는 무사 집단의 지배체제인 막부幕府가 독자적인 관료조직을 가지고 군사, 외교, 행정, 사법, 조세 등 국정 전반을 통치했다. 교토의 황궁에 유폐되다시피 한 덴노天皇가 이끄는 황실이 법적 정부였다면, 막부는 국정을 총괄하는 실질적인 정부였다.

7세기 말부터 국왕을 덴노라 칭했다. 덴노는 하늘을 다스리는 태양의 신 아마테라스 오미카미天照大神의 직계자손으로 여겨지며 신성시되었다. 국호를 왜倭에서 일본으로 바꾼 것이 이 무렵이었다. 역사상 수많은 왕조가 교체되었던 중국이나 한반도와 달리 일본은 역사적으로 확인할 수 있는 6세기 이후 1,500여 년 동안 덴노가의 통치가 이

어지고 있다. 우리로 치면 신라시대의 법흥왕이나 진흥왕 이래 한 가
문에서 계속 왕을 이어 왔다는 것이다. 막부 체제에서 실질적인 통치
자였던 쇼군이 덴노의 자리를 결코 탐하지 않았던 것도 이러한 덴노
의 신화적 상징성 때문이다.

왕조 교체는 없는 대신 실질적 통치를 하고 있던 막부의 교체가 있
었다. 막부 체제가 시작된 것은 1192년 가마쿠라에 막부가 처음 세워
지면서부터였다. 세력다툼을 통해 내전을 거듭하던 중세의 무사 계급
은 힘을 키워 덴노의 권력을 빼앗고 독자적인 통치체제를 마련했다.
가마쿠라 막부鎌倉幕府는 지방조직인 구니國의 책임자로 슈고守護를
임명해 전국을 통치했다. 이 무렵 한반도에도 무신정권1170-1270이 들
어서서 한 세기 동안 고려를 통치했다. 고려의 무신정권은 권력을 잡
은 무신들이 실권을 행사했지만, 막부처럼 무신정부를 따로 세워 독
자적인 통치를 하지는 않았다는 점에서 차이가 있다.

가마쿠라 막부를 세운 최초의 쇼군 미나모토노 요리토모의 행렬

14세기 중엽, 가마쿠라 막부가 몰락하고 무로마치 막부室町幕府가

해금海禁

새롭게 들어섰다. 하지만 권력 기반이 취약했던 터라 지역을 다스리는 슈고들의 세력이 강성해졌다. 슈고들은 혼란스런 사회를 배경으로 독자적인 세력을 형성했다. 이때부터 슈고는 군벌영주, 즉 다이묘大名로 불렸다. 허약한 무로마치 막부가 15세기 말 사실상 붕괴되면서 일본은 100여 년 가까이 다이묘들이 천하의 패권을 다투는 전국시대戰國時代를 겪게 된다.

전국시대의 가와나카지마 전투

이 시대는 정치적 분열이 극에 달했고 무력이 모든 것을 대변했다. 부하가 힘을 길러 주군을 몰아내는 하극상이 되풀이되면서 일본의 권력 지도는 크게 변했다. 쇼군의 권위는 사라졌고 힘 있는 다이묘들이 천하를 제패하기 위해 합종연횡을 하며 서로 죽고 죽이는 싸움을 계속했다.

임진왜란과 중화체제 이탈

여러 다이묘들이 천하를 걸고 치열한 내전을 벌이는 가운데 통일의 기운이 싹텄다. "무력으로 천하통일을 이룬다天下布武"라는 기치를 내건 오다 노부나가가 전쟁의 주도권을 쥐게 되면서 통일 직전까지 이르렀다. 하지만 천하통일을 눈앞에 두고 자신이 신임하던 부하로부터 배신을 당해 교토의 혼노지에서 생을 마감했다.

오다 노부나가가 죽자 측근이었던 도요토미 히데요시가 그의 빈자리를 재빨리 차지하며 통일전쟁을 이어 나갔다. 도요토미는 마침내 천하통일을 이루었고 자신은 1585년 덴노를 보좌하는 최고의 관직인 관백關白의 지위에 올랐다. 미천한 출신이었기 때문에 쇼군이 되지 못하고 관백의 지위를 받았다. 도요토미는 천하통일을 이룬 후 인도까지 지배하는 대제국을 건설하겠다는 야심을 가지고 있었다.

그의 계획이 구체화된 것은 천하통일을 이룬 후 몇 년이 지난 1592년에 들어서였다. 규슈의 나고야성을 전진기지로 삼고 20여만 명의 병력을 동원해 조선을 침략했다. 도요토미는 정명가도征明假道, 즉 "명나라를 치는 데 길을 빌려 달라"는 요구를 거절한 것을 이유로 조선을 침공했다.

도요토미 히데요시

1598년 도요토미의 사망으로 7년간 이어진 임진왜란이 끝이 났다. 임진왜란은 일본, 조선, 명이 얽혀 싸운 동아시아 최초의 대규모 국제 전이었다.

부산진 전투(변박, 〈부산진순절도〉)

　임진왜란으로 동아시아 국제질서에도 결정적인 변화가 생겼다. 명이 몰락하고 만주족의 청나라가 중국대륙을 지배하게 되었다. 아이러니하게 임진왜란은 근세 일본이 서양 문물과 법, 제도를 받아들이면서 성공적으로 근대체제로 전환하는 이념적, 국제정치적 기반이 되었다. 명의 군사적 지원으로 일본을 물리칠 수 있었던 조선은 명의 해금체제와 지배질서에 더 깊이 편입되었던 반면, 명과 전쟁을 벌인 일본은 중화주의와 화이질서의 국제관계에서 벗어나 독자적인 길을 걸었던 것이다.

일본도 해금과 쇄국정책을 취했지만, 유교적 명분론이나 관념적 이론에 빠지지 않고 과학, 기술, 상공업 등 실용이 중시되는 사회 분위기가 형성되었다. 근대 서양의 앞선 과학기술과 군사력을 목격한 후 일본은 서양 국가들을 배척해야 할 오랑캐가 아닌 배우고 추구해야 할 대상으로 빠르게 인식을 전환했다.

에도 막부의 시작

도요토미 히데요시는 죽기 직전 가장 신임하던 5명의 부하들에게 자신의 어린 아들 히데요리를 부탁했다. 중부 지역의 유력한 다이묘였던 도쿠가와 이에야스도 주군의 뜻을 따르겠다고 맹세했다. 도요토미가 오다의 자리를 채웠을 때 도쿠가와 이에야스는 세력이 우월한 도요토미에 맞서기보다 실리를 좇아 그의 지배에 복속되는 길을 택했다. 이번에도 충성 서약을 함으로써 히데요시 세력을 안심시키고 천하 패권을 차지하기 위해 준비할 시간을 확보할 수 있었다.

도요토미가 죽은 지 2년이 되지 않아 기회가 찾아왔다. 천하 제패의 야심을 품고 있던 도쿠가와 이에야스는 고

도요토미 히데요리

다이로五大老 간의 갈등을 기회로 반대 세력을 제압하기 위한 군사행동에 돌입했다. 도요토미의 유지를 받드는 진영은 서군, 도쿠가와를 따르는 세력은 동군으로 나뉘어 전쟁을 벌였다. 1600년 9월 15일, 7만 5,000명의 동군과 8만 명의 서군의 결전은 세키가하라關ヶ原에서 벌어졌다. 도쿠가와 이에야스는 세키가하라 전투 승리 3년 후 쇼군의 자리에 올라 명실상부한 최고의 실권자가 되었다. 도쿠가와의 본거지인 에도, 즉 오늘날의 도쿄의 이름을 따서 '에도 막부江戸幕府'라 부른다.

막부를 세운 후 도쿠가와는 분란의 씨앗을 불식하고자 도요토미 히데요리를 완전히 제거할 명분을 찾고 있었다. 그러던 중 1614년 히데요리가 이름 붙인 교토의 한 사찰 종명을 빌미로 잡았다. 이에야스를 죽이고 히데요리가 군주가 된다는 의미로서 도쿠가와 가문을 저주한다고 트집을 잡았다. 1614년 10월, 히데요리의 오사카성을 대대적으로 공격하는 '오사카 겨울 전투'가 시작되었다.

개전 두 달 만에 성의 해자를 메우는 조건으로 휴전을 했다. 다음 해 봄, 도쿠가와는 메워진 해자를 이용해 15만 5,000의 병력을 동원하여 공격했고 성이 함락되면서 히데요리는 자살을 했다. 이로

오사카 겨울 전투

써 간신히 이어지던 도요토미 히데요시의 세력은 완전히 사라지고 도쿠가와가가 250여 년간 일본을 통치하는 명실상부한 에도 막부의 시대를 열었다.

막부 체제의 쇼군과 다이묘

에도 막부의 쇼군은 다이묘 위에 군림하는 무사 지배체제의 최고 수장이었다. 쇼군은 세습직이었다. 쇼군의 힘의 원천은 군사력이었고 그 군사력은 경제력에서 나왔다. 대규모 군대를 유지하기 위해서는 막대한 경제력이 뒷받침되어야 했다. 쇼군이 직접 거느리는 군사는 8만 명에 달했다. 에도시대 쇼군은 400만 석의 막부 직할령과 가신에게 나누어 준 300만 석의 영지를 합쳐 약 700만 석의 영지를 소유하고 있었다. 무역항 나가사키와 금광이 있는 사도섬, 농업생산력이 뛰어난 지역, 교통 요지 등을 막부 직할령으로 삼았다. 에도시대 일본의 전국 쌀 생산량이 3,000만 석이었던 점을 고려하면 전체 농지의 4분의 1을 쇼군이 장악하고 있던 셈이다.

에도 막부는 약 270여 개의 번藩으로 나뉘어져 있었다. 번은 다이묘가 다스리는 봉건국가를 말한다. 막부에 대한 의무를 다하고 복종만 하면 번 내 통치는 다이묘에게 맡겨졌다. 번주, 즉 다이묘의 지위는 세습이 되었고 행정권, 경찰권, 징세권, 사법권을 행사하고 일정한 규모의 군사력도 갖추고 있었다. 번의 백성들에게는 다이묘가 군주였고, 가신단에게도 군주였다. 자신의 번주를 넘어 막부나 쇼군에게 충성을 바치는 일은 없었다.

해금海禁

참근교대 행렬도

　대부분의 다이묘들은 5만 석 이하의 영지를 보유하고 있었고 그들
이 동원할 수 있는 군사도 2,000명을 넘지 않았다. 쇼군은 군사적으
로나 경제적으로 다이묘들의 우위에 서서 확실한 통제권을 행사했다.
다이묘는 쇼군에게 공납과 군역을 제공할 의무를 졌고, 결혼과 같은
신상의 변화나 성을 이축 또는 보수하는 데도 쇼군의 허락을 받아야
했다. 막부는 '무가제법도武家諸法度'라는 법을 만들어 번들이 서로 연
계하거나 천황과 가까워지는 것을 막고 다이묘들을 통제하였다. 격년
마다 다이묘는 자비를 들여 가신들을 데리고 쇼군이 있는 에도에 가
서 머무는 참근교대제參勤交代制를 이행해야 했다. 정실과 후계자는 에
도에 인질로 남겨 두어야 했다.
　다이묘들은 쇼군과의 친소관계에 따라 신판親藩, 후다이譜代, 도자
마外樣의 세 그룹으로 나뉘어 동심원적으로 배치되었다. 막부의 행정

과 군사 업무는 후다이 다이묘와 쇼군의 가신인 하타모토旗本가 담당했다. 도자마는 세키가하라 전투 때 도요토미 편을 들어 도쿠가와 가문과 적대적인 관계에 있는 다이묘들로서 에도로부터 가장 먼 변방에 위치했다. 조슈번長州藩과 사쓰마번薩摩藩, 도사번土佐藩과 같이 후일 막부 타도를 주도한 다이묘들이 이들 출신인 것은 이러한 관계에 유래한다.

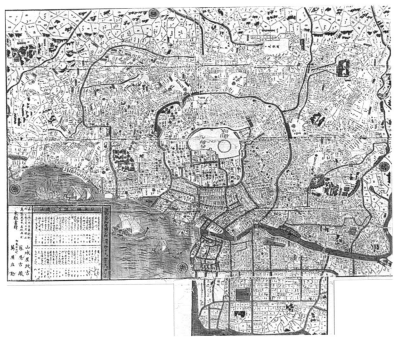

에도시대 도쿄

에도시대 막부는 교토의 조정이 전혀 정무를 할 수 없도록 했다. "천황은 조상에 대한 제사와 학문, 가도歌道에만 전념하면 된다"라는

해금海禁

규정까지 만들었다. 정치와 군사 문제는 형식적이지만 천황이 임명한 정이대장군征夷大將軍인 쇼군이 맡아 보며, 위임한 이상 천황은 간섭해서는 안 된다는 것이었다. 정무에서 배제한 것뿐만 아니라 쇼군은 천황을 철저히 감시했다. 천황은 교토를 떠날 수가 없었다. 사실상 교토에 감금된 생활이었다. 265년간 지속된 에도 막부 시대에 천황이 교토를 벗어난 것은 단 세 번밖에 없었다.

쇼군이 통치를 했지만 형식상 천황의 신하였다. 실권은 없지만 권위를 가지고 있는 천황은 언제든지 정치의 중심이 될 수 있었기 때문에 쇼군은 천황의 일거수일투족에 항상 신경을 곤두세웠다. 에도에 머무르는 쇼군은 교토에 쇼시다이所司代를 두어 천황과 귀족들의 움직임을 일상생활까지 감시했다.

에도시대의 사무라이

쇼군과 다이묘를 떠받치는 것은 '사무라이侍'라 불리는 무사들이었다. 에도시대의 신분은 사농공상士農工商으로 구분되었는데, 이 중 '사'의 계급에 속하는 자들을 사무라이라 불렀다. 이후 무사 계급이 분화되면서 상급 무사를 따로 사무라이로 칭하기도 했다.

전체 인구의 7~10퍼센트를 차지했던 사무라이들은 다이묘와 철저한 주

사무라이

종관계를 이루고 있었다. 주군에 대한 절대적 충성의 대가로 경제적인 보상과 성을 사용하는 등 여러 특권을 누렸다. 늘 칼을 차고 즉석에서 서민을 처형할 수 있는 권한까지도 허용되었다. 이들은 농촌을 떠나 다이묘의 성 근처에 살도록 했다. 농민과 연계해 반란을 일으키지 못하도록 한 조치였다. 그러나 메이지유신에 결정적인 역할을 했던 사카모토 료마坂本龍馬와 같이 '향사'라 불리는 일부 사무라이들은 향촌에 남기도 했다.

사무라이들은 영주가 주는 봉록을 받는 봉급 생활자였다. 에도 막부 말기 경제성장으로 인플레이션이 발생하면서 사무라이들 중에서 봉록 수준이 낮은 하급 사무라이들이 경제적으로 곤궁에 빠지게 되었다. 봉록 수준은 일정한데 특히 1850년대 개항이 되며 물가가 급격히 오르면서 큰 타격을 받았다. 자연히 이들 사이에 불만이 생기고 배외사상이 강화될 수밖에 없었다. 이것은 이들이 양이운동과 막부 타도, 메이지유신의 주역으로 나서는 원인이 되기도 했다.

특권을 부여받고 세습직이었던 사무라이들의 가장 큰 존재 이유는 전쟁에 나가 주군을 위해 공을 세우는 것이었지만 에도시대 260여 년간 이렇다 할 전쟁이 없었다. 전쟁이 없는 시대에 사무라이들은 할 일이 없었다. 그렇다고 이들은 청나라 말기의 팔기군처럼 빈둥거리며 술과 도박에 빠져 온갖 사회문제를 일으키는 집단은 되지 않았다. 이들은 칼 대신 책을 잡았다. 대부분 사무라이들은 유학을 열심히 공부했다.

이런 영향으로 아이러니하게 에도시대에 주자학 연구가 최고 전성기를 맞았다. 배우고자 하는 의욕에 가득 찬 사무라이들의 관심은 서양 세력이 밀려오면서 자연스럽게 서양의 사상, 학문, 문물, 제도로 관심이 옮겨 갔다. 유학과 서양에 대한 공부를 통해 '책을 든 사무라이'들은 정치적 관심과 세상의 변화와 일본의 현실에 대한 안목을 키우고 변혁을 위한 행동에 나서게 된다. 메이지유신을 이끈 주역들은 거의 전부 이들 사무라이 출신들이었다.

쇄국의 시작

앞 장에서도 설명했듯이 도쿠가와 이에야스는 실권을 잡고 난 후 처음에는 무역을 원하는 서양 세력에 호의적인 태도를 취했다. 그러나 기독교가 급속히 퍼지면서 이들이 교황을 숭배하고 평등이념을 전파하는 등 막부 지배질서의 위협으로 다가오자 기독교에 대해 포교와 신앙을 금지하는 '금교령'을 내렸다. 금교령은 메이지유신이 일어난 후 일련의 근대화 정책이 추진되던 1871년에 기독교가 허용될 때까지 유지되었다.

도쿠카와 이에야스는 정권을 잡은 후 기독교에 대해 경계는 했지만 바로 금교령을 내리진 않았다. 전국적으로 금교령이 시행된 것은 1613년이며, 기독교 포교가 금지된 후에도 포르투갈, 스페인과의 무역은 계속되었다.

에도 막부는 1854년 개항 때까지 200여 년간 강고한 해금을 시행했다. 선박이 해외로 나가는 것을 전면적으로 금지했고, 해외에 거주하거나 나갔던 일본인이 돌아오는 것조차 금지했다. 1637년 시마바라의 난 이후에는 포교를 위해 밀항자를 태우고 온다는 이유로 포르투갈 선박의 입항도 금지해 버렸다. 스페인, 포르투갈이 배제되고 영국도 네덜란드와의 분쟁에서 패배함으로써 일본과 서양의 연결고리는 데지마에 무역 거점을 마련한 네덜란드만이 남게 되었다. 데지마라는 유일한 창구만 남겨 둔 채 일본은 서양과 통하는 문을 모두 닫아버리며 강력한 쇄국의 길로 들어섰다.

밀려오는 서양의 거센 물결

일본의 강력한 쇄국정책은 200여 년간 심각한 도전 없이 유지되었다. 이 시기 해외무역은 네덜란드와 데지마, 중국 무역상과 나가사키, 조선과 쓰시마, 그리고 류큐왕국을 통해 제한적으로 이루어지는 것이 전부였다. 그때까지 일본이 서양 세력들로부터 심각한 도전을 받지 않았던 중요한 이유는 인도, 중국과 달리 일본과는 무역으로 얻을 수 있는 이익이 크지 않다고 인식되었기 때문이다. 일본도 자급자족이 가능했기 때문에 서양과 무역의 필요성을 크게 느끼지 못했다.

유럽인들이 바다를 통해 중국과 일본에 처음 도착하게 된 것은 각각 1513년과 1543년이었다. 이후로도 해금을 유지하던 일본에 유럽 세력의 도전은 없었다. 그러나 1790년대부터 일본은 문호개방과 무역을 요구하는 서양 세력으로부터 도전을 받기 시작했다. 제일 먼저 러시아가 경제적인 이유로 일본에 관심을 보였다. 러시아 모피 상인들이 사할린과 쿠릴열도에 정착했다. 위기의식을 느낀 에도 막부는 쇄국을 더욱 강화하는 쪽으로 대응했다.

막부는 '이국선 취급령'을 내려 이국선이 검문을 거부할 경우 선박과 승무원에 대한 포격을 허락하는 규정을 마련했다. 1793년부터 러시아는 통상을 위해 세 차례에 걸쳐 탐험대를 보냈지만 막부는 그들을 모두 물러가게 했다. 1804년, 세 번째 탐험대가 통상을 요구했지만 끝내 뜻을 이루지 못하자 러시아는 1806년과 1807년 사이에 사할린과 쿠릴열도의 일본인 거류지를 공격하는 분카로코文化露寇 사건을 일으켰다. 이에 대응해 막부는 러시아 선박에 대한 공격을 지시했다. 쇄국을 위해서는 무력을 행사해서라도 외국 선박을 격퇴하겠다는 자세였다.

격퇴 대상이 외국 선박 전체로 확대된 것은 1824년에 들어서면서부터였다. 산업혁명으로 조명이나 기계 윤활유로 사용되는 고래기름 수요가 증가하면서 영국과 미국의 포경선이 일본 근해에 빈번히 출몰하고 일본 영토에 상륙하는 경우까지 발생했기 때문이었다. 1825년,

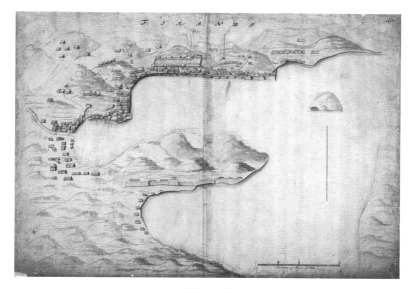

히라도섬 해안

영국 선원들이 필요한 물자를 얻기 위해 규슈 북서쪽의 히라도를 습격하는 일이 일어났다. 상황이 이렇게 전개되자 에도 막부는 '이국선타파령'을 내려 "외국 선박은 무조건 격침시키고, 생존 선원은 두 번 생각하지 말고 체포해 살해하라"라는 명령을 내렸다.

그러나 이국선을 모두 격침하여 쇄국을 유지하겠다는 정책은 아편전쟁을 계기로 변하게 된다. 청나라가 영국과의 전쟁에 패배하고 일본이 영국의 다음 목표가 될 것이라는 위기의식에 사로잡힌 에도 막부는 서둘러 이국선 타파령을 폐지했다. 대신 서양 선박에 포격하지말고 땔감과 식수를 공급하라는 '신수급여령薪水給與令'을 내렸다.

아편전쟁에서 청의 패배 소식이 전해지자 서양 세력에 대한 위기의식은 거의 패닉 수준에 이르렀다. 막부의 지도자, 관료, 학자들은 서양의 문호개방 요구에 어떻게 대응할지를 놓고 부심했다. 쇄국론자들은 서양과 교역을 하면 금은이 유출되고 이윤을 탐하는 상인들의 배를 불려 이미 만연된 사치 풍조와 도덕적 타락이 더 심해질 것이라며 문호개방을 반대했다. 이에 반해 난학자들을 중심으로 한 문호 개방론자들은 부국강병을 위해서는 서양의 과학, 기술, 총포를 받아들여야 한다고 주장했다.

해금으로 굳건히 문호를 닫고 있던 일본은 잦아지는 서양 선박의 출현 앞에 최대의 위기를 맞았다. 산업혁명을 완료하고 새로운 공업품 판매와 원료 공급 시장을 개척하고 있던 서양 세력의 거센 물결이 동아시아의 끝에 있는 일본열도까지 밀려들었다.

해금海禁

흑선의 출현과 개항

18세기 말부터 러시아가 여러 차례 일본에 접근했지만 굳게 닫혀 있던 일본의 문호를 연 나라는 태평양 건너편에 위치한 신흥 강국 미국이었다. 미국은 다른 유럽 열강들보다 시급히 일본을 개국시켜야 할 분명한 이유가 있었다. 독립한 지 얼마 지나지 않은 미국은 18세기 말부터 청나라에 면화를 수출했다. 청나라가 차지하는 면화 수출 비중은 20퍼센트가 넘었다. 태평양 국가로 발돋움하고 있던 미국과 청나라의 무역량은 계속 증가해 1830년대 초에 미국은 청나라의 무역 상대국 중 영국에 이어 2위까지 올랐다. 아편전쟁 후 1844년 미국은 청과 왕샤조약을 체결하여 최혜국 대우를 인정받은 후 무역량이 더욱 늘어났다.

미국에서는 이때 공업에 필요한 고래기름 생산을 위해 포경산업이 번성했다. 미국의 포경선들은 하와이 동쪽의 태평양을 건너 고래가 많이 잡히는 캄차카반도, 오호츠크해, 동해, 일본 연해까지 진출했다. 해상 교통량과 포경선의 활동이 늘어나면서 중국으로 가는 무역선이 난파되거나 포경선이 조난을 당해 일본 영토에 상륙하거나 기항하는 경우가 많아졌다. 그런데 막부 정권은 조난당한 선원들을 구금하거나 살해했다. 미국으로서는 일본은 무역보다 조난 선원을 보호하고 청으로 향하는 무역선의 석탄을 보급하고 포경선의 식량과 식수의 보급기지로 활용할 수 있는 기항지로서의 가치가 더 중요했다. 이러한 목적으로 일본을 개항시키는 것이 미국에겐 시급하고 중요한 과제였다.

미국의 밀러드 필모어 Millard Fillmore 대통령은 마침내 매슈 페리 Matthew Perry 제독이 이끄는 네 척의 군함을 일본에 파견했다. 네

척의 전함에는 함포 61문과 해병 967명이 타고 있었다. 버지니아주 노퍽Norfolk 항을 출발해 대서양을 횡단하고 케이프타운, 실론, 홍콩, 상하이를 거쳐 페리 함대는 1853년 7월 8일, 에도만 입구에 나타났다. 기함인 서스쿼해나Susquehanna호는 증기기관과 수차 모양의 외륜sidewheel을 장착한 2,450톤의 세계 최대 최첨단 군함이었다. 이 당시 일본의 군함은 가장 규모가 큰 것이 100톤이었다. 두려움에 빠진 일본인들은 처음 보는 검은색의 이 거대한 미국 군함을 '구로센黑船'이라 불렀다.

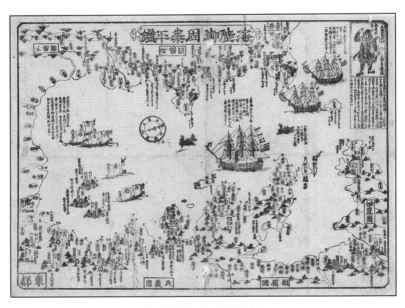

페리 함대와 일본의 해안 방어

페리 함대는 에도 앞바다에 정박하고 공포탄을 쏘면서 위협했다. 요구사항은 일본의 개국이었다. 막부는 해안에 설치한 포대로 대응해

해금海禁

보려 했지만 사거리가 짧아 무용지물이었다. 페리 함대의 위력에 놀란 막부는 전례에 따라 나가사키로 회항할 것을 요구했다. 페리 제독은 일본의 요구를 거절하며 통상관계 수립을 요청하는 필모어 대통령의 친서를 전달했다. 이듬해 다시 올 때 긍정적인 답변을 원한다는 의사를 전하고 상하이로 떠났다.

아편전쟁 이후 유럽 열강이 무력을 앞세워 청과 체결했던 조약을 들이밀며 문호를 개방시킬 것이라는 막부의 두려움은 현실이 되었다. 사실 막부는 1년 전에 데지마의 네덜란드 상관 보고를 통해 미국이 함대를 보내려는 계획과 함대의 사령관이 페리라는 것도 미리 알고 있었다. 서양 함대와 무기의 위력을 잘 알고 있던 막부는 압도적 무력을 앞세운 미국의 요구를 거절할 수도 없고, 그렇다고 국시로 채택해 왔던 쇄국을 하루아침에 포기할 수도 없는 진퇴양난의 상황에 빠졌다. 궁지에 몰린 막부는 쇼군이 모든 국가정책을 결정하던 관행을 깨고 전국의 다이묘들에게 편지를 보내 개항 요구에 대한 의견을 구했다. 이 무렵 네덜란드의 국왕 빌럼 2세는 에도 막부에 친서를 보내 중국의 전철을 밟지 말고 속히 해금을 해제할 것을 요구했다.

다이묘들도 뾰족한 대책이 없기는 마찬가지였다. 이들의 대부분 의견은 해금은 절대로 변경할 수 없고, 페리 함대와 무력충돌은 피하면서 서구의 대포와 첨단무기를 확보하기 위한 시간을 벌기 위해 타협을 하자는 것이었다. 막부는 페리 함대가 돌아간 후 서양의 군사위력에 대응하기 위해 총포와 군함 제조에 힘을 쏟았다. 그러나 자체 제작한 총포는 서양의 것과 비교가 되지 않을 만큼 성능이 떨어졌다.

1854년 페리 제독의 두 번째 함대

다음 해인 1854년 2월 13일, 페리 제독은 약속한 대로 군함을 이끌고 요코하마에 나타났다. 이번에는 9척의 군함이었다. 대책이 없던 막부는 미국의 요구대로 문호개방을 하는 조약에 서명할 수밖에 없었다. 페리는 통상조약을 체결하기를 원했으나 막부의 완강한 저항으로 화친조약을 맺으며 개항을 이끌어 내는 데 만족해야 했다. '가나가와 조약'이라 불리는 미·일 화친조약의 내용은 다음과 같다.

- 시모다 下田, 하코네 箱根 두 개 항구를 개항하고 미국 선박에 석탄, 물, 식량을 공급한다.
- 미국을 최혜국으로 대우한다.
- 표류 선원을 구조한다.
- 두 항구 중 한 곳에 영사의 주재를 허용한다.

해금海禁

서양 열강과 통상조약 체결

통상조약 체결을 원했던 미국에게 화친조약은 만족스럽지 못했다. 두 항구는 물자를 보급받기 위한 기항지로서 역할일 뿐 무역을 위한 것이 아니었다. 막부는 러시아의 통상 요구를 거절한 전례를 들어 미국의 통상 요구를 연기할 수 있었다. 하지만 다음에도 미국의 과도한 요구를 막아 낼 보장은 없었고 결국 일본은 해금을 끝내고 서양 열강들과 본격적인 조우를 시작했다.

미국이 일본과 협정을 맺자 다른 유럽 열강들도 달려들어 같은 조건의 조약을 요구했다. 막부는 군함을 동원하여 위협하는 영국, 러시아, 프랑스, 네덜란드와 차례로 화친조약을 체결했다. 통상관계를 맺어 오던 네덜란드와 1856년 근대적 화친조약을 맺음으로써 네덜란드인들은 데지마를 벗어나 일본을 자유롭게 여행할 수 있게 되었다.

일본인의 경호를 받으며 에도 시내를 걷고 있는 네덜란드 외교관

하지만 개항을 했을 뿐 무역을 위한 통상조약이 체결된 것은 아니었다. 미국은 화친조약이 맺어지고 2년 후인 1856년, 영사관을 설치하고 총영사를 파견했다. 총영사로 부임한 해리스는 쇼군에게 영국과 프랑스가 일본에 쳐들어올 거라 위협하면서 미국과 먼저 좋은 조건으로 통상조약을 체결하라고 압력을 넣었다. 일본이 거부하면 다음에는 함포가 오게 될 것이라고 위협했다. 이런 과정을 거쳐 1858년 미국과 통상조약이 체결되었고 곧이어 영국, 프랑스, 러시아, 네덜란드와 비슷한 내용의 통상조약을 맺었다.

일본인들은 막부가 서양 열강과 맺은 조약들을 서양 오랑캐에게 무릎을 꿇은 굴욕으로 받아들였다. 그 대표적인 예로 일본에 거주하는 외국인이 일본법에 구속받지 않는 치외법권에 대해서 불만이 높았다. 이후 반세기 동안 근대화의 격류를 타는 일본의 주된 목표는 불평등 조약을 평등 조약으로 개정하는 것이었다.

외세에 대한 일본의 대응

미약한 일본의 국력으로 함포를 앞세운 서양 세력의 요구를 수용하지 않을 수 없었던 불가피성은 인정했지만, 다른 한편 무사 집단을 중심으로 서양 세력에 무기력하게 굴복해 버린 막부에 대한 분노가 일었다. 일본인들은 쇼군과 막부가 외세의 침입으로부터 국가를 지켜낼 수 없다는 것을 알게 되었다.

압도적 무력을 가진 서구에 이길 수 없다는 것을 잘 알고 있던 막부의 전략은 조약 이행을 최대한 미루고 시간을 벌어 그동안 서구의 지

해금海禁

식, 무기, 장비, 과학기술을 도입하여 서구에 맞설 수 있는 수준으로 올라선 다는 것이었다. 막부에 종속되었지만 상당한 자율권을 누렸던 사쓰마번 지금의 가고시마현과 조슈번 지금의 야마구치현도 마찬가지였다. 이들 번은 독자적으로 서양의 선박과 화기를 구입하고 군대

사쓰마번(아래)과 조슈번(위)의 위치

를 현대화했다. 유학생을 보내 항해술, 조선, 공업, 공학, 과학, 기술과 같은 실용적인 학문뿐만 아니라 서양의 법률, 헌법, 정치학, 경제학, 언어와 문자를 배우게 했다. 막부는 서양 연구기관을 세워 서양 서적 을 번역했고 영어 문법서와 사전을 제작했다.

무기력하게 서양에 굴복한 막부에 대한 비판은 막부 타도 운동, 즉 도막운동倒幕運動으로 이어졌다. 개국 후 막부의 세력이 약화되자 '천 황을 중심으로 단결해 외세를 몰아내자'는 존황양이론尊皇攘夷論이 사 무라이들을 중심으로 대두되었다. 이런 사무라이들은 '고결한 목적을 지닌 사람'이라는 의미로 '지사志士'라 불렸다. 이들은 외세의 침략에 맞서 일본의 미래를 고민하고 근대 일본으로의 전환을 이끌어낸 선각 자들이었다.

이들의 정신적 지주였던 죠슈번 의 요시다 쇼인吉田松陰은 쇼카손주 쿠松下村塾를 열고 훗날 메이지시대 주역이 되는 기도 다카요시木戸孝允,

요시다 쇼인

이토 히로부미伊藤博文, 야마가타 아리토모山縣有朋 같은 이들을 길러냈다. 개항 이후 계속되는 사회·정치·경제적 혼란을 보고 일본의 앞날을 걱정하는 많은 지사들이 존황양이, 도막운동으로 모여들었다.

쇼카손주쿠

고조된 존황양이 운동은 서양 세력과 직접적인 무력충돌을 낳았다. 사쓰마번의 사무라이들이 사쓰마 번주의 아버지가 지나는 행렬에 경의를 표하지 않았다는 이유로 영국 상인을 살해한 나마무기 사건生麥事件, 1862년 9월 14일이 일어났다. 영국은 즉시 배상과 범인들의 처벌을 사쓰마번에 요구했다. 1년 넘게 지속된 협상이 실패하자 영국은 함선 7척을 동원하여 수도 가고시마를 포격했다. 가고시마의 대부분 지역이 파괴되었고 1,500여 명의 병사가 죽었다.

1863년 가고시마만에서 벌어진 영국-사쓰마 전쟁

서양 세력을 물리치라는 천황의 칙서를 막부가 이행하지 않자 조슈번이 직접 행동에 나섰다. 1863년 6월 말, 조슈번 사무라이들은 시모노세키 해협을 지나는 미국 상선과 프랑스, 네덜란드 군함에 포격을 가했다. 이에 대한 보복으로 1년 후 17척의 영국, 프랑스, 미국, 네덜란드 전함으로 이루어진 함대가 조슈번의 포대를 파괴했다. 조슈번은 해협을 봉쇄하고 저항했지만 압도적인 무력 앞에 결국 두 손을 들고 말았다.

부국강병론과 해군 육성

압도적인 무력을 앞세워 개항을 요구하는 세양 세력에 대해 막부, 존황양이파, 유신지사들은 개항의 불가피성은 다 같이 인식하고 있었다. 또한 내부개혁을 통해 부국강병을 이루어 서양에 맞서겠다는 공통된 목표를 가지고 있었다. 다만 어느 수준에서 어떤 속도로 개항을 할 것인가의 문제가 메이지유신까지 이어지는 권력투쟁의 원인이 되었다.

세계 정세와 흐름에 대한 많은 정보를 갖고 있던 막부 지도부는 산업혁명의 성과로 쌓아 올린 서양의 경제력과 해군력을 잘 알고 있었다. 변변한 군함 한 척 없는 일본이 압도적인 해군력을 갖춘 서양 세력과 전쟁을 하면 패할 수밖에 없고, 그러면 막부 체제가 붕괴된다는 점을 잘 알고 있었기 때문에 전쟁을 회피하고자 했다. 개항은 하되 시간을 벌어 서양의 과학기술을 배우고 무기를 도입하여 해군력을 강화하겠다는 전략이었다. 서양 세력을 물리치자는 양이론도 극단적인 서양의 배척이 아니었다. 이것은 무조건적인 외세 배척과 수구론을 외쳤던 구한말의 위정척사파와 다른 점이다. 천황을 앞세워 외세를 배격할 것을 주장한 존황양이파는 막부를 무너트리고 강력한 체제개혁을 통해 부국강병을 이루고자 했다.

서양과 두 번의 무력충돌에서 지사들은 양이론이 얼마나 무모한 것인가를 깨달았다. 이를 계기로 서양에 대한 인식의 대전환을 하게 된다. 서양에 맞서려면 서구와 군사적으로 대등한 수준에 오르기까지 서양의 앞선 과학기술과 무기를 배워야 한다는 결론을 얻었다. 함대의 포격으로 수도인 가고시마가 초토화된 뒤 영국의 군사력을 실감한 사쓰마번은 적대시했던 영국에 접근했다. 영국에서 무기를 구입하고 영국 해군을 모델로 근대식 해군을 창설했다. 이때 양성된 장교들이 훗날 일본제국 해군을 이끌게 된다.

서양의 해군력을 눈으로 본 유신지사들과 막부는 강병을 위해서는 강력한 해군의 육성이 필수적이라는 인식을 가졌다. 지사들의 정신적 지주였던 요시다 쇼인이나 사카모토 료마, 막부 고위 관리였던 가쓰 가이슈勝海舟, 메이지유신의 주역인 오쿠보 도시미치大久保利通 같은 이들은 해군의 중요성을 인식하고 해군 육성의 절박성을 주장했다. 요시다 쇼인은 에도만에 출현한 페리 함대의 위용을 직접 보고 돌아와서 번주에게 서양식 무기와 병제를 채택하고 군함 건조를 서두를 것과 네덜란드 군함을 구입할 것을 건의했다. 사무라이의 창검술로는 서양의 신식 무기를 상대할 수 없다는 것을 깨달은 것이다.

　고향의 난학자로부터 해군의 중요성을 배우게 된 사카모토 료마도 '일본 해군의 아버지'라 할 수 있는 가쓰 가이슈의 제자가 되어 가쓰가 고베에 만든 해군학교에서 해군 건설을 위한 해군 양성에 나섰다. 검술 수업을 위해 에도에 머물던 중 페리 함대의 출현을 직접 본 경험은 서양에 대한 개방적인 사고와 바다와 무역에 몰두했던 료마의 사고에 깊은 영향을 미쳤다.

가쓰 가이슈

　가쓰가 막부 내 권력투쟁에서 밀려나면서 해군학교가 문을 닫자 료마는 나가사키에 해원대海援隊라는 이름의 조직을 만들어 해군 훈련과 무역을 하였다. 페리 함대가 출현했을 때 일본에는 해군이 전무한 상태였다.

사카모토 료마

군함은 고사하고 변변한 대형 상선도 없었던 시절이었다. 막부는 번들이 무역을 통해 연계되고 실력을 쌓는 것을 막기 위해 500톤 이상의 쌀을 실을 수 있는 대형 선박의 건조를 금지하고 있었다.

이후 일본 근대화의 역사는 근대 해군 육성의 역사와 같이한다. '칼과 창을 휘두르며 전쟁을 하는 시대는 지나가고 바다를 장악하지 않으면 인도나 중국처럼 서양 세력에 굴복해야 하는 처지가 된다. 해군을 육성하려면 경제력이 있어야 하고 경제력의 향상은 외국과 무역을 통해서만 가능하다.' 이러한 논리적 귀결로 해금체제에서 벗어나 개방을 통해 서양과 무역에 나서야 한다는 것이 반막부 유신 세력의 생각이었다.

메이지유신 후 1880년대 일본에서는 산업혁명이 일어나고, 경제력을 쌓은 일본은 해군력을 집중적으로 키웠다. 이후 일본은 서양 세력이 했던 것과 같은 방식으로 해군력을 앞세워 해외 팽창에 나섰고, 그 질주는 태평양전쟁에서 패망할 때까지 계속되었다.

막부 타도와 왕정 복고

사쓰마와 조슈의 막부 반대파들은 서구의 과학기술을 도입하겠다는 막부의 목표에 공감했지만 막부 체제로는 일본을 강력하게 만들수 없다는 것을 확신했다. 막부를 타도하고 일본을 대대적으로 재조직하는 것만이 살 길이라는 결론에 이르렀다. 이 목표를 위해 정치적으로 대립했던 사쓰마번과 조슈번은 도사번의 사무라이 사카모토 료마의 주선으로 정치·군사 동맹을 체결하고 막부 타도를 위해 힘을 합

해금海禁

조슈 정벌군

치기로 한다.

막부는 존황양이를 부르짖으며 막부에 맞서는 조슈에 대해 대대적인 무력토벌을 감행하기로 했다. 1866년 3월, 막부의 공격이 임박한 가운데 극적으로 맺어진 양 번의 동맹을 삿초동맹薩長同盟이라 부른다. 사쓰마와 조슈의 동맹은 훗날 에도 막부를 무너트리고 왕정복고와 메이지유신으로 이어지는 계기를 마련한 결정적 사건이었다.

막부는 15만 병력을 동원해 조슈번을 토벌하러 나섰다. 하지만 사쓰마번을 비롯한 다수의 번이 막부의 출병명령을 거부했다. 새로 구입한 신무기로 무장한 조슈번의 4,000명의 신식 군대는 압도적인 병력을 앞세운 막부군을 곳곳에서 무찔렀다.

한편 이즈음 새롭게 취임한 쇼군 도쿠가와 요시노부德川慶喜는 막부의 개혁과 현대화를 추진했다. 막부의 군대를 상비군으로 바꾸고 서양 무기를 들여왔다.

도쿠가와 요시노부

프랑스로부터 군사고문을 초빙하여 1만 명의 군사를 훈련시켰다. 그리고 재정을 살리기 위해 광산 개발과 공업 진흥을 추진했다. 막부의 계획 발표에 사쓰마번과 조슈번은 큰 위협을 느꼈다. 1867년 1월, 고메이 천황孝明天皇이 사망하고 15세의 아들이 물려받았다. 그가 메이지 천황明治天皇이다.

반막부파는 1867년 여름, 쇼군에게 천황에게 통치권을 반환하고 다이묘들의 합의제 정권을 수립할 것을 제안했다. 정권이양 계획을 기술한 건백서에는 도쿠가와 가문은 쇼군직에서 물러나 일개 다이묘로 돌아갈 것, 의사원議事院을 상하 양원으로 나누고 상원은 공경과 다이묘, 하원은 사무라이와 서민으로 구성할 것으로 하는 내용이 포함되어 있었다. 쇼군 요시노부는 이 계획을 전격적으로 채택했다. 삿초 측의 움직임을 살피던 중 선수를 쳐서 10월 14일 교토의 니조성二条城에서 통치권을 천황에게 돌려준다는 상소를 올렸다. 천황은 다음 날 이를 받아들였다. 이것이 700여 년의 막부 지배를 끝내고 천황의 통치로 복귀되는 대정봉환大政奉還이다.

메이지 천황

삿초는 막부가 표면적으로는 통치권을 천황에게 넘겼지만 쇼군이 새로운 정부의 입법·행정권을 실질적으로 총괄하고 전국 생산량의 4분의 1에 달하는 도쿠가와 가문의 영지를 그대로 소유하려 하자 막부를 무너트리기로 한다. 1868년 1월 3일, 사

해금海禁

쓰마번, 조슈번, 도사번의 군대가 교토에 집결해 황궁을 봉쇄한 후 왕정복고 칙령을 발표했다. 막부를 폐지하고 새로이 천황 정부를 세운다는 내용이었다. 명목뿐인 통치자였던 천황이 명실상부한 국가의 중심이라는 것을 대외적으로 선포하였다. 이것이 일본이 봉건체제를 버리고 근대국가를 향해 대대적인 국가의 재구성을 천명한 메이지유신明治維新이다.

막부 체제가 무너지고 천황이 국가의 중심으로 돌아왔지만 그것을 인정하지 않는 막부 세력의 저항 때문에 혼란은 지속되었다. 보신전쟁戊辰戰爭, 1868-1869으로 불리는 막부파와 왕정복고파의 내전이었다. 줄곧 교토에 머물다 에도로 돌아간 마지막 쇼군 요시노부는 패배를 인정하고 주전론의 주장에도 저항을 포기했다. 쇼군의 투항에도 동북 지방에서 막부군의 저항은 계속되었다. 막부군이 홋카이도에서 1869년 6월 최종적으로 패퇴한 후에야 일본열도는 새로운 정부에 의해 정치적으로 완전히 통일되었다.

근대화를 위한 대변혁, 메이지유신

메이지시대는 전근대적인 일본 사회를 근대사회로 재조직하는 대격변기였다. 서구 열강을 모델로 삼아 봉건사회의 가치, 지배질서, 정치·경제·사회 체제, 신분질서, 생활양식, 문화 등 일본 사회의 전통적인 패러다임을 뒤집어엎는, 그야말로 모든 분야에 걸친 전방위적 대개혁이었다. 짧은 기간에 급격한 전환이 이루어졌기 때문에 변혁의 내용과 강도는 광범위하고 때로는 파괴적이었다. 메이지유신은 봉건

시대 전통과의 과감한 단절과 창조적 파괴를 통해서 근대 일본이라는 새로운 체제를 만들어 냈다.

메이지유신은 사쓰마번 등이 군대를 동원하여 천황으로 하여금 왕정복고 선언을 하게 했다는 점에서 왕정복고 쿠데타라고 할 수 있으나, 왕권 강화를 위해 친위세력을 동원하여 반대파를 제거하는 친위쿠데타와는 본질적으로 다르다. 메이지유신은 이름 그대로 혁명이라기보다는 급진적 변혁이었다.

메이지유신은 역사상 세계의 다른 여러 혁명들과는 그 성격이 달랐다. 프랑스혁명과 같이 기층 국민들의 저항으로 생겨난 시민혁명이 아니었다. 소련의 볼셰비키혁명과 같은 이데올로기에 의한 사상·이념 혁명은 더더욱 아니었다. 중국의 신해혁명과 같이 왕조 통치를 끝내고 공화정을 수립하기 위한 혁명도 아니었다. 군인들이 무력을 동원해 정권을 무너트리고 자신들이 직접 권력을 행사했던 군부 쿠데타들과도 달랐다.

메이지유신은 서구 열강의 막강한 무력을 계기로 근대라는 시대적 배경에서 일본의 미래를 걱정하는 무사 집단이 주도해 일으킨 '근대화 운동'이었다. 동시에 봉건적 정치질서를 근대적 정치체제로 변환하여 오늘날 일본의 시발점이 되는 '정치적 대변혁'이었다. 메이지유신은 전통 질서와 가치가 무너지고 새로운 근대적 가치와 이념에 의한 지배질서가 형성되는 과정에서 많은 혼란과 갈등이 있었다. 그렇지만 메이지 지도자들이 세 가지 원칙에 의해서 근대화를 추진하면서 비교적 질서 있게 근대사회로 전환되었다.

첫째, 유신 주도세력은 양이론을 앞세우고 막부 체제를 무너트렸지

　　　　　　　　　　　　　　　　　　　　　해금海禁

메이지유신 이후 교토를 떠나 에도로 가는 천황

만 서양의 힘을 인정하고 서양인들을 배척하기에는 일본의 힘이 미약하다는 현실론을 받아들였다. 서양인들을 배척하기 전에 서구가 강해진 근원을 배워야 한다는 인식이었다. 서양의 무기를 구입하는 데서 그치는 것이 아니고 서구 사회를 뒷받침하는 정치·사회적 개혁을 이루는 것을 목표로 했다.

둘째, 일본의 근대화 추진의 궁극적인 목표는 서구의 위력 앞에서 강압적으로 체결된 불평등 조약을 바로잡는 것이었다. 그러기 위해서는 일본이 강해져야 하고 서구식 헌법과 법률을 갖춘 근대국가로 거듭나야 한다는 생각이었다.

셋째, 사회 여러 분야에서 일본의 상황과 가치에 가장 적합한 외국의 모델을 찾아 채택하고 일본의 실정에 맞게 수정하고자 했다. 일본은 영국, 독일, 프랑스와 미국의 모델을 다양하게 차용했다. 법률 분야에서는 여러 나라의 모델을 복합적으로 적용해 실험했다. 헌법은 독일 헌법을 모델로 삼았고, 민법은 프랑스 학자에게 초안을 맡긴 후 수정할 때는 독일 민법을 모델로 삼았다.

전통적 신분질서 개혁

메이지 정부가 근대화와 부국강병을 이루기 위해서 제일 먼저 시도한 것이 전근대적인 전통적 신분질서를 철폐하는 것이었다. 신분은 강하게 고착되어 있었고 세습되었다. 막부 체제에서는 사농공상의 신분제가 기본이었다. 이와 별도로 특수신분으로 천황의 관료인 공경公卿과 천민 계급이 있었다. 신정부는 공경제후를 화족華族, 사무라이 계급을 사족士族, 농·공·상인은 모두 평민으로 하는 화족·사족·평민의 세 계급으로 나누었다. 1871년에는 천민 신분을 폐지하고 직업의 자유를 인정하여 화족과 사족이 농·공·상에 종사하는 것을 허락했다. 평민에게 성씨를 가지게 했고 세 계급 간에 결혼을 할 수 있게 허용했다. 이에 따라 신분의식이 점차 희박해지고 실질적으로도 신분이 평등화되어 갔다.

신분질서를 재편하는 과정에서 가장 어려운 문제는 사무라이 계급을 폐지하는 것이었다. 무사국가를 떠받치는 역할을 했던 사무라이들은 주군인 영주와 주종관계를 맺고 영주에 대한 의무와 의리를 다했다. 루스 베네딕트Ruth Benedict가 저서《국화와 칼》에서 소개한 '47인의 사무라이' 이야기는 이들의 관계를 잘 보여 준다. 47인의 사무라이

해금海禁

는 모욕을 당해 죽은 주군의 원수를 갚기 위해 온갖 망나니짓을 하면서 기회를 엿보다 마침내 원수를 처단하고 그 머리를 주군의 묘소 앞에 갖다 바치고 나서 자결한다.

센가쿠지의 47인 사무라이 무덤

사무라이 계급의 특권을 폐지하자 강력한 저항이 뒤따랐다. 처음에는 두 자루의 칼을 차고 다닐 수 있는 특권을 폐지하고, 함부로 서민의 목숨을 빼앗는 사형私刑의 집행을 금지했다. 나중에는 사무라이의 세습까지 폐지했다. 사무라이들은 정부 연금의 형태로 급료를 받았으나 국가의 재정부담이 가중되자 이자부 국채로 전환되었다. 낮은 국채 이자만으로 생계를 이어 나갈 수 없게 되자 사무라이들은 새로운 생계수단을 찾아 나서야 했다. 이들은 관리, 군인, 순사, 교원, 간수

등이 되었고, 관직의 약 40퍼센트를 차지했다.

새로운 기술을 배워 생계수단으로 삼는 자들도 있었다. 일본에서 인기가 있는 단팥빵도 제빵 기술을 배운 사무라이가 서양의 빵을 일본인이 좋아하는 팥과 결합하여 만들어 낸 것이다. 농업에 종사하는 사무라이들도 있었으나 귀농한 사무라이들 대부분은 실패했다. 중노동을 견디지 못하고 겨우 목숨을 연명하다 개척지를 고리대금업자에 넘겨주는 경우가 많았다. 정착에 실패한 사무라이들은 광부가 되거나 해외로 이민을 떠났다. 1880년대 중반, 이들이 받았던 공채증서의 약 80퍼센트가 고리대금업자의 손에 넘어갔다.

정부는 실직한 사무라이들을 위한 대책으로 개간을 장려하고 관유지를 무상으로 지급하고 창업자금을 빌려주기도 했다. 그러나 생산활동에 종사한 적이 없고 전문기술이 없었던 사무라이들에게 별다른 효과가 없었다. 새로운 환경에 적응하지 못하고 많은 사무라이들이 임금노동자로 전락했다. 빈곤한 사무라이들의 증가는 반란과 자유민권운동의 원인이 되기도 했다.

사무라이 계급은 사라졌지만 이들은 큰 세력을 형성했다. 일본 근대사회는 이들 무사계급 출신의 지도자들에 의해 달성된 것이었다. 메이지유신을 주도하고 근대 일본을 설계하며 실행한 자들은 대부분 사무라이 출신들이었다.

중앙집권주의 국가 수립

메이지 정부는 근대국가를 이루기 위해서는 봉건적 지배질서를 해체하고 중앙집권적 지배체제를 수립하는 것이 시급한 과제라고 판단했다. 이를 위해 지방 영주가 다스렸던 번을 대체하는 새로운 중앙집권적 정치체제가 필요했다. 막번 체제는 쇼군이 국가의 통치권을 행사하고 지방은 다이묘들이 독립적으로 번을 다스리는 지방분권적 정치체제였다.

1869년, 메이지 정부를 세우는 데 중심적인 역할을 했던 사쓰마, 조슈, 도사, 히젠의 번주들이 모여 '토지와 백성을 천황에게 바친다'는 판적봉환版籍奉還의 청원을 했다. 정부는 이를 받아들였고, 뒤이어 274명의 번주가 판적을 봉환했다. 판적을 봉환한 번주들은 번의 지사知事에 임명되었다.

메이지 정부는 중앙집권체제를 강화하기 위해 판적봉환에 이어 번을 폐지하고 1871년 새로운 행정구역으로 정부가 직할하는 현縣을 설치하는 폐번치현廢藩置縣을 단행했다. 폐번에 의해 일본 전국은 3부 302현으로 편성되었으며, 통폐합을 거친 끝에 같은 해 말에는 3부 72현이 되었다. 이후 현의 수는 계속 줄어들다가, 1889년에 이르러 오늘날의 43개 현으로 최종 정리되었다. 폐번치현은 특정 영주가 영지를 지배하는 토지 지배 방식을 근본적으로 부정하고, 중앙정부의 통치와 행정력이 지방 일선까지 완전히 미치게 되었음을 의미한다.

폐번치현의 배경에는 중앙집권체제 강화라는 메이지 정부의 개혁 의도와 함께 번의 악화된 재정 사정도 크게 작용했다. 사무라이들의 생계를 책임지고 있던 번주들은 과도화된 관료제와 연간 세수입의 3분의 2를 써야 하는 참근교대제에 의한 과도한 재정부담을 견디기 어려웠다. 번주들은 신정부가 자신들의 채무를 인수해 주기를 바랐다.

이런 사정으로 메이지 정부가 들어선 이래 13개 번이 자발적으로 폐번을 신청했다. 표면적으로는 번주가 일본의 통일을 위해 폐번을 신청하고 정부가 수용하는 형식이었다.

다른 한편 메이지 정부의 재정 상황도 폐번치현을 서둘러야 하는 요인이 되었다. 통일국가의 여러 가지 과제를 수행하기 위해서는 충실한 재정의 확보가 무엇보다 중요했고, 그러기 위해서는 강력한 중앙집권적 정치체제를 확립하지 않으면 안 되었다. 수백 년 지속된 번체제가 칙령 하나로 폐지되었다.

현대식 군대 창설

유럽 열강의 잘 훈련된 군대와 함포를 비롯한 최신 무기의 위력을 절감한 메이지 정부는 군사 개혁을 서둘렀다. 현대식 군대를 창설하는 것은 가장 시급히 해야 할 과제였다. 군사 개혁은 서구의 군사 장비를 구입하고 프랑스와 독일 장교를 초빙해 군대를 훈련시키는 것으로 시작했다. 한 국가의 모델에만 전적으로 의존하기보다는 분야별로 가장 적합한 모델을 선택했다. 해군과 육군은 영국 해군과 독일 육군을 모델로 삼았다.

군사 개혁의 가장 중요한 부문은 징병제 도입이었다. 막말기 전투에서 평민 군대의 우수성을 경험한 유신 지도자들은 1873년 유럽 각국의 징병제를 기초로 하여 징병제를 도입했다. 징병령에 의해 사족과 평민의 구별 없이 20세가 된 모든 남자는 3년간 현역에 복무해야 하고 전역 후에도 4년간 보충역으로 남아 있어야 했다. 징집된 장병

해금海禁

은 서양식 장비를 갖추고 서양인 교관에게 신식 군사훈련을 받았다.

징병제는 사무라이의 존재 이유를 부정하는 일이었다. 사족들은 무사의 특권이 박탈된 점에 분노했고, 평민들은 조세 부담이 늘어난 것에 불만을 가졌다. 일본 전역에서 징병제를 반대하는 민란이 일어났으나 징병제는 점차 뿌리를 내렸다. 독일에서 파견된 장교가 일본 육군의 훈련을 담당했다. 징병제 시행 결과 육군은 평시에 3만 2,000, 전시에는 4만 6,000의 병력을 보유하게 되었다.

해군은 1872년 해군성이 설치되면서 근대식 해군으로 정비되었다. 그러나 1879년 일본 해군이 보유한 함정은 목제함을 포함해 17척, 총 배수량은 1만 3,000톤에 지나지 않았다. 너무 빈약해 육군에 종속된 것처럼 보였던 해군은 전력 증강이 무엇보다 시급한 과제였다.

교육 개혁

근대사회를 달성하기 위해서는 근대화를 추진해 나갈 인재의 확보가 무엇보다 시급했다. 인재를 양성하기 위해 특권층에만 제공되던 교육 기회를 일반 국민에게도 확대하기로 하고 메이지 정부는 대대적인 교육 개혁에 착수하여 일본은 역사상 처음으로 국가교육 체계를 갖추었다. 1869년에는 소학교 설립 방침이 정해졌다. 처음으로 교토에 64개의 소학교가 설립되었다. 1872년에는 초등교육이 의무화되면서 학교가 빠른 속도로 늘어났다. 1873년에는 공립 소학교가 8,000개소, 사립 소학교가 4,500개소에 달했다. 1878년에는 아동 취학률이 41퍼센트를 넘었다.

1877년, 에도 막부가 운영하던 학교를 통합하여 일본 최초의 대학인 도쿄대학을 설립했다. 산업 교육을 목적으로 전문학교도 만들었다. 1872년에 소학교 교원 양성을 목적으로 사범학교가 도쿄에 세워졌고 사립학교도 설립되었다. 1869년 후쿠자와 유키치福沢諭吉가 게이오대학의 전신인 게이오기주쿠慶應義塾를 설립했고, 1881년에는 메이지대학의 전신인 메이지법률학교가 세워졌다. 1882년에는 와세다대학의 전신인 도쿄전문학교가 설립되었다.

게이오기주쿠 정문

일본의 학제는 처음에는 중앙에서 관리하는 프랑스 모델을 차용했지만 1879년에 지역에서 관리하는 미국식 제도로 바꾸었다. 최종적으로는 1886년, 독일 모델을 채택했다. 새로운 국가교육 체계는 서구의 모델을 가져왔지만 교육 내용과 목표는 철저히 일본적이었다. 교

해금海禁

육은 국가주의적 경향을 띠게 되었다. 덴노에게 충성하고 국민적 일체감으로 가득한 충성스럽고 애국적인 시민을 양성한다는 것이 궁극적 목표였다.

입헌정치체제 수립

메이지유신의 지도자들은 일본이 서구 열강과 어깨를 나란히 하고 대국으로 성장하기 위해서는 입헌정치의 도입이 불가피하다는 것에 인식을 같이했다. 지조地租 개정에 의한 과중한 세 부담에 반대하는 농민들과 특권층에서 밀려난 사족들을 중심으로 자유민권운동이 확산되어 갔다. 이들은 관료들의 전제정치, 과도한 중앙집권화, 과중한 조세 부담 등을 비판하면서 시민의 권리와 참정권 보장을 주장했다.

농민과 사족들의 반란인 세이난전쟁西南戰爭을 겪은 메이지 정부는 1881년, 10년 후 국회 개설을 약속했다. 이와 동시에 정부는 헌법 제정에 착수하면서 독일 헌법을 모델로 삼았다. 강력한 황제를 강조한 독일이 일본 상황에 부합했기 때문이었다. 이토 히로부미는 독일로 가서 헌법 이론과 운용법을 배우고 귀국한 후 헌법 제정에 착수했다. 헌법안의 작성은 독일 헌법학자의 자문을 받으며 8여 년에 걸쳐 철저한 보안 속에서 이루어졌다.

1889년 2월 11일 기원절건국일에 천황이 총리대신에게 헌법안을 수여하는 형식으로 대일본제국의 헌법이 공포되었다. 제국헌법의 기본 원칙은 천황이 국가의 중심이며 신성불가침한 존재로 절대적인 권한이 집중되었다. 국민은 '신민'의 지위로 명시되었다. 국민에게는 법률의 범위 내에서 소유권, 종교의 자유, 언론·집회·결사의 자유가 보장되었다.

제국의회는 귀족원과 중의원의 양원제로 이루어졌다. 귀족원은 황족, 화족과 천황이 임명한 의원으로 구성되었고 중의원은 선거로 선출된 의원으로 구성되었다. 헌법에 따라 1890년 7월, 처음으로 중의원 선거가 실시되었다. 선거권은 25세 이상의 남자로 15엔 이상의 국세를 납부한 자에게만 주어졌다. 선거권자는 45만 명으로 전 인구의 약 1.5퍼센트에 불과했다. 1890년 11월, 제1회 제국의회가 소집되었다.

입헌군주제 헌법의 공포는 서구의 입헌 정부와 마찬가지로 일본이 헌법을 갖춘 문명화된 국가이며 더 이상 불평등 조약으로 차별받을 국가가 아니라는 것을 서구 열강들에게 알리는 의미이기도 했다.

문명 개화

일본 사회는 생활 속에서 서구의 문명과 제도를 받아들이는 동시에 기반시설의 현대화를 이루어 나갔다. 1872년에는 전국적인 우편제도가 창설되었고, 1873년에는 국립은행이 설립되었다. 도쿄의 거리에 가로등이 설치되었고, 도쿄의 외국인 거류지에 호텔이 들어섰다. 이와 함께 도쿄에는 서양식 건물이 잇달아 세워졌다. 당시 세워진 서양식 건물의 대부분은 관청과 학교였다.

일본인들은 생활양식, 문화, 복장, 음식 등 많은 부분에서 서구의 것을 수용해 갔다. 전통적인 옷 대신 양복을 입기 시작했다. 관청에서는 양복이 근무복이 되었다. 양복과 함께 구두를 신게 되면서 제화

일본의 첫 은행인 제일국립은행

공장에서 구두가 생산되기 시작했다. 불교의 영향으로 육식을 금했지
만 문명 개화의 바람이 불면서 서구인들과 같이 육식이 유행했다. 육
식을 금한 이유가 도쿠가와 막부가 국민들이 고기를 먹으면 기력과
체력이 충만해지고 그 힘을 정치로 돌릴 것을 두려워해서였다는 설도
있다. 여하튼 서구인들의 체격이 건장한 것은 육식을 하기 때문이라
생각한 메이지 천황은 일본인들의 육식을 권장했다.

선진문명을 배우기 위해 많은 유학생들이 파견되었다. 1871년 사
절단을 따라 남자 57명, 여자 5명이 미국으로 유학을 떠났다. 가장 어
린 학생의 나이는 아홉 살이었다. 나머지도 11~16세의 어린 학생들
이었다. 1868년부터 5년간 500명이 넘는 젊은 학생들이 미국으로
유학을 떠났다. 떠난 자들 중에는 메이지 중기 이후 일본의 지도자로
활약한 인물들이 많다. 유학생들은 대부분 국비를 지원받아 유학을

1899년 책자에 담긴 메이지시대 학생들 모습

했다. 정부가 선발한 유학생은 주로 도쿄대학을 비롯한 국립대학 출신자에 한정되었다.

메이지 정부는 서양의 교육자, 과학자, 기술자를 대거 초빙하여 국내 학생들에게 서양의 교육과 과학기술을 배울 수 있게 했다. 초빙된 외국인들은 건축·인쇄 기술자, 화학·물리학자, 동물학자, 의학자, 법률가 등 다양한 분야의 전문가들이었다.

메이지유신의 성공 요인

메이지유신은 일본 사회 전반에 걸친 대변혁이자 개조이지만, 그 추진은 점진적 개혁의 연속이었고 현실에 바탕을 둔 변혁이었다. 전통적 가치와 지배체제를 완전히 부정하는 것이 아니라 서구 제도를 이식하면서 일본이라는 기후와 토양에 맞게 변형했다. 번의 폐지 등

해금海禁

정치체제의 전환은 급격히 이루어졌지만, 전체적으로 변혁은 점진적이면서 계속적으로 진행되었다.

메이지 정부 지도자들은 변혁의 속도를 두고 이견이 있었지만, 변혁 과제의 우선순위를 잘 알고 있었다. 메이지 정부 출범 후 얼마 되지 않아 사이고 다카모리西鄕隆盛를 중심으로 강하게 제기된 정한론征韓論에 휩쓸리지 않고 내적인 역량 강화를 우선시했던 것도 대내외 여건에 대한 현실론적인 인식이 있었기 때문이었다.

메이지유신이 성공할 수 있었던 중요한 요인의 하나는 구세력의 기득권을 빼앗더라도 퇴로를 열어 주었기 때문에 구세력의 저항이 상대적으로 약했다는 것이다. 이것이 변혁 과정에서 큰 무력충돌 없이 개혁이 진행될 수 있었던 이유이다. 신분제를 타파하면서도 일시에 사무라이들의 모든 특권을 빼앗지 않고 일정한 특권은 부여하면서 이들이 다른 직업군으로 전환될 수 있도록 조치를 시행하였다.

특히 마지막 쇼군 도쿠가와 요시노부를 처단하지 않고 퇴임 후 안위와 일정한 영지를 보장해 주며 그가 무력저항을 포기하도록 했다는 것은 메이지유신 성공에 크나큰 계기였다고 할 수 있다. 여전히 막강한 막부 군사력을 이끌고 있던 요시노부가 타협 대신 끝까지 저항을 선택했다면 일본은 전국시대를 방불케 하는 유신 세력과 막부 세력 간의 내전으로 빠져들었을 것이다. 내전이 벌어지면 영국, 프랑스, 미국, 네덜란드와 같은 서양 세력이 개입할 것이 뻔한 상황이었다.

왕정 복고를 선언한 유신 세력이 막부의 근거지 에도 입성을 앞두고 유신 세력의 지도자 사이고 다카모리와 막부가 협상 대표로 내세운 가쓰 가이슈의 담판을 통해 무력충돌 없이 입성할 수 있었던 것도 또 하나의 중대한 분기점이 되었다. 100만의 대도시 에도에서 대규모 무력충돌이 일어났다면 일본은 그 여파로 결코 근대화의 열차에 제때 올라탈 수 없었을 것이다. 근대화에 뒤처진 일본은 어쩌면 외세에 국권을 빼앗긴 구한말 같은 운명을 겪었을지 모른다.

제7장

소중화 조선,
잃어버린 근대화의 시간

1490년대의 조선과 해금

1490년대는 유럽의 역사와 전 세계의 역사에서 기념비적인 시기이다. 로마시대 이후 세계 역사의 변방에 머물렀던 유럽은 중세의 암흑기에서 벗어나 르네상스를 꽃피웠고 대항해시대를 펼치며 다시 역사의 중심으로 부상하기 시작했다. 유럽에서 아시아로 가는 항로가 개척되면서 근대 유럽의 제국주의가 태동하며 본격적으로 아시아 진출을 시작한 시기였다.

유럽인들이 세계의 역사를 바꾼 대항해시대를 열고 아시아로 대거 몰려오고 있을 때 조선의 사정은 어떠했을까. 유럽의 대팽창과 아시아 진출을 알고 있었을까. 조선도 유럽과 같이 해상무역의 이점을 알고 바다로 진출하려는 노력을 했을까.

유럽인들이 아시아 무역항로를 개척하고 향신료를 찾아 몰려오고 있던 1490년대는 조선이 건국된 지 100여 년이 지난 때였다. 건국 초의 혼란한 시기를 지나 세종 대에 와서 과학기술이 발전하고 문화가 융성하고 민생이 안정되며 조선왕조가 대내외적으로 안정적 기반에 오른 시기였다. 북방 야인들의 간헐적인 침입을 제외하고 이렇다 할 국난도 없었고, 해금과 조공체제의 울타리 속에서 조용한 평화를 이어 오고 있었다. 이 시기는 성종1469-1494과 연산군1494-1506이 다스리는 때였다.

성종 시대에는 세종과 세조 시대에 기틀이 형성된 조선 전기의 문물제도가 완성되었다. 성종은 세조 때의 훈구 세력을 견제하기 위하여 신진 사림 세력을 등용하였는데 이때부터 훈구파와 사림파의 갈등이 깊어졌다. 사림파의 세력이 급속히 커지자 위협을 느낀 훈구파는 반격을 시작했다. 정치적 반대 세력을 완전히 말살하는 사화士禍의 역사가 시작되었다.

성종이 38세의 나이로 죽자 연산군이 왕위에 올랐다. 1498년연산군4년 7월, 훈구파는 조카를 죽인 세조를 비판하는 김종직의 조의제문弔義帝文을 실은 것을 역모죄로 몰아붙여 사림 세력을 대대적으로 숙청하였다. 조선 최초의 사화인 무오사화가 일어났다. 이후 1504년, 연산군은 생모 폐비 윤씨의 죽음을 문제 삼아 폐비에 찬성하였던 신료들을 죽이고 죽은 한명회를 부관참시하는 갑자사화를 일으켰다.

1506년 연산군이 중종반정으로 폐위된 이후 50여 년간 사화가 잇따라 일어나 선조 이후 정치세력들이 붕당朋黨으로 갈라지는 계기가 되었다. 계속된 당파싸움으로 인해 조선의 국력은 소진되었고, 결국 국력이 소진된 조선은 임진왜란이라는 사상 최대의 외침 앞에 무기력

해금海禁

하기만 했다. 의례 등 유교적 형식과 명분을 두고 당파싸움을 거듭한 붕당정치는 이후 400여 년 동안 조선을 내부적으로 병들게 하고 변혁을 가로막은 가장 큰 병폐였다.

동아시아의 중화주의 질서

해금령하에서 동아시아의 국제질서는 '중심'에 중국을 두고 조선, 일본, 베트남을 '소중심'으로 하며 류큐오키나와, 몽골, 티베트 등을 '주변'으로 하는 위계화된 형태를 형성하고 있었다. 이들의 관계는 조공, 통신과 필요에 따른 변경무역인 호시互市를 통해 유지되었다.

중국 황제에게 공물을 바치고 황제는 주변국의 군왕에게 작위를 내리는 관계인 소위 '화이질서' 또는 '중화사상'으로 불리는 중국 중심주의가 그 저변을 지배하고 있었다. 중국中國이라는 말은 본래 동서남북의 사방과 대비된 중토中土에서 유래된 말이다. 중토에 근거를 둔 농경민족 화하족華夏族은 자신의 주변에서 수렵하며 지내는 비농경 민족을 '사이四夷'라 부르면서 문화적 우월감을 드러냈다. 이후 문화의 수준을 기준으로 '화華'와 '이夷'를 나누는 이분법적 세계관이 성립되었다.

화는 '문명'이었고 이는 '야만'이었다. 로마제국 시대에는 라인강과 도나우강을 기준으로 문명과 야만으로 나뉘었다면, 중화주의 질서에서는 중국과 주변 국가로 문명과 야만이 구분되었다. 중국을 중심으로 주변국 조선, 일본, 베트남은 '소중화'였고 그 외의 주변국들은 '오랑캐'였다. 오랑캐는 본래 중국 주변의 비문명국을 가리키는 말이었으나 서양과 접촉이 본격화되면서 중국의 문화적 우월감에서 서양 국가들도 '양이洋夷', 즉 '서양 오랑캐'로 칭하게 되었다.

'소중화' 조선의 선택

소중화국들 사이에도 '상국'과 '하국'의 관계에 의해 조공관계가 정립되었다. 이것이 해금 시기 동아시아의 국제관계를 지배하는 기본 원리였다. 조선은 '소중화'를 자처하면서 중화주의 질서 속에서 왕조의 안전을 보장받으며 중국의 사상, 학문, 제도, 문화를 닮아 가기 위해 노력했다. 조선의 해금도 중국 이외에 오랑캐와는 교류를 하지 않겠다는 화이사상의 이분법적 관념이 반영된 것이다.

같은 소중화를 자처했던 조선과 일본은 임진왜란으로 다른 길을 걷게 된다. 조·명 양국과 전쟁을 치른 일본은 중화주의 국제질서에서 이탈해 독자적인 길을 걷게 된 반면, 조선은 명의 도움으로 국난을 극복했다는 이유로 중화주의 질서에 더 깊숙이 편입하게 되었다. 명이 멸망하고 오랑캐로 여겼던 만주족이 세운 청나라가 들어선 이후에도 명나라에 대해 망해 가는 나라를 '다시 일으켜 준 은혜', 재조지은再造之恩의 예를 다했다.

1636년, 청나라의 전신인 후금의 침입으로 남한산성으로 피신한 국왕과 대신들은 성 안에서 명나라 황제 숭정제崇禎帝의 생일을 맞아 북서쪽을 향해 황제의 만수무강을 기원하는 절을 올렸다. 신하가 주군을 직접 알현하고 인사를 올리지 못하고 멀리서 예를 올리는 의식인 망궐례望闕禮를 행한 것이다. 후금에 포위되어 패망의 위기에서도 소중화 조선은 상국 명나라 황제에 대한 예를 행하고 있었다.

병자호란의 치욕을 겪고 난 후 명을 받들어 오랑캐 청을 배척한다는 '숭명배청' 사상이 일어나면서 청에 대한 복수와 함께 중화의 황위를 유린한 이적 왕조를 정벌하고자 하는 '북벌론'이 대두되었다. 북벌론은 청나라가 강성해지고 발전을 거듭하자 잦아들었으나, 중화주의는 개화기 독립의식이 형성될 때까지 조선의 정신세계와 정치, 외교, 사회, 교육, 문화 등 제반 분야에 영향을 미쳤다.

조선시대 중화주의를 상징하는 것이 만동묘萬東廟와 대보단大報壇이다. 만동묘는 송시열의 유언에 따라 제자들이 임진왜란 때 파병하여 조선을 구해 준 신종과 명의 마지막 황제 의종을 제사 지내기 위해 1703년에 세운 사당이다. 만동묘가 송시열의 노론 세력에 의해 설립되자 1704년 조선 조정도 명나라 신종과 의종에 대해 제사를 지내는 대보단을 세웠다.

만동묘 건물

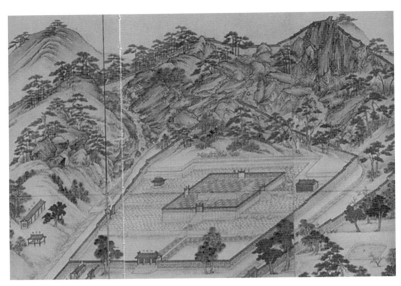
대보단

소중화 의식에 사로잡힌 조선은 청나라가 중국을 통치하는 현실을 도외시하고 화이론에 사로잡혀 망한 명나라의 황제를 추모하는 제사를 지내고 있었다. 대보단 행사는 갑오개혁에 의해 폐지될 때까지 계속되었다. 이렇게 성리학적 의리론과 명분론, 소중화 의식에 깊이 사로잡힌 조선이 서양 세력의 대대적인 동양 진출과 근대화의 세계사적 흐름 앞에 실용적으로 대응할 수 없었던 것은 어찌 보면 당연한 결과였다.

조선의 대일 외교사절, 통신사

임진왜란 이후 일본과 통상을 재개하면서 양국에서는 외교사절단

해금海禁

을 파견했다. 조선에서 일본으로 사절단을 파견한 것은 총 열두 차례였다. '통신사'라는 이름의 사절단은 쓰시마를 거쳐 에도로 갔다. 통신사가 지나가는 경로에서는 그 지역의 다이묘와 서민에 이르기까지 많은 사람들이 동원되어 성대한 환영행사를 했다. 통신사 접대에 소홀한 면이 있으면 곧 일본의 수치라는 의식이 있었다.

한동안 연기되었던 통신사 파견은 1811년에 재개되었으나 에도까지 가지 않고 쓰시마에서 쇼군에게 배례의식을 행했다. 그 이후 통신사는 더 이상 파견되지 않았다. 일본의 흉작과 기근으로 통신사 접대 비용을 부담해 온 다이묘와 양민들이 비용을 부담하기 어려워졌기 때문이었다. 조선으로서는 18세기 후반 중국과 관계가 안정됨에 따라 일본과의 관계를 크게 신경 쓰지 않아도 되었기 때문에 통신사 파견의 필요성을 그다지 느끼지 않았다.

일본의 침입으로 참혹한 전란을 겪고 난 후에도 조선은 일본에 대한 외교사절 파견을 문명국 조선의 문화적 우월감과 국가의 위신을

1655년 통신사 조형의 행렬

과시하는 데에 의미를 두었다. 외교 활동으로 일본 국정에 대한 정보를 획득하고 무역이나 교류를 통해 조선이 부족한 부분을 메우려는 인식이 없었다. 사절단의 규모를 줄이더라도 지속적으로 통신사가 파견되었더라면 조선은 일본을 통해 서양의 과학기술, 산업혁명과 정치체제, 제도와 이를 수용한 일본의 근대화를 알 수 있었을 것이다.

이렇게 이웃 나라의 사정에도 깜깜한 조선이 직접적인 접촉이 없었던 서양 사정에 대해서는 더더욱 알 리 없었다. 조선은 이렇게 세계 정세의 변화에 대해 무지한 상태로 근대의 문명사적 대격변에 휩쓸리게 되었다.

하멜의 조선 표착

임진왜란과 병자호란을 겪고 배외감정과 북벌론이 지배하는 조선이 우연한 기회에 서양과 조우하는 사건이 있었다. 1653년 8월 16일 일어난 하멜Hendrik Hamel 일행의 제주도 표착 사건이었다. 조선은 임진왜란 때 왜군을 따라 종군한 포르투갈 신부를 제외하고 서양인들과 접촉이 거의 없다시피 했다. 유럽도 조선에 대해 아는 바가 없었고, 바깥 세계의 사정에 깜깜했던 조선은 더더욱 유럽에 대해 무지했다.

1653년 7월 30일 대만을 떠나 나가사키로 향하던 네덜란드 동인도회사 상선 스페르베르Sperwer 호가 태풍을 만나 표류하다 제주도 서귀포 해안에 표착했다. 타고 있던 선원 64명 중 28명이 죽고 하멜을 비롯한 36명이 생존했다. 하멜은 배에서 서기 일을 맡고 있었다.

배에는 목향, 녹비, 영양 가죽, 산양 가죽 등 50여 종의 진기한 화물이 실려 있었다. 스페르베르호는 길이 91미터, 폭 18미터 규모의 큰 배였다. 5개의 돛과 대포 30문을 장착하고 있었다고 하니 배의 규모가 어느 정도였는지 짐작하게 한다.

서귀포 해안에 표착한 하멜 일행은 항해사가 위도를 측정하고 나서 자신들이 도착한 곳이 유럽인들이 제주도를 가리키던 퀠파트Quelpart 섬이라는 것을 알게 되었다. 제주목에게 넘겨진 하멜 일행은 자신들의 행선지가 나가사키이고 도중에 풍랑을 만나 난파되었다는 것을 손짓 발짓으로 설명했으나 의사소통이 되지 않았다.

제주에 머무는 동안 하멜 일행은 박연이라는 같은 화란 출신 얀 야너스 벨테브레이Jan Janes Weltevree를 만나게 된다. 1627년 일본으로 가던 중 식수를 얻으려고 보트로 해안에 상륙했다가 잡혀 조선에 정착하게 된 벨테브레이는 훈련도감에서 일하면서 병자호란에도 참전하였다. 그는 표류한 외국인을 국외로 내보내지 않는 것이 조선의 정책이라고 말해 주었다.

조선 조정은 하멜 일행이 제주에 표착한 지 7개월이 지난 1654년 6월, 그들을 한양으로 이송했다. 이들은 효종의 명으로 왕의 친위부대인 훈련도감에 배치되어 왕이 행차할 때 어가행렬을 호위하는 역할을 했다. 금발과 벽안의 이방인들은 한양 사람들에게 호기심을 자극하는 좋은 구경거리였다. 왕도 예외가 아니었다.

여수 하멜전시관의 하멜 동상

효종은 이들을 궁으로 불러들여 화란식으로 춤을 추고 노래를 부르라고 명했다. 서양인을 본 적이 없는 조선인들에게 이들의 용모는 호기심을 자극했다. 이들의 외모를 보고 소문이 무성했다. 코가 높은 것을 보고 이들이 무언가를 마실 때는 코를 돌려 귀의 뒤쪽에 대 놓는다는 소문이 퍼졌다. 하멜 일행은 고관들의 잔치에도 불려 다녔다.

박연 동상

하멜 일행은 청나라 사신이 올 때는 서울 외곽에 격리되거나 가택 연금되었다. 화란인들이 조선에 와 있다는 것을 사신들이 알게 되면 서양인들을 통해 북벌을 꾀한다는 의심을 살 수 있다는 염려에서였다. 그런데 하멜 일행 중 두 명이 갑작스럽게 청나라 사신 행렬을 막아서며 자신들을 화란으로 보내 줄 것을 호소하는 사건이 일어났다. 사신들을 잘 다독여 외교 문제로 비화되지는 않았지만 조선 조정은 이들의 처리를 놓고 고심했다. 사흘간 이어진 회의에서 죽이자는 의견이 대세를 이루었지만 효종의 배려로 사형 대신 전라도 유배가 결정되었다.

전남 강진의 전라도 병영으로 보내진 이들은 배에 실려 있던 화물과 서울의 집을 처분한 돈으로 그곳에서 행상과 구걸을 하면서 생활했다. 7년을 그렇게 살면서 생존자는 22명으로 줄었다. 하멜 일행은 다시 전라좌수영에 12명, 순천에 5명, 남원에 5명으로 분산 수용되었다. 하멜은 좌수영에 배치되었다.

화란인들은 작은 배를 구하여 섬을 돌아다니며 인근 섬과 고을에 필요한 물자를 구하여 파는 행상을 했다. 이때부터 탈출을 결심하고 장거리 항해에 필요한 정보, 특히 조류나 일본으로 가는 뱃길에 대한 정보를 수집했다. 하멜을 비롯한 8명의 선원은 1666년현종 7년 9월 4일 밤, 어둠을 이용해 탈출을 시도했다. 이틀 후인 9월 6일, 그들은 순조롭게 일본의 히라도섬 부근에 도착했다.

에도 막부는 조선 조정에 표류자가 생기면 서로 통보해 주기로 한 양국의 합의 사항을 위반했다고 항의했다. 조선 조정은 일본의 항의 서를 접수한 동래부사의 보고를 접하고서야 두 달 전에 하멜 일행이 탈출했다는 사실을 알았다. 에도 막부는 조선 조정으로부터 하멜 일행은 '기리시탄'이 아니라는 회신을 받고서야 같은 해 10월 네덜란드 동인도회사 본부가 있는 인도네시아 바타비아로 출항을 허가해 주었다. 하멜과 화란 상관장은 에도 막부에 조선에 잔류해 있는 동료의 송환에 나서 줄 것을 여러 차례 간청했다.

일본의 요청을 받은 조선 조정은 남아 있는 화란 선원들의 송환 요청이 골치 아픈 문제를 덜 수 있는 기회라 여겨 인도하는 것에 동의했다. 이들은 1668년 7월 동래를 출발해서 두 달 뒤인 9월에 나가사키에 도착했다. 하멜이 조선을 탈출한 지 2년이 지나서였다. 나중에 도착한 일행이 바타비아로 떠나기까지 1년이 더 걸렸다.

하멜 일지에 비친 조선

하멜은 데지마 상관에 머무는 동안 그간 있었던 일을 동인도회사에 보고하기 위해 일지를 집필했다. 《하멜 표류기》로 출간된 것이 그때 집필한 일지 내용이다. 미지의 나라에 대한 호기심이 고조되어 있던 시기에 이름만 알려져 있던 조선에 대한 이야기가 소개되자 서구인들의 큰 관심을 불러일으켰다. 네덜란드뿐만 아니라 프랑스, 독일, 영국에서 출간되어 선풍적인 인기를 모았다. 하멜 일지의 인기에 힘입어 하멜과 뒤에 온 동료들은 15년 치 봉급을 받았다.

하멜의 일지는 해금으로 쇄국을 유지하고 있던 조선 위정자들의 국제정세에 대한 인식, 대외관계, 과학기술, 국방, 행정, 생활 및 문화에 대한 많은 정보를 제공했다. 하멜 일지에 묘사된 당시 조선은 청나라를 칠 수 있는 국력이 못 미침에도 명분론적인 북벌론에 매달려 있었다.

조선 정부는 하멜 일행으로부터 서양의 최신 대포와 총기, 무기 제조와 항해술, 조선술, 천문학, 지리학, 의학 등을 배울 수 있는 좋은 기회였음에도 이들을 활용하지 못했다. 고관들의 잔칫집 구경거리로 만들거나 어가를 호위하여 왕의 위엄을 높이는 데 활용하는 것이 고작이었다. 조선의 왕과 관리들은 서양과 무역을 통해 수익을 얻으려는 생각은 전혀 하지 못했다. 서양인들에 대한 인식은 그저 오랑캐일 뿐이었다. 조선은 일본이 데지마를 건설하고 화란과 교역하고 있다는 사실에 대해 아무것도 몰랐기 때문에 처음에 하멜 일행이 화란인이라는 것과 이들의 목적지가 나가사키였다는 것, 항해의 목적이나 조선에 표착하게 된 사정을 이해하지 못했다.

하멜 일행이 조선에 머무는 동안 이들로부터 대항해시대 유럽의 팽창, 동양 진출에 대한 정보를 얻고 해상무역, 서양의 최신 과학기술과

해금海禁

무기 제조, 항해·조선술 등을 전수받았다면 어찌 되었을까 하는 생각을 해본다. 조선의 대외인식과 해금에도 조금은 영향을 미치지 않았을까.

네덜란드의 보물섬 원정대

하멜이 조선에 표착하기 수십 년 전인 1600년대 초 유럽에서는 조선에 대한 관심이 높아지고 있었다. 주된 이유는 경제적인 것이었다. 당시 서양에서는 코레아Corea란 나라가 금·은·동이 풍부해서 짐승들도 금목걸이를 하고 있다는 소문이 파다했다. 포르투갈, 스페인에 이어 동양에 경쟁적으로 진출하고 있던 네덜란드와 영국은 조선에 대해 깊은 관심을 가질 수밖에 없었다.

사실 조선이 일본에서 수입하는 녹비, 후추, 설탕, 백단향 같은 대부분의 물품은 일본이 네덜란드로부터 구매한 것이었다. 네덜란드는 조선과 직접교역을 하면 많은 이익을 올릴 것이라는 판단으로 에도막부와 교섭을 벌였다. 그러나 에도 막부는 조선과의 교역에서 얻던 이익을 잃을 것을 우려하여 이에 응하지 않았다.

네덜란드 정부는 1622년 조선을 정복하여 강제로 개항시키고자 하는 계획을 세웠다. 바타비아 총독은 그해 4월 코레아를 찾아내라는 지시를 원정대에 내렸다. 그러나 원정대의 조선 발견은 실패했다. 계절풍 때문에 항해 시기를 놓쳐 원정대 파견 계획을 실행하지 못했기 때문이었다.

네덜란드 정부는 다시 코레아 원정 계획을 세우고 1639년 5월 원정

명령을 내렸다. 이에 따라 두 척의 상선이 그해 6월 필리핀 산토만을 출발했다. 유럽산 비단과 면직물을 가득 실은 코레아 원정대의 명칭은 '보물섬 원정대'였다. 원정 함대는 일본 북부를 통과하여 조선에 도착할 계획이었지만 또다시 실패했다. 쓰시마와 지척에 있는 조선으로 항해가 어려웠던 이유는 직교역을 반대하는 에도 막부의 눈을 피해 북쪽으로 새로운 항로를 찾아 나섰기 때문이었다. 네덜란드 정부는 두세 차례 더 원정대를 파견했으나 모두 실패했다.

이후에도 네덜란드 정부는 조선과의 직교역 꿈을 접지 않고 일본에 허가를 요청했다. 1669년, 네덜란드 동인도회사는 새로 건조한 1,000톤급 상선의 이름을 '코레아'호로 명명하고 조선과의 직교역을 위해 바타비아로 보냈다.

그러나 일본의 의견을 무시하고 직교역을 추진하면 데지마 상관을 접어야 한다는 상관장의 의견을 전하자 결국 조선 원정을 포기했다. 불투명한 조선과의 교역을 위해 막대한 이익을 남기는 데지마 상관을 포기할 수 없었기 때문이었다. 이때 네덜란드와 교역이 이루어지고 일본과 같이 네덜란드가 바깥세상의 창구 역할을 해주었다면 조선의 개항과 근세사에 어떤 영향을 미쳤을까.

강력한 쇄국과 이양선의 출몰

임진왜란과 병자호란을 겪고 난 후에도 조선에서는 고질적인 붕당정치의 폐해가 지속되었다. 집권세력이 반대세력을 제거하는 환국換局이 17세기 내내 반복되었다. 영조와 정조가 당파를 초월하여 인재

를 등용하는 탕평정책을 시행하면서 붕당정치의 폐해도 해소되는 듯
했으나, 곧이어 세도정치가 이어지며 조선은 근대화로 나아갈 수 있
는 길목에서 결정적인 시간을 허비해 버렸다.

1800년 정조가 사망한 후 나이 어린 왕이 잇달아 즉위하면서 안동
김씨, 풍양 조씨와 같은 왕실의 외척 가문이 득세하여 권력을 독점하
고 전횡을 하는 정국이 60여 년간 이어졌다. 순조, 헌종, 철종 3대에
걸친 세도정치는 1863년 고종이 즉위할 때까지 이어졌다. 외부적으
로는 산업혁명에 성공한 서구 열강들이 동양으로 진출하여 아편전쟁
을 일으키고 일본을 개항시킨 시기였다. 중국은 서양의 위력 앞에 힘
없이 굴복했으며, 일본은 개항 후 근대화의 필요성에 눈을 뜨고 서양
의 문물과 제도를 배우고 있었다.

권력을 잡고 있던 세도 가문은 이러한 국제정세의 변화에 무지했
다. 사회 전반에 걸쳐 터지는 갈등과 모순을 해결하지 못하고 권력 유
지에만 몰두했다. 소수의 세도 가문이 권력을 독점하면서 매관매직이
성행했다. 일반 백성이 부담해야 했던 전정, 군정, 환곡의 삼정三政이
문란하여 관리들은 가혹한 세금으로 백성들을 수탈했다. 끝내 최소
한의 생존권마저 위협받게 된 백성들은 전국 각지에서 민란을 일으켰
다. 화산처럼 터져 나오는 백성들의 저항 앞에 조선 왕조는 지배체제
를 유지할 수 없을 정도로 심각한 위기에 빠지게 되었다.

1863년 고종이 왕위에 오르면서 권력을 쥐게 된 흥선대원군은 안
으로는 서원 철폐 등 강력한 개혁정책을 단행하는 한편 대외적으로는
철저한 쇄국정책을 펼쳤다. 민생 안정과 왕권 회복을 위한 국내 개혁
정책에만 골몰했지 국제정세의 변화와 흐름에는 둔감했다. 서구의 발

흥선대원군 이하응

전된 기술문명과 압도적인 군사력을 알지 못하고 그저 오랑캐 정도로만 이해하고 있었던 흥선대원군은 이들의 통상 요구를 침략 위협으로 인식하고 일절 응하지 않았다.

그러나 은둔의 왕국 조선 역시 개항의 도도한 물결을 언제까지 비껴갈 수는 없었다. 연안에 '조선의 배와 다른 모습을 한 서양 선박'을 가리키는 이양선異樣船이 출몰하고 프랑스, 미국, 러시아, 독일 등 서구 열강이 통상을 요구해오자 조선 정부는 매우 두려워하면서 해안 방비를 강화했다.

강화도조약이 체결되고 개항을 하게 되는 1860년대 중반부터 1870년대 중반까지의 10여 년간은 조선의 개항 역사에서 중대한 분기점이 되는 시기였다. 1785년 사교로 규정되어 금지된 후 몇 번의 박해를 받았지만 천주교는 한때 신도가 2만여 명에 달할 만큼 교세가 커졌다. 대원군 집권기에 천주교 신자들이 서구 세력과 결탁할 것이라는 소문이 돌며 민심이 흉흉해지자 프랑스 신부 9명을 비롯해 수천 명의 신자들을 처형했다. 1866년의 병인박해이다.

프랑스는 이에 대한 보복으로 조선에 두 차례에 걸쳐 군함을 보내 강화도를 공격하였다. 이를 기회 삼아 통상을 요구할 목적이었지만 조선의 완강한 저항에 부딪혀 프랑스 함대는 끝내 목적을 이루지 못하고 물러났다.

해금海禁

병인양요 당시 강화도를 공격하는 프랑스 함대

　같은 해 미국 상선 제너럴셔먼General Sherman호가 평양 대동강변에 배를 대고 강압적인 태도로 통상을 요구하다 평양 군민들에 의해 불타 버린 사건이 발생했다. 타고 있던 미국 선원들은 모두 사망했다.

미국은 1871년, 조선 연안에서 조난당한 미국인의 안전을 보장하기 위해 조선과 조약을 체결하고자 5척의 군함과 1,200명의 군인으로 편성된 함대를 보냈다. 강화도에 상륙한 미군과 조선 해안수비대의 격렬한 교전이 일어났다. 수비대장 어재연을 비롯한 53명의 조선군이 전사했다.

　병인양요와 신미양요를 겪은 후 흥선

신미양요 당시 미군이 탈취한
어재연 장군의 장군기

대원군은 서양 세력과의 통상수교를 절대로 거부한다는 의지를 내보이기 위해 전국에 척화비를 세웠다. "洋夷侵犯 非戰則和 主和賣國서양 오랑캐가 침범하는데 싸우지 않는 것은 화의하는 것이며, 화의를 주장하는 것은 나라를 파는 것이다." 대원군은 양요를 통해 다시 한번 쇄국의 의지를 강하게 다졌다. 일시적으로 서양 세력의 침략을 저지했을 뿐이었으나 자력으로 물리친 것으로 믿고 쇄국으로 일관함으로써 세도정치에 이어 또다시 근대화를 준비할 시기를 놓치게 되었다.

국제정세에 무지한 조선 조정

조선 조정은 서구 열강들이 수교를 요청하며 연안에서 무력시위를 벌이던 때에도 서구의 사정에 대해 깜깜했다. 1871년 4월, 미국의 함대가 수교를 요청하며 강화 앞바다에서 조선군과 대치하고 있을 때였다. 경연장에서 고종은 강사로 나온 영의정에게 미국에 대해 물었다. 미국 함대의 공격이 임박했건만 미국에 대한 지식이 전혀 없었기 때문에 누구 하나 왕에게 대답을 할 수 없었다.

영의정 김병학은 "《해국도지》에 나와 있기를 미국은 작은 부락이라 하였습니다. 화성돈조지 워싱턴이라는 자가 성을 쌓아 개척하고 기반을 만들어 해외의 오랑캐끼리 서로 통하게 되었다 합니다." "미국은 바다의 오랑캐 무리로 봐도 무방할 것이옵니다."라고 답했다. 20여 년 전에 함대를 이끌고 와 이웃 나라 일본을 개항시켰고 남북전쟁을 끝내고 신흥 강국으로 부상한 후 전 세계로 세력을 확장하고 있던 미국에 대해 신하들의 영수인 영의정의 대외인식이 이 정도였다.

강화도에 상륙한 미군은 조선 수비군과의 전투에서 승리를 거두었지만 수교에는 실패한 채 중국으로 되돌아갔다. 조선 정부가 미국 함대의 식량과 식수가 고갈되기를 기다리는 지구책을 썼고 미군은 대규모 군사작전에 대한 준비가 되어 있지 않았기 때문이었다. 조선은 미군의 자진 퇴각을 승리로 여겼다. 미국 함대가 강화도 연안에 들어온 지 43일 만이었다.

조선 정부는 서양 오랑캐를 물리쳤다는 자신감에 넘쳤다. 유럽과 미국에 대해 무지했기 때문에 나온 자신감이었다. 이로 인해 조선의 쇄국 의지는 더욱 높아졌다. 페리 함대가 에도만에 정박한 채 무력시위를 하며 개항을 요구했을 때 자신과 상대의 힘을 깨닫고 이듬해 개항을 결정한 에도 막부와 비교되는 점이다.

조선은 미국 함대가 물러난 지 불과 5년 후 일본의 군사적 위협에 굴복하여 개항을 하게 된다. 조선이 국제정세와 거스를 수 없는 개항의 흐름을 확실히 인식하고 신흥 강국 미국과 먼저 수교를 했으면 조선의 근대 역사는 분명 다르게 전개되었을 것이다.

일본에서 일어난 정한론

메이지유신 직후 일본은 조선 정부에 왕정 복고를 통보하며 양국의 국교 회복을 요청하는 사절단을 보냈다. 쇄국을 고수하던 대원군은 서계書契의 형식과 천황을 칭하는 문구를 문제 삼아 접수를 거부했다. 일본이 근대화를 향해 성큼 나아가고 있을 때 조선은 일본과 소중화의 전통적 교린관계를 유지하고자 했다. 그때까지 조선과 일본의 외교관계는 쓰시마 도주와 동래부사와 부산 훈도 사이에서 이루어졌다.

사이고 다카모리

조선이 일본의 국서 접수를 거부하는 동안 일본에서는 조선을 정벌하자는 정한론이 일어났다. 정한론의 등장은 처음이 아니었다. 일본이 개항하기 전부터 요시다 쇼인, 후쿠자와 유키치 같은 일부 개화파 사무라이들은 "조선을 정복하여 서양과 무역에서 입은 손실을 메우자"며 목소리를 높였다. 메이지 정부의 주역들은 "일본이 부강해지기 위해서는 땅이 넓고 인구가 적은 만주와 몽골을 차지해야 한다. 그러려면 먼저 한반도를 정벌해야 한다"는 인식을 가졌다. 그 첫 단계가 조선과의 수교였다.

1873년 초부터 일본에서 정한론이 끓어올랐다. 조선의 개항을 위한 협상에 진척이 없자 메이지유신의 주역인 사이고 다카모리는 황실의 존엄을 모독하고 일본인의 명예를 훼손한 조선을 정벌하자고 주장했다. 이와쿠라 도모미, 오쿠보 도시미치, 이토 히로부미와 같은 메이지유신 주역들은 정한론에는 공감했지만 내실을 강화할 때까지 기다려야 한다는 시기상조론을 주장했다. 정한론에 대한 찬반논쟁은 유신 주역들 사이에 권력투쟁의 양상을 띠었다. 그들의 대립은 유신정부에 대한 사무라이들의 마지막 저항이었던 1877년 세이난전쟁으로 이어졌다.

떠밀린 조선의 개항

일본은 미국의 무력 위협에 굴복하여 개항을 해야 했던 것처럼 조선을 강제로 개항시키려 했다. 1875년 운요호雲揚號를 비롯한 군함 5척이 조선 근해에서 힘을 과시하며 동해 영흥만까지 북상했다 사라졌다. 운요호는 일본이 영국에서 구입한 245톤급 최신 전함이었다. 운요호가 강화도 근처에 정박하고 수십여 명의 일본군이 소형 배로 갈아타고 초지진 포대까지 접근하자 조선의 해안수비대는 포격을 가했다. 조선군이 쏜 포는 700미터도 미치지 않았다.

다음 날 일본 함대는 포격을 개시하여 초지진과 영종도에 포격을 가하고 상륙하여 살육과 약탈을 자행하고 돌아갔다. 3일 후 영종도 수비병 4,500여 명이 패주하면서 36명이 전사, 16명이 부상당했으며 대포 36문, 화승총 130여 정이 탈취당했다는 보고가 조정에 올라갔다.

운요호

병인양요와 신미양요 이후 강화도 수비 병력을 10배나 늘리고 포대와 성곽을 구축해 온 조선 조정은 한 척의 이양선에 수비 진지가 초토화되고 4,500여 명의 대군이 패주했다는 보고에 아연실색했다. 이때 일본은 최신 군사장비와 무기, 80여 척의 전함을 보유하고 대만 정벌에 나서는 등 본격적으로 해외 팽창에 뛰어들고 있었다. 이에 비해 조선은 수비병의 수만 늘렸지 이들이 가진 무기는 보잘것없었다. 조선군은 낡은 대포와 화승총으로 무장하여 10년 전에 비해 달라진 것이 거의 없었다. 화승총은 노끈에 불을 붙여 탄환을 발사하는 방식으로 임진왜란 때 왜군이 사용했던 조총과 같은 수준이었다.

일본으로 돌아간 운요호는 식수를 구하기 위해 강화도에 접근했을 뿐인데 조선에서 일방적으로 포격을 가하는 바람에 응사하지 않을 수 없었다며, 자신들의 무력 사용에 대한 정당성을 부각시킨 보고서를 올렸다. 일본 정부는 정한론의 기세를 품고 운요호 사건을 항의하기 위해 전권 대표단을 파견하기로 결정했다.

사절단은 1876년 1월, 6척의 군함과 800여 명의 병사로 구성된 함대를 이끌고 부산항에 들어왔다. 일본은 미국이 했던 것과 똑같은 방식으로 조선을 개항시킬 생각이었다. 일본 함대는 강화도로 향하면서 조선 정부가 회담에 응하지 않으면 곧장 한양으로 향하겠다는 엄포를 놓았다. 당황한 조선 정부는 청나라의 근대화를 주도하고 있던 북양대신 이홍장에게 조언을 구했다. 이홍장은 일본과 조약을 체결하면 전쟁을 피할 수 있을 것이라며 수교를 권했다. 일본이 청에 조선을 개항시키는 것에 대한 의사를 타진하자 "조선은 청의 속방이지만 외교적으로 자주국이다"라는 애매한 입장을 표명했다.

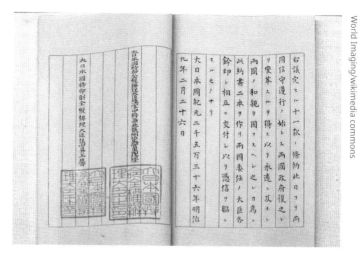

조일수호조규

한편 자국과 수교하고 있던 영국, 미국, 프랑스, 독일, 이탈리아 6개 국에 일본의 의지를 통보하자 조선의 개방을 원하고 있던 이들 국가 들은 반대하지 않았다. 결국 조선의 개항이 결정되었다. 개항을 위한 협상에서 일본이 제시한 13개 항목 중 최혜국 대우 조항만 삭제하고 나머지는 일본의 안대로 체결되었다. 1876년 2월 27일 체결된 '조일 수호조규'는 '강화도조약' 또는 '병자수호조약'이라 불린다.

조선에게 개항은 일본의 무력 위협 앞에 어쩔 수 없는 선택이었지 만 일본과 서구 열강에게는 자국의 이익을 위해 원하던 결과였다. 불 평등 조약의 문제를 알았지만 스스로를 지킬 힘이 없었던 조선으로서 는 받아들일 수밖에 없었다. 이렇게 조선은 수백 년 동안 굳게 닫았던 문호를 열게 된다. 이로써 근대화를 위한 기반도 철학도 없었던 조선 은 밀려오는 근대화의 거친 물결에 그대로 휩쓸리게 되었다.

국제무대에 등장한 조선

 강화도조약이 체결되자 왜양일체론을 내세우며 위정척사운동이 다시 일어났다. 위정척사론자의 격한 반발이 확산되는 가운데 개화를 시급히 추진해야 한다는 목소리도 형성되고 있었다. 개항 후 새로운 정세변화와 사무 처리를 위한 기구가 필요하게 되었다. 이에 조선은 최고통치기구로 통리기무아문統理機務衙門을 신설하고 그 밑에 12사를 두어 국정 전반을 관장하게 하였다.

 강화도조약 체결 후 후속 조치로 일본에 수신사를 파견하였다. 불합리한 조약을 바로잡고 일본의 신문화를 수용할 목적이었다. 1876년과 1880년 두 차례에 걸쳐 김기수와 김홍집이 이끄는 수신사 일행이 근대화를 향해 질주하던 일본을 시찰했다.

 그들은 근대 문명을 받아들여 급성장한 일본의 모습을 목격하고 경악을 금치 못했다. 조선에서는 아직도 말과 노새와 사린교, 이인교와 같은 가마를 타고 다녔고 배도 목선뿐이었는데, 일본은 철로로 기차가 달리고 있었고 군함이나 여객선은 증기선이었다. 조선이 촛불과 등잔을 켜고 있을 때 일본은 전기를 사용해 밤을 대낮같이 밝히고 있었다. 통신 수단도 조선은 봉화와 파발마에 머물러 있던 반면 일본은 전신과 전화로 상호 연락을 하고 있었다. 이때 사절단의 일원이었던 젊은 개화파 관리들은 귀국 후 통리기무아문의 각 부서에 배치되어 개

1876년 수신사로 파견된 김기수

화정책을 주도해 나갔다. 유길준, 윤치호와 같은 일부는 근대화된 일본을 더 배우기 위해 현지에 남아 유학생활을 했다.

　조선 정부는 신식 무기 제조법과 군사훈련을 배울 목적으로 일본에 이어 청나라에도 시찰단을 파견했다. 유학생들이 톈진의 기기창에 파견되어 화약 및 탄약 제조법, 기계 조작법 등 근대적 군사지식과 자연과학, 외국어를 학습했다. 그러나 재정지원도 충분하지 않았고 임오군란이 터져 6개월 만에 유학생 전원이 귀국해야 했다.

　강화도조약을 맺은 후 국방력 강화 필요성을 절감한 후 양반 자제 80여 명을 선발해 신식 군대인 별기군을 창설했다. 조선에서는 이들을 훈련시킬 능력이 있는 장교가 없었기에 교관을 일본에서 초빙했다. 별기군은 급료나 의복 등에서 구식 군대보다 훨씬 나은 대우를 받았다. 이 같은 차별이 임오군란의 한 원인이 되었다.

별기군

조선의 개항과 더불어 조선을 둘러싼 열강들의 이해관계도 변해 갔다. 일본은 조선의 종주권을 유지하려는 청으로부터 조선을 떼어 놓으려 했고, 청은 조선이 서구 열강들과 조약을 맺도록 하여 일본을 견제하고자 했다. 1882년 5월, 미국 아시아 함대의 슈펠트 제독과 강화도조약을 체결했던 신헌이 대표로 나선 가운데 제물포에서 조미수호통상조약이 체결되었다. 이어 5월에 독일, 6월에 영국과

신헌

연이어 수호조약을 맺었다. 1884년에는 러시아, 1886년에는 프랑스와 수교함으로써 조선은 국제무대에 등장하게 되었다.

취약한 근대화의 기반

조선은 개화의 필요성을 깨닫고 근대화로 부국강병을 이루고자 했지만 시기가 많이 늦었다. 세도정치와 쇄국정책을 거치면서 개화의 기반을 다질 수 있던 시간을 놓쳐 버렸고 뒤늦게 서둘러 개화를 추진하다 보니 개화에 대한 지향점이 분명하지 않았다. 서양의 문물을 받아들이고 무기를 도입하면 부국강병이 이루어질 거라고만 생각했다.

무엇보다 근대화를 주도할 개화파의 기반이 너무 약했다. 세상의 변화를 모른 채 위정척사만 부르짖는 유생들과 정치적 이익을 위해 개화를 반대하는 수구파를 압도할 정치적 기반이 없었다. 전통적 배외사상에 사로잡힌 백성들도 개화를 두려워했다. 조선의 개화정책은

백성들의 지지를 받지 못한 채 안으로는 수구세력의 저항에 부딪혔고 밖으로는 조선을 자신의 영향력하에 두려는 일본과 열강들의 틈바구니에 끼이게 되었다.

근대화된 대한제국 군대(1898년)

제8장

뒤늦은 조선의 개화

쇄국을 깨는 개화사상

이른 봄 겨우내 언 땅을 뚫고 새싹이 올라오듯이, 엄격한 해금령 속에서도 개화의 싹이 트고 있었다. 변화와 개화의 필요성에 대한 자각이 사회 내부로부터 점차 일어나기 시작했다. 개화사상의 뿌리는 조선의 지배이념인 성리학의 과도한 관념주의와 형식주의에 대한 반성에서 비롯되었다.

성리학이 예송논쟁과 같은 형식주의에 치우쳐 조선 사회가 당면한 문제 해결에 한계를 보이자 일부 유학자들은 민생을 실질적으로 이롭게 할 실용적 학문에 관심을 돌렸다. 이러한 배경으로 실사구시를 추구하는 실학實學이 태동하게 되었다. 학문에도 귀천이 있던 시대에 사대부가 성리학을 두고 실용적인 잡학을 연구하는 것은 학문의 지배질서를 어지럽히는 행위로 치부되었다. 실학은 세상의 이치가 아닌 현

정약용

실 문제를 다루는 학문의 흐름으로서 조선 초 중기 유형원과 이익으로부터 시작되어 후기에 정약용으로 이어졌다.

이러한 흐름은 '청으로부터 배우자'는 북학北學으로 이어지게 된다. 북학파는 정조의 개혁 정책과 인재양성을 위한 정책에 의해서 일어난 학문의 흐름이다. 북학파는 명분에 사로잡힌 북벌론과 중화문명의 정수를 계승했다는 소중화 의식에서 벗어나, 오랑캐로 치부해 왔던 청나라로부터 문명의 정수를 배워야 한다고 주장했다.

병인양요와 신미양요를 겪으며 서양의 군사적 위력을 경험한 조선은 머지않아 조선도 중국과 일본의 전철을 밟을 것이라는 위기감과 불안감이 팽배했다. 왕과 위정자, 지식인들뿐만 아니라 일반 민중들도 똑같이 가지는 위기감과 불안감이었다.

서양 세력의 침략을 목전에 둔 불안한 시대 상황에서 근대지식을 습득하여 개화와 근대화에 눈뜬 선각자들이 나타났다. 조선에서 개화사상은 이러한 선각자들에 의해 실학의 이용후생론利用厚生論을 받아들이고 청의 양무운동과 일본의 메이지유신의 영향을 받으면서 형성되었다. 조선 사회의 모순, 빈곤, 부패, 외세의 침입 등 대내외적인 위기 극복을 위해서는 시급히 서양의 우수한 과학, 기술, 문물과 근대적 사상과 제도를 받아들여 부국강병과 자주독립을 이루어야 한다는 사회변혁 사상이다.

개화開化라는 말은 메이지유신 이후 일본이 근대화를 추진하면서 널리 사용되었다.* 개화의 뜻은 '새로운 것을 개발하고 백성을 교화한다'는 의미로 해석되지만, 결국 서양의 사상과 문물을 도입하여 근대화를 이룬다는 의미였다.

개화의 반작용

외세의 침략과 개화의 흐름에 대한 강력한 반작용으로 외세를 배격하고 전통 체제와 사상, 제도를 고수하려는 움직임이 보수 유생들로부터 일어났다. 위정척사衛正斥邪를 외치는 보수 유생들은 외세와 '바른 학문'인 성리학 이외의 모든 종교와 사상을 사악한 것으로 보고 배격했다.

위정척사파는 개화파와 대척점에서 개화를 반대하며 무조건 외세

최익현

배격 운동을 전개했다. 최익현, 이항로를 중심으로 한 완고한 보수 유학자들은 전통 사상과 문화, 제도를 고수하며 천주교를 배척하고 개항과 개국을 반대했다. 이들은 화이 세계관과 중화주의에 의해 서양을 '양이洋夷'로 칭하며 서양의 문물과 제도를 배척했다.

위정척사파는 서양 세력에 문호를 개방하여 무역을 하고 교류를 하게 되면 2~3년 내

---

* 개화는《역경(易經)》의 개물성무(開物成務), 즉 '사람이 알지 못하는 것을 개발하고 사람이 이루고자 하는 것을 이루게 한다'와 화민성속(化民成俗), 즉 '무지한 백성을 교화하여 미풍양속을 만든다'에서 앞의 두 글자를 따와서 만든 말이다.

에 온 백성이 가축과 같은 신세가 될 것이라며 서양 세력의 침투를 철저히 막아야 한다고 주장했다. 병인양요1866와 신미양요1871를 겪으며 서양에 대한 두려움이 고조되어 있던 터라 이들의 주장은 백성들의 지지를 받았다. 의병운동을 비롯한 강력한 외세 저항운동을 벌이던 위정척사 세력은 을사조약이 체결되고 일본의 국권 침탈이 완성되어 갈 무렵에야 뒤늦게 근대화의 필요성에 눈뜨게 된다.

개화파의 산실, 북촌

박규수, 오경석, 유대치를 중심으로 형성된 초기의 개화사상은 이들로부터 배운 소수의 젊은 엘리트 관료들에 의해 계승되었다. 박규수는 할아버지 박지원으로부터 배운 실학적 개혁 사상과 서양 문명의 우수성에 대한 자신의 경험을 바탕으로 자신의 사랑방에서 김옥균, 홍영식, 박영효, 서광범, 김홍집 등 젊은 관료들에게 세상의 변화와 미래에 대하여 가르쳤다.

박규수

박규수는 1861년 영·불 연합군에 의해 베이징이 함락된 후 사신으로 가서 러허로 피신해 있는 함풍제를 알현하고 서구 열강의 힘 앞에 무력하기만 한 대청제국의 실상을 보고 왔다. 1872년에는 다시 사신으로 청에 가서 서양의 과학기술과 문명을 수용해 자강을 꾀하는 양무운동을 직접 보았다. 그전에는 평양 관찰사로 있으면서 대동강을 타고 평양 시내로 들어와 교역을 요구하며 횡포를 부리는 미국 상선

제너럴셔먼호를 격침한 일이 있었다. 그는 직접 보고 경험한 일들을 통해 서양의 힘, 청의 무기력을 깨닫고 중화질서에서 벗어나 개국과 개화를 통해 자강을 추구해야 한다는 믿음을 가지게 되었다.

개화기 북촌의 모습

　오늘날 율곡로 북쪽 가회동 지역인 북촌의 박규수 사랑방은 요시다 쇼인이 쇼카손주쿠에서 다카스기 신사쿠, 이토 히로부미와 같은 젊은 사무라이들에게 개화사상을 가르쳤던 것과 같이 조선 개화사상의 산실이었다. 박규수의 집 인근에는 김옥균과 김홍집, 홍영식, 서광범, 박영효, 윤치호 등 젊은 개화파 관료들의 집이 몰려 있었기 때문에 북촌은 자연스럽게 개화사상의 중심 무대가 되었다. 박규수의 집현법재판소 경내과 이웃해 있는 홍영식의 집을 비롯해 가장 멀리 떨어져 있는 김옥균의 집정독도서관 뒤 구 경기고등학교 자리까지 도보로 6~7분 거리에 있을 정도로 이들은 가까운 거리에 살며 자주 어울렸다.

개화파의 중심 인물 김옥균은 불교에 배타적인 유학자들과 달리 불교에 호의적이었다. 김옥균은 개화 승려인 이동인, 탁정식과 어울리며 이들로부터 전해 들은 일본의 근대화 소식이나 이들이 전해 준 서적이나 문물을 통해 개화의 꿈을 키워 나갔다. 김홍집을 따라 일본에 간 이동인이 귀국하면서 가져온 성냥은 갑에다 그으면 그냥 불을 지

왼쪽부터 박영효, 서광범, 서재필, 김옥균

필 수 있는 신기한 물건이었다. 성냥은 개화파들에게는 개화사상을 다지게 하는 상징적인 근대 물건이었고, 화롯불에 의존하고 있던 조선 민중들에게는 생활에 혁명적 변화를 가져다줄 수 있는 일상 물품이었다.

젊은 개화파들은 불교와 친숙한 김옥균을 따라 절에서 회합을 갖거나 북촌을 누비면서 시국을 논하고 개화사상을 키워 나갔다. 그리고 개화당이라는 정치조직을 만들어 잠든 조선을 깨우고 개화하고 부국강병을 이루겠다는 꿈을 공유하며 그 험난한 길을 함께 찾아 나섰다.

급진개화파의 실패한 꿈, 갑신정변

개화사상의 시조인 박규수가 1876년 12월 사망하면서 개화세력은 개화의 시국관과 방법론을 두고 급진파와 온건파로 갈라졌다. 개화의

필요성에 대해서는 인식을 같이했지만, 변혁의 속도와 방법을 두고는 의견이 달랐다. 김옥균 등 급진개화파는 서구와 일본의 메이지유신을 모델로 삼아 단기간에 근대적 체제로의 변혁을 이루고자 했다. 이들은 입헌군주제와 자본주의적 상공업을 토대로 국민국가 체제를 달성하고자 하는 열망으로 가득 찼다.

명문 사대부 출신으로 대부분 과거에 급제하여 정부의 요직을 맡고 있던 이들은 서양의 산업혁명과 동양 진출, 중국과 일본의 양무운동과 메이지유신 등 세계 정세와 조선을 둘러싼 국제 정세에 대하여 잘 알고 있었다. 서구나 일본, 청에서 근대화의 성과를 직접 보고 난 후 이들의 개화사상은 시급히 실행해야 할 실천적 과제가 되었다. 갑신정변을

김옥균

이끌었던 김옥균은 1881년부터 1884년 사이에 일본을 세 번 방문하는 동안 메이지유신 후 근대화된 일본의 모습을 직접 볼 수 있었다.

하루빨리 청의 속박으로부터 벗어나 자주독립과 근대화를 이루어야 한다는 열망은 가득했지만, 개화세력이 처한 국내외의 상황은 암담하기만 했다. 청의 개입으로 임오군란의 위기에서 벗어난 후 청의 내정간섭이 강화되었고 민씨 일파의 친청 사대 입장은 심화되었다. 한편 개화파의 영향력이 커지고 고종이 개화파의 주장에 동조하는 입장을 취하자 위기의식을 느낀 민씨 일파의 견제가 노골화되었다.

당시 고종은 내정에 깊숙이 개입하고 왕권 행사를 제한하는 청의 외압으로부터 벗어나기 위해 서구 열강의 힘을 빌려 왕권을 회복하고

자주독립을 이루고자 했다. 고종은 반청·친
일·친서양 노선을 취하는 김옥균과 개화당
세력을 중용하면서 경제적 활동기반을 마련
해 주는 등 측면에서 지원하였다. 친청 노선
을 취하는 민영익 등 민씨 일파와는 거리를
두었다.

민영익

　　1883년 무렵부터 개화파와 친청 노선의
민씨 세력 사이에 개화정책과 외교정책을 둘러싸고 정치적 대립이 격
화되었다. 조선의 만성적인 재정적자를 해결하기 위한 해법을 둘러싸
고 차관 도입을 제시한 개화파와 당오전 발행을 주장하는 민씨 일파
가 대립했다. 수구파와 정치적 대립이 심화되면서 개화파는 개화정책
을 추진하기 위해서는 수구 사대 세력 민씨 일파를 몰아내고 조정 권
력을 장악해야 한다는 결론에 도달했다.

　　개화세력은 일시에 수구파를 제거하고 권력을 장악하는 정변을 계
획했다. 1884년 10월 17일 우정총국 개설 축하연을 이용하여 개화파
가 일본의 지원을 받아 일으킨 갑신정변이다. 청국군의 개입으로 3일
천하의 정변으로 끝나고 김옥균, 박영효, 서광범, 서재필 등 정변 주
도세력은 일본으로 망명하였다.

갑신정변의 평가

　　갑신정변의 주역들은 반청 자주독립을 추구하면서도 조선의 지배
권을 노리는 일본에 의존해 정변으로 권력을 잡고 개화를 추진하려

했다. 정변의 실행에서는 청의 힘에 대한 안이한 판단과 함께 권력 기반이 취약한 소수 개화파가 치밀한 전략 없이 성급히 정변을 일으킴으로써 실패하고 말았다. 우유부단한 고종의 정치적 지지를 확고하게 하지 못했고, 개항 이후 배일 감정이 고조되어 있는 상황에서 다시 일본을 끌어들임으로써 백성들의 격렬한 공분을 샀다는 것도 정변 실패의 또 다른 주요한 원인이었다.

그러나 최고 명문가 출신 고위 관료였던 이들이 실패하면 역적으로 몰려 가문 전체가 멸문지화를 당하는 위험을 무릅쓰고 봉건체제를 타파하는 사회변혁을 이루고자 했던 이상과 열망은 높이 평가되어야 할 것이다. 이들이 추구했던 신분제 폐지, 문벌 타파, 조세제도·정부 개혁 등 많은 부분은 10여 년 뒤 갑오개혁에 수용되었고 이후의 개혁 운동에도 많은 영향을 미쳤다. 갑신정변은 우리나라 근대 변혁운동의 시발점이라는 위치를 차지하고 있다.

1883년 미국에 파견된 조선의 첫 보빙대사.
뒷줄 왼쪽부터 현흥택, 최경석, 유길준, 고영철, 변수. 앞줄 홍영식, 민영익, 서광범, 퍼시벌 로웰.

이들 개화세력이 정변에 성공하여 권력을 잡고 사회 전반에 걸친 개혁을 과감히 추진하였다면 조선은 메이지유신에 버금가는 큰 변혁을 겪고 근대화를 앞당길 수도 있었을 것이다. 다른 한편 소수 개화파의 급진적 개혁에 저항하는 수구파의 저항으로 조선의 정치 상황은 내전에 버금가는 큰 혼란에 빠졌었을 수도 있다. 어느 쪽이든 정변이 성공했다면 조선의 운명은 많이 달라졌을 것이다.

잃어버린 10년

갑신정변 이후 동학농민운동이 일어나기까지 10년은 일본이 조선에서 밀려나고 청도 군대를 철군하는 등 대외적 여건은 조선이 다양한 외교전략을 구사하여 자주독립과 근대화의 길을 갈 수 있는 마지막 기회였다. 그러나 개화에 대한 확고한 신념이 없는 고종과 권력을 쥔 민씨 일파는 개화와 변혁을 통한 자강 노력보다 왕권과 자신들의 권력 유지를 위해 어느 외세에 의존할 것인가에 더 골몰했다.

갑신정변 이후 조선 사회는 개화의 흐름과 역행하며 더 수구화되어 갔다. 어렵게 싹트기 시작한 개화에 대한 인식은 부정적으로 바뀌었고, 개화파는 외세를 끌어들여 모반을 꾀하는 매국노라는 인식이 생겼다. 개화는 중단되었고 개화세력은 위축되었다. 정변을 진압하는 데 결정적 역할을 한 청의 영향력은 더욱 강화되고, 위정척사론을 주장하는 유생층 등 수구세력의 목소리도 커졌다. 친정 이후 흥선대원군의 강력한 쇄국에서 탈피하여 개화를 추진해 왔던 고종도 갑신정변에 대한 책임론과 수구파의 공격으로 곤경에 처했다. 개화정책 추진의 핵심 기구였던 통리군국사무아문과 우정총국을 혁파하여 개화정책과 거리를 두는 듯한 자세를 취하였다.

조선에서 벌어지는 사태를 예의 주시하던 열강들은 청·일 양국 군이 물러나자 조선을 본격적으로 넘보기 시작했다. 영국은 러시아의 남하를 막는다는 명분으로 1885년 4월 거문도를 무단으로 점거하였다. 고종은 친러시아 정책으로 선회하여 러시아 황제에게 보호를 요청하는 친서를 보냈다가 알려지는 바람에 청으로부터 폐위 위협까지 받게 되었다. 조선이 러시아를 끌어들이고 청을 멀리하는 '인아거청引俄拒淸' 노선으로 기울자 청국은 고종과 민씨 일파를 견제하기 위하여 1885년 10월 대원군을 톈진에서 환국시켰다.

동학농민운동

대내외적 위기 속에 백성들의 삶은 더욱 궁핍해지고 탐관오리들의 수탈로 민생은 도탄에 빠져 있었다. 1892년 10월, 교조 최제우의 억울한 죽음을 풀어 달라는 신원 운동에서 시작된 동학운동은 농민들이 합세하면서 점차 관리들의 부패, 민생 도탄, 외세의 침략에 저항하는 민중봉기로 변해 갔다.

1894년 1월, 고부 군수 조병갑의 탐학에 분노한 농민들이 대대적으로 봉기하였다. 갑오 동학농민운동이 시작되었다.

동학사상이 정신적 바탕이 되었지만 탐관오리의 부패와 착취에 저항하는 민중봉기의 성격이 더 강했다고 할 수 있다. 전봉준이 이끄는 동학농민군은 여러 지역의 농민들이 합세하여 4월에 전주성을 점령

해금海禁

하였으나, 동학군과 정부군은 5월에 화약을 맺고 내정개혁을 위해 전라도 각 지역에 폐정 개혁을 위한 집강소를 설치하고 철수했다.

청과 일본의 충돌

갑신정변 때 조선에서 밀려난 일본은 1890년부터 조선에 대한 지배력을 회복하고 대륙 침략의 발판을 마련하기 위해 본격적으로 청과 전쟁을 벌일 준비에 들어갔다. 조선과 청의 정세를 면밀히 파악하고 군비 증강과 대규모 군사훈련을 실시하는 등 청과 피할 수 없는 일전을 준비하고 있었다.

군비 증강과 이웃 국가의 침략은 일본의 안전과 독립을 지키기 위해서는 일본의 안전에 밀접한 관련이 있는 지역인 '이익선'을 보호해야 한다는 논리에 의거했다. 일본은 영토인 '주권선'과 '이익선'이라는 개념을 들어 제국주의 침략 논리를 합리화했다. 일본의 독립을 유지하기 위해서는 '이익선'인 조선이 청의 속방화가 되는 것을 막아야 하고, 조선의 보호국화를 추진해야 한다는 것이었다.

동학농민군이 전주성을 함락하자 조선 조정은 매우 당황했다. 무기력한 관군으로는 농민군을 당할 수 없다는 판단에 이르자 조선 조정은 외세에 의존하는 옛 버릇이 또 나왔다. 임오군란과 갑신정변 때 청나라의 군사개입과 이후에 벌어진 내정간섭의 폐해를 잊은 듯 고종과 민씨 일파는 청에 군사지원을 요청했다. 속국 조선의 지배체제 변화를 바라지 않던 북양대신 이홍장은 파병 요청을 즉각 수락하고, 1894년 5월 두 척의 군함에 2,400여 명의 병력을 실어 보냈다. 그러나 전주성과 가까운 아산만에 청군이 상륙했을 때는 동학농민군이 관군과 전주성 화약을 맺고 해산하고 있었다.

조선에서 벌어지고 있는 사태를 예의 주시하고 있던 일본은 청이 파병을 하자 톈진조약을 근거로 파병을 결정하고 병력 7,000명을 제물포에 상륙시켰다. 전주성 화약으로 조선에 머물 명분이 없어지자 청군은 일본에 동시 철병을 제의하였으나 거절당했다. 일본은 갑신정변 때 조선에서 물러난 이후 절치부심하며 오랫동안 기다려 왔던 기회를 결코 놓칠 수 없었다.

일본군은 7월 23일, 경복궁을 기습적으로 침입하여 민씨 정권을 무너트리고 대원군을 앞세워 친일 정권을 수립하였다. 정권 장악에 성공한 일본은 신정부 명의로 청국과의 기존 조약을 폐기하고 청국군의 완전 철수를 일방적으로 통보하였다.

어떤 방법으로든 청국과 전쟁을 일으키라는 본국 훈령에 의해 일본군은 서해상의 청국 함대와 아산에 주둔해 있던 지상군을 기습했다. 청일전쟁이 시작되었다.

황해해전

해금海禁

일본은 아산만 앞에서 벌어진 풍도해전과 평양전투에 이어 황해해전, 위해해전에서 잇달아 청군을 패퇴시키고 12월 산둥반도까지 장악하였다. 전쟁은 메이지유신으로 부국강병을 이룬 일본의 일방적인 승리로 끝나고, 1895년 4월 시모노세키에서 강화조약을 맺음으로써 종료되었다.

친일 정권의 개혁 시도, 갑오개혁

친일 정권을 수립한 일본은 조선의 내정개혁에 나섰다. 친일 정권을 앞세워 청과의 종속관계를 끊고 조선의 침략과 지배를 위해 일본의 입맛에 맞는 근대체제로 전환시키려는 목적이었다.

대원군을 내세워 정권을 장악한 일본은 민씨 세력을 몰아내고 김홍집, 김윤식, 어윤중, 김기수, 박정양, 유길준 등을 중심으로 친일 내각을 구성하고 내정개혁을 추진하였다. 이들은 동도서기론東道西器論의 입장에서 조선의 전통적 사상과 문화를 기본으로 삼고, 항구를 열어 서양과 통상하며 서양의 혁신기술을 받아들여 국력을 배양하자는 온건개화파들이었다. 개혁을 주관할 기관으로 군국기무처를 신설하였다.

1894년 7월부터 11월까지 4개월 동안 인재 등용·문벌 타파·노비제 폐지·연좌제 폐지·과부 재혼 허용 등 사회제도 개혁과 개국기원연호 사용·궁내외부 분리·관제 개편·과거제 폐지 등 정부 개혁, 재정일원화·은본위제·조세의 금납화 등 재정제도 개혁을 단행하였다. 자신을 배제하고 군국기무처 중심으로 진행되는 급속한 대경장에 대원군이 반발하면서 개혁 주도세력과 갈등이 심화되었다. 또한 개항 이후 배일 감정이 팽배한 가운데 일본이 주도하는 개혁에 대해 민중의 반감이 커졌다.

박영효

일본은 걸림돌이 되는 대원군을 청일전쟁 시 청군 지원을 요청하는 밀서를 이유로 4개월 만에 퇴진시켰다. 그리고 그해 8월, 갑신정변 실패 후 일본에 망명 중인 박영효, 서광범을 10년 만에 귀국시켜 김홍집과 연립내각을 출범시켰다. 일본은 고종을 압박하여 자주독립과 내정개혁을 선언하는 '홍범 14조'를 발표하게 하였다.

연립내각에서 온건개화파와 급진개화파는 개혁 속도를 두고 정치적으로 심각하게 대립했다. 대역부도죄를 사면받고 명성황후와 일본의 측면지원을 받고 있던 박영효는 온건개화파를 누르고 개혁의 주도권을 행사하게 되었다. '2차 갑오개혁'이라 불리는 연립내각의 개혁에서 일본식으로 의정부를 내각이라 개칭하고 7개 부로 개편하였다. 교육기관으로 교원 양성을 위한 한성사범학교 관제가 공포되었고, 경찰관제가 정비되었다. 사법제도를 개혁하여 행정관과 사법관을 분리하여 사법의 독립성을 부여하고 각종 재판소가 설치되어 2심제 재판이 채택되었다. 박영효의 주도로 진행된 2차 개혁은 많은 부분 일본의 제도와 시스템을 답습했다.

고종과 명성황후는 독단적으로 개혁을 주도하는 박영효를 차츰 멀리하기 시작했다. 박영효는 결정적으로 러시아에 접근하려는 고종과 명성황후를 막기 위해 일본의 영향력하에 있는 훈련대로 왕궁 수비를 맡기려다 분노를 샀다. 자신들이 선택한 김홍집을 내각에서 퇴출시키고 고분고분하지 않은 그의 태도 때문에 일본으로부터도 눈 밖에 났다. 결국 1895년 7월, '왕후를 살해하고 역모를 꾀하고 있다'는 혐의에 연루되어 박영효가 일본으로 다시 망명하면서 연립정권은 끝이 났다.

러·일 간의 갈등과 을미사변

시모노세키 조약에 의해 청은 조선의 자주독립 보장과 함께 일본에 요동반도, 대만과 펑후제도를 할양하기로 했다. 그러자 만주와 요동반도 지역에 이해관계가 깊은 러시아와 독일, 프랑스 3국이 강력히 반발했다. 이들을 군사적으로 상대하기에는 실력이 미치지 못한다고 판단한 일본은 3,000만 냥의 배상금을 받고 요동반도의 점유를 포기하였다. 이 소식에 일본인들은 강하게 반발했다. 특히 지리적으로 가까운 러시아에 대한 강한 반감을 가지게 되었다. 이 사건은 10년 후에 벌어지는 러일전쟁의 불씨가 된 셈이다.

일본을 견제하기 위해 러시아에 접근했던 고종과 명성황후는 3국 간섭으로 일본이 요동반도를 돌려주자 러시아의 힘을 실감하고 러시아 쪽으로 더욱 기울었다. 연립정권이 붕괴한 후 조선 조정은 친일 개화파가 후퇴하고 이완용, 이범진 등 친러파 인사가 중용되었다.

조선이 친러 정책으로 기울어진 것은 명성황후의 배후 역할 때문이라고 판단한 일본은 '여우 사냥'이라 이름 붙인 명성황후 시해 작전에 나섰다. 육군 중장 출신의 미우라 공사는 부임하자마자 서울에 거주하는 일본 낭인, 경관, 상인, 신문사 기자 등을 행동대원으로 삼고 해산설에 불만을 품은 조선의 훈련대를 끌어들여 명성황후 시해 작전을 감행했다. 대원군을 다시 옹립하여 앞세우고 경복궁 건청궁에 난입하여 명성황후가 거처하던 옥호루에서 잔인하게 시해하고 인근 야산에서 시신을 불태워 버렸다. 1895년 10월 8일 새벽에 일어난 을미사변이다.

명성황후 시해 사건 이후 성립된 제4차 김홍집 내각에서는 친러파가 축출되고 다시 어윤중, 유길준, 조희연 등 친일 개화파가 요직을 차지하였다. 태양력 사용, 종두법 실시, 근대식 각종 학교가 설치되고 단발령이 시행되었다. 명성황후 시해에 비분해하던 민중들은 단발령까지 내려지자 전국 곳곳에서 유생들을 중심으로 항일 의병투쟁을 일으켰다.

외세에 흔들리는 왕실

을미사변이 일어난 지 얼마 지나지 않은 11월 28일, 친러 세력은 춘생문을 통해 경복궁에 들어가 친일 내각에 포위된 고종을 구출한다는 명분으로 '춘생문 사건'이라는 정변을 감행하였다. 정변은 사전에 누설되어 실패로 끝나고 이범진, 이완용 등 주동자들은 미국과 러시아 공사관으로 피신하였다. 고종은 경복궁에 사실상 유폐된 상태로 지냈다.

이완용

피신 중이던 이범진과 이완용은 러시아 공사 베베르와 공모하여 일거에 상황을 반전시킬 계획을 꾸몄다. 의병 봉기를 진압하기 위해 일본군 주력부대가 지방으로 이동하여 경비가 소홀한 틈을 타서 친일 내각에 포위되어 있던 고종과 왕세자를 러시아 공사관으로 옮기는 계획이었다. 1896년 2월 11일 아침, 여인 복장을 한 고종과 왕세자는 궁녀 가마를 타고 경복궁을 빠져나와 정동의 러시아 공사관으로 피신하였다. 한 나라의 국왕이 평시에 자국 내에서 다른 나라 공사관으로 피신하는 세계 역사에서도 유례를 찾아보기 어려운 일이 일어났다. 아관파천이었다.

신변 불안에 대한 공포에서 벗어난 고종은 아관파천 직후 친일 내각을 해산하고 친러 내각을 수립하였다. 김홍집을 비롯한 친일 개화파를 역적으로 규정하고 처단하라는 영을 내렸다. 김홍집과 정병하는 체포되어 참수되었고 어윤중은 피신 중에 살해되었다. 유길준, 조희연 등은 일본으로 망명하였다.

1900년경 러시아 공사관의 모습

아관파천으로 조선에서는 러시아가 우위를 차지하였다. 러시아는 경원과 경성의 광산 채굴권, 압록강 연안과 울릉도의 삼림 채굴권 등의 이권을 획득했다. 프랑스, 독일, 일본과 함께 미국에도 이권을 양도하였는데 조선의 정세가 긴박할 때 1882년 체결된 조미조약의 거중조정 조항에 따라 미국을 끌어들여 도움을 받겠다는 고종의 의도였다.

조선의 두 개혁가, 김옥균과 김홍집

김옥균과 김홍집은 개항기 조선의 개화를 이끈 두 주역이었다. 김옥균은 급진개화파의 핵심 인물이었고 김홍집은 온건개화파의 중심 인물이었다. 두 사람 모두 같은 시기에 박규수로부터 개화사상을 배우고 개화의 꿈을 키워 나갔지만 이후 개화에 대한 견해와 정치적 노선은 달리하였다.

김옥균이 서양의 근대 문물, 사상, 제도를 받아들여 단기간에 근대화를 달성하려 한 혁명적 개혁가였다면, 김홍집은 전통 체제, 가치와 사상의 바탕 위에서 점진적인 개혁을 추구한 관료형 개화파였다. 김옥균은 반청 자주독립과 왕권을 제약하는 입헌군주제를 추구한 반면, 김홍집은 전통적 왕권 지배 체제 위에서 조선의 근대화를 추진하려고 했다. 메이지유신 후 여러 번 일본을 다녀와서 일본의 근대화를 잘 알았고, 일본을

김홍집

해금海禁

모델로 하여 조선의 개혁을 추구했다는 점은 같았다.

김옥균과 김홍집은 어려서 북촌에서 이웃하여 살았다. 김홍집은 김옥균보다 아홉 살이 많았지만 함께 어울렸다. 그러나 과거를 통하여 관료가 된 이후에는 정치적 노선을 달리하여 일정한 거리를 두고 지냈다. 두 사람 모두 관료로서 능력을 인정받으며 고종의 총애를 받았다.

갑신정변 때 김옥균은 김홍집을 오늘의 서울시장 격인 한성판윤에 임명하였다. 정변 실패 후 고종은 김홍집을 좌의정에 임명하여 재기용하였다. 고종은 본인의 의사와 상관없이 임용된 것이라 판단하고 중용했지만, 정변에 연루된 자들이 가혹한 처벌을 받았던 것을 고려하면 김홍집에 대한 고종의 신뢰를 알 수 있다. 고종은 일본이 정변 때 희생된 일본인에 대한 배상을 요구해 오자 김홍집을 전권대사로 임명하여 일본 측과 협상을 하게 했다.

이후 김홍집은 갑오농민전쟁 때 일본이 군국기무처를 설립하여 내정개혁을 시도할 때부터 아관파천 후 피살될 때까지 네 번에 걸쳐 내각을 이끌며 내정개혁을 주도했다. 명성황후가 시해된 후에는 굴욕감에 김홍집은 자결을 하고자 했으나, 사태를 수습하기 위해 구성된 내각을 이끌어야 했다.

김홍집은 아관파천 후 '을미사적'을 처단하라는 고종의 지시에 따라 체포되어 참형을 당했다. 시체는 성난 군중들에 의해 길거리에서 참혹하게 훼손당했다. 그는 친일 내각을 이끌며 일본을 모델로 개화를 추진했지만, 개인 영달을 위해서가 아니었고 사심 없이 국사를 돌보았다는 평가를 받았다. 그의 죽음과 함께 제도권의 개화파는 몰락하고 그가 주도한 개혁은 끝이 났다.

 이보다 2년여 앞서 1894년 3월, 일본에서 10년째 망명 생활을 하고 있던 김옥균은 이홍장과 만나 조선 문제를 논의하기 위해 상하이로 갔다가 고종이 보낸 자객 홍종우에 의해 피살되었다. 김옥균의 죽음은 조·일·청이 합작한 결과라는 평가이다. 고종은 정변 이후 김옥균을 처단하기 위해 계속해서 일본으로 자객을 보냈지만 실패하였다. 대역죄인을 처단함으로써 역모에 대한 경계로 삼고 자신의 폐위를 노리는 김옥균을 제거하기 위해서였다. 반청 자주독립을 주장하는 김옥균은 종주국의 지위를 유지하려는 청의 이익에 반하는 인물이었다. 일본은 암살 계획을 알고 있으면서도 김옥균이 조선의 침략과 대륙진출에 걸림돌이 될 수 있다고 보았기 때문에 암살을 방조했다는 의심을 사고 있다.

 김옥균이 청에 가지 않고 조선에서 아래로부터 일어나는 변화의 기운과 국제정세를 조금 더 주시하고 있었다면 갑오농민전쟁과 갑오개혁 등 이후에 전개된 조선의 정치적 변화 속에서 자신의 개혁 의지를 실행할 기회를 얻었을는지 모른다. 두 사람의 선각자는 열강의 침략 앞에 망국의 길을 걷고 있던 조선의 자주독립과 근대화를 위해 몸을 던져 개화를 주도했다. 두 사람이 이끄는 개화세력이 처음부터 손을 잡고 같은 길을 걸었다면 조선 개항기의 역사는 분명 크게 달라졌을 것이다.

해금海禁

열강의 막다른 조선 지배권 전쟁

러시아 공사관으로 피신한 지 1년 만인 1897년 2월 20일, 고종은 경운궁으로 돌아왔다. 명성황후가 시해된 경복궁으로 다시 돌아가기 싫었던 고종은 지금의 덕수궁인 경운궁에 거처를 정했다.

10월 12일에는 대한제국을 선포하며 청과의 종속관계를 청산하고 황제의 지위에 올랐다. 이로써 조선은 더 이상 중국 황제에 조공을 바치는 속방이 아니고 독립된 제국임을 공표했다. 그러나 지배권을 차지하려는 열강의 각축장으로 전락한 지 오래이고 자력으로 독립을 유지할 수 없는 조선의 처지에서 제국 선포는 허울뿐이었다.

대한제국 선포 후 고종은 '광무개혁'으로 불리는 개혁에 착수하여 경제, 산업, 군사 부문에서 성과를 거두기도 했다. 그러나 망국의 시계를 돌려놓기에는 조선의 힘은 너무 미약했고, 근대화를 추진해 나갈 내적 역량도 없었다. 조정은 친러, 친일, 친미파로 분열되어 해당 국의 영향력하에서 움직이고 있었다.

광무개혁 당시 건설된 서대문역

1899년 설립한 대한천일은행

　중국의 의화단운동 이후 한반도 정세는 러·일 간의 대결로 치달았
다. 러시아는 의화단의 영향이 만주까지 미쳤기 때문에 동청철도를
보호한다는 명목으로 만주 전 지역을 점령했다. 1902년, 영국은 아시
아에서 영향력을 확대해 나가는 러시아를 견제하기 위하여 일본과 동
맹을 맺었다. 제1차 영일동맹이다.

　러시아가 청과 한 만주 철병 약속을 지키지 않자 일본은 러시아와
협상을 시도했다. 일본은 조선의 보호국화를 눈감아 주면 러시아가
만주를 차지하는 것을 용인하겠다고 제의했다. 이른바 '만한교환'이
었다. 그러나 러시아는 만주 권익, 조선의 독립 보장과 조선 영토의
군사적 이용 금지를 보장해 달라고 요구했다.

　이보다 훨씬 앞서 3국간섭 이후 1896년 5월, 일본은 '이익선'을 지
키기 위해 러시아에 38도 선을 경계로 한반도를 분할 점령하자는 제

해금海禁

안을 했다. 그러나 러시아는 이 제안을 거절했다. 고종이 러시아 공사관에 머물고 있어 자신들의 영향권 안에 있는 상황이었고, 한반도 전체를 장악하려는 것이 러시아의 속셈이었기 때문이다. 만약 이 제안이 받아들여졌다면 한반도는 그때부터 분단을 겪으며 굴곡진 역사가 이어졌을 것이다.

러·일 사이의 대립이 긴박하게 돌아가자 다급해진 고종은 열강이 보증하는 형식의 조선 중립화를 모색했다. 의화단전쟁을 진압하기 위한 열강의 출병이나 러·일 간의 밀약으로 조선이 분할될 수 있다는 두려움 때문이었다. 그러나 중립화 방안은 믿었던 미국이 조선을 둘러싼 분쟁에 개입되기를 원하지 않았고, 러·일 양국은 조선의 중립화를 상대방에 유리한 방안이라 여겼기 때문에 실패로 끝났다.

1904년 2월 4일 어전회의에서 러시아와 전쟁을 결정하고, 일본군은 2월 8일 인천에 상륙했다. 인천 앞바다와 뤼순에서 러시아 함대를 공격함으로써 러일전쟁이 시작되었다.

러일전쟁 직전 미국 신문에 실린 풍자화

대한제국의 종말

러일전쟁 개시와 함께 일본은 조선의 내정에 노골적으로 간섭하기 시작했고 사실상 지배에 들어갔다. 1904년 2월 10일 러일전쟁을 선포한 직후인 2월 23일, 일본은 조선과 군사상 필요한 지역을 일본이 접수해 사용하는 것을 승인하는 '한일의정서'를 체결하였다. 5월 말에는 '대한방침 對韓方針'에 의하여 조선의 군사, 외교, 재정, 교통, 통신을 일본의 감독하에 두는 것으로 정했다. 8월에는 '제1차 한일협약'을 체결하여 일본이 추천하는 재정 고문, 외교 고문을 두고 다른 나라와 조약을 체결하는 경우 일본과 반드시 협의하게 했다.

대규모 육전에서도 승패가 결정되지 않던 러·일 양국의 전쟁은 1905년 5월 28일, 러시아 발틱함대와 일본의 연합함대가 싸운 동해 해전에서 일본이 결정적 승리를 거두면서 종지부를 찍게 된다. 이 해전에서 승리한 일본은 서둘러 미국에 강화를 요청했다. 일본도 더 이상 전쟁을 수행할 여력이 없었기 때문이었다. 일본의 요청을 수락한 미국의 시어도어 루스벨트 대통령의 중재로 포츠머스에서 강화조약을 체결했다.

강화회의 직전 일본의 가쓰라 다로桂太郎 수상과 미국 특사 윌리엄 태프트William Taft 사이에 미국의 필리핀 지배와 일본의 한반도 지배를 상호 용인하는 밀약 체결이 있었다. 이런 사실도 모른 채 고종은 두 달 후 루스벨트의 딸 엘리스가 조선을 유람차 방문했을 때 미국의 원조를 끌어낼 목적으로 최상의 환대를 베푸는 촌극을 벌인다.

포츠머스 조약 체결 직후인 1905년 10월, 일본은 각의에서 한국의 보호권 확립 실행을 결정했다. 이토 히로부미를 특명전권대사로 파견해 11월 18일 조선을 보호국으로 삼는다는 '제2차 한일협약'을 이완용 등 이른바 을사오적을 앞세워 강제로 체결했다. 을사늑약이다.

해금海禁

12월에는 통감부를 설치하고 이토가 초대 통감으로 부임했다. 조선은 이때부터 실질적으로 일본에 병합되었다. 1910년 경술년의 병합은 러일전쟁으로 획득한 식민지배권을 형식적으로 완성한 것에 지나지 않는다. 허울뿐인 대한제국은 10여 년 만에 막을 내렸고, 500년 조선의 역사도 역사 속으로 사라졌다.

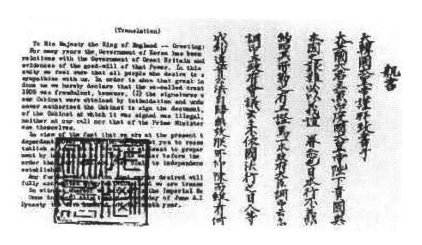

제2차 한일협약이 무효임을 알리는 고종의 친서

홍유릉 단상*

비온 뒤 더없이 청명한 가을 초입의 한 날, 남양주 금곡리에 있는
홍유릉을 다녀왔습니다. 대한제국의 고종황제와 명성황후의 능 홍릉
과 순종황제 부부의 유릉, 이 두 능을 합쳐서 홍유릉이라 부릅니다.
실은 그곳을 찾기 전까지는 서울에서 떨어져 있는 홍유릉에 대해 잘
몰랐습니다. 고종의 능이 어디 있는지에 대해 관심이 없었다는 것이
더 정확할 것입니다.

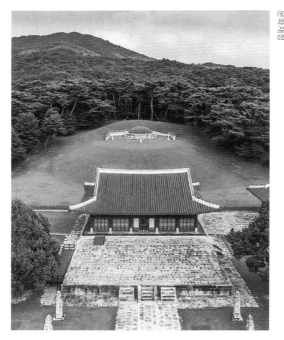

홍유릉

---

*   필자가 이 책을 저술하는 시기에 고종, 순종과 명성황후가 잠들어 있는 홍유릉을 다녀
와서 느낀 감상을 편한 형식으로 써 놓았던 글을 실었습니다.

        해금海禁

중국 황제의 능을 본따 조성하였다고 하는 고종의 능은 다른 역대 조선 왕들의 능보다 규모가 크고 장엄한 느낌을 줍니다. 홍유릉은 구한말 대한제국의 비운의 역사와 망국의 한이 그대로 깃들어 있는 곳입니다. 1895년 을미사변으로 시해된 명성황후의 묘는 홍릉수목원 자리에 있다가 고종이 승하한 후 현재의 홍릉으로 합장되었습니다. 유학 명분으로 일본에 인질로 가 있던 황태자 영친왕, 영친왕의 아들 황세손 이구, 덕혜옹주의 묘도 홍유릉과 같은 경내에 있습니다. 덕혜옹주는 고종이 황제에서 폐위된 후 60이 된 나이에 얻어 애지중지했지만 고종 사후 일본 황족과 정략결혼 후 정신질환을 얻어 불행한 삶을 살다 간 망국 군주의 딸이었습니다.

왼쪽부터 영친왕, 순종, 고종, 순정효황후, 덕혜옹주

홍릉을 보면서 조선 왕조의 마지막 왕이면서 대한제국의 황제였던 고종에 대해 생각해 보았습니다. 고종에 대해 여러 역사적 평가가 교차하고 있습니다. '나라를 빼앗긴 망국의 군주', '명성황후의 치마폭에 놀아난 무능한 왕', '외세에 의존해 군주권 보전에만 몰두한 왕'과 같은 부정적 평가가 대부분입니다. 그러나 전통사회 조선을 개화를 통하여 근대화를 추진하고자 했던 개혁군주, 열강에 맞서 외교를 통하여 조선의 독립을 보전하고자 노력했던 군주라는 긍정적 평가도 있습니다.

고종은 철종이 후사 없이 승하하면서 세도정치에서 벗어나고자 했던 헌종의 모후 신정왕후와 아버지 흥선대원군에 의해 12살의 어린 나이에 왕위에 올랐습니다. 10여 년간 흥선대원군의 섭정을 거친 후 친정을 하면서 개화를 통한 근대화 정책을 추진했습니다. 그러나 젊은 의욕만으로 독단적으로 추진한 정책은 국정을 혼란에 빠지게 했습니다.

고종이 왕위에 올랐을 때는 서세동점의 거센 물결 속에 조선은 바람 앞의 등불과 같은 처지였습니다. 서양 열강들이 경쟁적으로 문호 개방을 요구하면서 국시인 쇄국이 도전을 받았고 이웃 일본은 메이지유신으로 근대화에 성공한 후 정한론을 앞세워 한반도를 지배하려는 계획을 본격적으로 추진하고 있었습니다. 국내적으로는 도덕적 명분에만 집착하는 성리학 지배이념과 사농공상의 폐쇄적 신분질서, 500여 년간 지속된 절대적 왕정체제로부터 온갖 모순이 분출되고 있었습니다. 산업화에 성공한 서양 열강들이 새로운 시장을 찾아 몰려오고 있었지만 조공체제 속에서 쇄국을 고수했던 조선은 우물 안 개구리와 같이 바깥 세계의 사정에 전혀 무지했습니다.

국내외적 위기에서 고종은 서양에 문호를 열고 서양 문물을 받아들이는 개화를 추진했습니다. 그러나 그의 개화정책은 척화비로 상징되는 강력한 쇄국을 추진했던 대원군과 위정척사를 결사적으로 외치는 보수 유림 세력의 완강한 저항에 막혀 제대로 추진되지 못했습니다.

　　　　　　　　　　　　　　　해금海禁

무엇보다 개화를 지지해 줄 정치적 세력이 미약했습니다. 개화파는 수구세력의 강력한 저항을 극복하고 근대화를 추진하기에는 그 세력이 너무 미약했습니다. 그리고 전통적 배외사상에서 깨어나지 못하고 있던 민중의 지지도 얻지 못했습니다.

결국 고종은 명성황후와 민씨 척족에 의존하는 또 다른 형태의 세도정치의 틀에 갇혀 버렸습니다. 임오군란, 갑신정변, 을미사변과 같은 연이은 정변 속에서 개화를 통한 부국강병과 독립의 보전보다는 어느 외세와 손을 잡아야 왕권과 가족의 안위를 보장받을 수 있을지가 고종의 최우선 관심사가 되었습니다. 군주가 자강보다는 외세에 의존하면서 개화파와 수구파, 친일, 친청, 친러, 친미파로 분열되어 있던 조정은 이익에 따라 외세와 결탁하고 대변자 역할을 했습니다.

명성황후 시해 후 고종은 황태자와 함께 러시아 공사관으로 피신하는 아관파천을 했습니다. 한 나라의 군주가 전시도 아닌 평시에 수도 한복판에서 외국 공사관으로 피신하는 역사상 그 유례를 찾아보기 어려운 일이 벌어졌습니다. 고종은 1년 후 환궁하여 청과의 종속관계를 끝내고 자주독립국의 의지를 표명하며 대한제국을 공포하고 황제로 등극합니다. 자신의 힘으로 독립을 보전하기 어려울 만큼 허약해진 나라의 허울뿐인 황제 지위였습니다.

한반도를 삼키려는 일본의 야욕이 노골화됨에도 황제 고종은 무기력하기만 했습니다. 독립을 지킬 수 있는 전략, 힘, 외교적 지지, 그 아무것도 없었습니다. 그가 의존한 것은 밀서 외교였습니다. 그러나 힘없는 국가 군주의 밀서는 외세 간섭의 빌미만 주었습니다. 갑신정변 이후 청의 속박에서 벗어나고자 러시아의 개입을 요청하는 밀서를 보냈다가 탄로가 나는 바람에 폐위당할 뻔했고, 일본의 보호국 위협 속에 미국의 도움을 요청하는 밀서를 보냈으나 철저히 무시됩니다. 을사조약이 체결된 후 헤이그에서 열린 만국평화회의에 부당함을 호소하기 위해 3인의 밀사를 보냈으나 실패하고 일본에 의해 결국 황제 자리에서 폐위됩니다.

이러한 상황에서 과연 망해 가는 조선의 운명을 고종 한 사람의 힘으로 바꿀 수 있었을까 하는 의문이 들었습니다. 다시 말하면 망국의 책임을 고종에게만 돌릴 수 있겠느냐 하는 것입니다. 절대왕조체제인 조선에서 국왕의 권력은 절대적이었지만 대원군과 명성황후의 갈등, 수구세력과 개화세력의 대립, 외세의 간섭 속에서 고종은 자신의 권력을 온전히 행사하고 정책을 추진할 수 없었습니다. 무엇보다 고종에게는 결정적으로 정치적 지원 세력과 민중의 지지가 없었습니다. 일본의 메이지유신과 같이 근대사회로 전환하려는 대변혁 운동도 없었고 굳건한 개혁 주도세력도 형성되어 있지 않았습니다.

구한말 조선은 절대왕조체제의 누적된 모순으로 외과적 수술로 나아질 수 있는 상황이 아니었습니다. 고종이 개혁세력과 연대하여 근대사회로 나아가려는 과감한 시도와 국권 회복을 위해 사력을 다했다면 조선의 운명은 어떻게 되었을까 하는 생각을 해봤습니다. 그렇다고 정상적인 국가라 할 수 없었던 대한제국의 운명이 크게 달라졌을 것이라고는 생각하지 않습니다. 그러나 대한제국 황제 고종과 일본 황족이 된 황실에 대한 평가는 분명 지금과 많이 달라졌을 것입니다.

제 4 편

근대화의 성패

제9장

성공한 근대화, 실패한 근대화

동양 3국의 갈라진 운명

청과 일본 모두 서구 열강의 압도적 무력에 굴복하여 강제적으로 문호를 개방했다. 이후 부국강병을 이루겠다는 목표로 서양의 문물과 사상, 제도를 도입하여 근대화를 추진하였다. 일본에 의해 문호를 개방한 조선도 마찬가지였다. 서양의 군사기술, 산업, 과학, 기술, 제도를 따라가는 것이 부국강병의 길이라 인식하고 유럽 열강의 산업혁명과 자본주의의 성과를 도입하는 것에 힘을 쏟았다.

전통 체제와 사상은 그대로 둔 채 우수한 서양의 과학문명과 기술, 제도만 도입하겠다는 의도였다. 즉 서구 열강을 따라잡고 부국강병을 이루기 위해서 어쩔 수 없이 오랑캐라 여겼던 서양의 첨단 문물과 제도는 수용하지만, 자신들의 고유한 전통과 사상은 타협할 수 없다는 것이었다. 이것은 서양에 대한 자신들의 정신세계의 우월성에 대한 자부일 수 있고, 노도와 같이 밀려오는 서구의 물결 속에서 전통과 정체성을 지키기 위한 몸부림이라 할 수 있다.

　이런 자세와 사상은 중국이 양무운동 시기에 기치로 내걸었던 중체서용中體西用, 일본의 화혼양재和魂洋才, 조선의 동도서기론東道西器論으로 표현되었다. 동양 3국이 유럽 열강의 문호개방 요구에 직면했을 때 처한 정치·사회·경제·군사적 여건은 큰 차이가 있었지만 고유한 가치와 사상의 바탕 위에서 서구 문명을 선택적으로 받아들이겠다는 자세는 별반 다르지 않았다. 이러한 방향에서 일본은 자기주도적 근대화에 성공하여 부국강병을 이루고 서구 열강과 같이 대외 팽창에 나섰다. 반면 청과 조선은 실패하여 반식민지나 식민지의 쓰라린 시간을 겪어야 했다.

한성에서 운행을 시작한 전차

해금海禁

해금령 아래 수백 년 동안 문호를 닫고 있던 동양 3국이 문호를 개방하고 근대화를 향해 달려가는 과정에서 왜 일본은 성공하고 청과 조선은 실패하였을까. 일본이 단기간에 전면적인 근대화를 성공할 수 있었던 기반은 무엇이었을까. 이번 장에서는 이러한 물음에 대한 답을 중심으로 큰 틀에서 동양 3국의 근대화 성공과 실패 요인을 조명해 보고자 한다.

세계정세 변화에 대한 인식과 실용적 학문

일본이 문호개방과 메이지유신을 계기로 수천 년 동안 지속된 봉건사회 질서를 해체하고 근대화에 착수한 지 불과 수십 년 만에 근대국가 체제를 수립하고 부국강병을 이룰 수 있었던 원천은 무엇이었을까.

일본은 260여 년 동안 쇄국을 했지만 바깥세상의 흐름에 완전히 귀와 눈을 닫고 있었던 것은 아니었다. 문호는 닫고 있었지만 유럽의 동향과 청과 주변국의 정세는 면밀히 파악하고 있었다. 데지마의 네덜란드 상관과 나가사키를 오가는 중국 상인들, 왜관을 오가는 조선과 일본의 상인들은 바깥 세계의 소식을 알려 주는 메신저 역할을 했다. 에도 막부는 네덜란드 상인들이 정기적으로 전해 주는 보고서를 통해 유럽의 사정, 서양의 동양 진출, 산업혁명, 자본주의, 아편전쟁, 서양의 군사력 등 세계정세를 파악하고 있었다. 이 때문에 에도 막부는 경제적 이익을 앞세운 영국의 청나라 침탈의 성격과 영국의 최신 함선과 함포의 위력에 대해 파악할 수 있었다. 서구의 힘과 세계정세에

에도시대 망원경

대한 정확한 인식과 함께 위기의식을 갖고 있던 일본과 달리, 청나라
는 중화주의의 자만에 빠져 서양을 무시하고 세계정세에 무지했다.
양국이 크게 대비되는 점이다.

일본의 지식인들이 근대화에 대한 각성과 사고를 형성하는 데는 네
덜란드를 통해 들어온 유럽의 실용적 지식과 학문이 크게 기여했다.
유럽의 의학, 과학, 기술, 지식은 네덜란드를 통해서 전해졌다고 해서
난학蘭學으로 불렸다. 새로운 세력으로 부상한 상인, 하급 사무라이들
을 중심으로 네덜란드와의 교역을 통해 보급된 서양의 기술서적과 문
물을 연구하는 학문 활동이 활발하게 일어났다.

난학자로 불린 이들에 의해 근대화에 대한 각성이 일어났다. 서양
서적이 대량 유입되고 일본어로 번역되었다. 에도 막부 후기에는 난
학에 심취한 다이묘들이 난학 연구를 지원하기도 했다. 1800년대 초
에는 에도 막부가 세운 초등 교육기관인 데라코야寺子屋에서도 난학

해금海禁

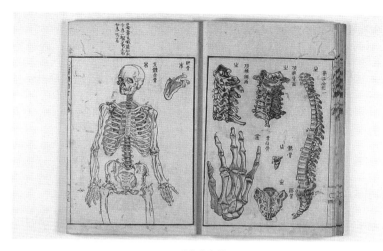

《해체신서》

을 가르쳤다. 18세기 후반에는 신체해부서인 《해체신서解體新書》를 비롯해 의학, 천문학, 물리학, 과학, 박물학 등에 관한 여러 학술서가 번역되어 소개되었고 네덜란드어 사전도 편찬되었다. 의학을 공부하는 난학자들은 《해체신서》에 묘사된 신체해부도가 실제와 비교해 너무나 정확한 것에 놀랐다.

난학을 통해 서양의 과학과 지식을 접한 일본 사회는 중국에 대한 상대적인 인식을 갖기 시작했다. 중화를 가치의 원천으로 삼는 화이 관념에서 벗어나 상대화하려는 현상이 일어났다. 일본에서는 이를 '화이변태華夷變態'라 했다. 유교 경전 중심의 관념론적인 연구와 사고에서 벗어나 서양의 실용적 사고와 학문 연구가 자리 잡을 수 있는 바탕이 생겼다. 후쿠자와 유키치, 오토리 케이스케, 요시다 쇼인, 가쓰 가이슈, 사카모토 료마 등 난학을 공부한 선각자들은 일본의 근대화

과정에서 핵심적 역할을 했다. 중국과 조선이 사서삼경과 유교 경전 위주의 도덕론과 관념론에만 빠져 있을 때, 일본은 젊은 사무라이들을 중심으로 새로운 과학기술 문명과 제도를 수용하고 실천할 수 있는 실용적이고 합리적인 사고의 기반을 다지고 있었다.

근대지식의 습득과 수용

근대지식을 어떻게 받아들이고 어떻게 적용하느냐에 따라 근대화의 성패가 달라졌다.

아편전쟁과 페리 함대 내항을 계기로 서양의 첨단 과학기술과 군사력을 실감한 중국과 일본의 지식인들은 서양 세계에 대한 지식과 정보를 갈구했다. 조선의 개화파 지식인들도 이때 서양에 대해 관심을 갖기 시작했다. 이 무렵 서양에 관한 지식을 알려 주는 한 줄기 빛과 같은 역할을 한 것이《해국도지海國圖志》였다. 이와 함께 국제법 지식을 담은《만국공법萬國公法》은 개항기의 동아시아 지식인들에게 가장 많은 영향을 끼쳤다. 여기에 소개된 서양의 근대지식과 정치, 법률, 제도는 근대 동아시아 지식인들의 세계관과 개혁 추진에 크게 길잡이가 되었다. 이들 서적을 읽은 지식인들이 근대 동아시아의 변화의 주역으로 활동했기 때문이다.

《해국도지》는 1844년 청나라의 역사가이자 정치가인 위원魏源이 아편전쟁에서 서양의 군사력과 과학기술의 위력을 실감한 뒤 서양을 배우기 위해 서양의 자료를 직접 번역하여 저술한 책이다. 100여 권으로 간행되었으며, 동·서·남·북양 등 바다를 기준으로 각국을 분류하고 그 사정을 지도와 함께 소개한 만국 지리서이다. 인문지리에 관한 지식뿐만 아니라 서양의 침략과 대처 방안, 미국의 대통령제와 선거법, 상하 양원제, 헌법 등 근대 정치제도까지 소개하고 있다. 《해국도지》는 '서양의 장점을 배워 그들을 제압한다'는 사이장기師夷長技 전략을 제시하고 있다.

《해국도지》

《해국도지》에 대한 일본의 반응은 빠르고 강하게 나타났다. 페리 함대가 개항을 요구했을 때 미국과 국제법에 대한 지식이 없었던 에도 막부는 미국에 관한 부분만 따로 간행했다. 위기의식을 강하게 느낀 요시다 쇼인, 요코이 쇼난과 같은 개혁파 사무라이들에게 《해국도지》는 서양 사정을 파악하고 개혁 방향을 설정하는 데 많은 영향을 미쳤다.

서양 사정을 파악해야 할 필요성을 느낀 막부는 1860년대부터 구미 각국에 사절단을 직접 파견하기 시작했다. 이때 후쿠자와 유키치가 미국과 유럽을 견문하고 돌아와 저술한 《서양사정西洋事情》은 외국 문물을 받아들이기 시작한 일본인들에게 서양에 대한 입문서와 같은 역할을 했다.

《서양사정》

조선에서도 일본만큼 강하게 반응하지는 않았지만 《해국도지》는 개화파 사대부들에게 큰 반향을 일으켰다. 박지원의 실학사상을 계승한 박규수는 《해국도지》를 통해 미국 사정을 파악한 후 미국에 대해 높이 평가하며 적대시하던 태도를 버리고 개국론으로 선회했다. 박규수는 자신의 제자들에게 《해국도지》를 읽으라고 적극 권유했다. 《해국도지》는 그의 문하생들이었던 김옥균, 박영효, 김윤식, 유길준 등과 같은 급진·온건 개화파들의 형성과 이들의 사상과 세계관, 이후 추구하는 개화의 방법과 전략에 심대한 영향을 미치게 된다.

해금海禁

한편 동아시아가 화이질서에서 벗어나 근
대적 국제관계에 편입되기 위해서는《만국
공법》에서 소개된 주권sovereignty과 국제법
에 바탕을 둔 근대적 국제질서에 대한 이해
와 수용이 필요했다. 근대적 국제관계는 대
등한 주권국가들의 상호 승인에 의해 형성되
고 국가의 위상과 권리·의무는 평등하며 국

《만국공법》

제법에 의해 질서가 유지되는 것이다. 중심국과 종주국의 위계화된
화이질서관을 갖고 있던 중국은 주권 개념을 수용할 수 없었고 국가
간 조약과 같은 국제법에 대해서 무지했다. 반면 일본은《만국공법》
을 즉각 수용하였다. 국제법에 대해 아무 지식도 없는 상태에서 서양
열강과 불평등 조약을 체결해야 했던 일본은 주권 개념을 중화질서에
서 청과 주변국을 분리시키는 데 적극적으로 활용하였다. 강화도조약
에서 "조선은 자주의 나라로 일본과 평등한 권리를 가진다", 청일전쟁
후 시모노세키 조약에서 "청국은 조선이 완전한 자주독립국임을 인정
한다"라는 조항은 주권 개념을 활용하여 청의 주변국 지배질서를 무
너트리기 위한 논리로 활용한 사례이다.

강한 위기의식 속에서 서양의 부국강병의 원인을 적극적으로 배우
고자 했던 일본과 그렇지 못했던 청과 조선은 근대화를 추진하는 데
차이가 날 수밖에 없었다. 일본은 입헌군주제와 의회제도라는 근대적
정치체제와 주권을 바탕으로 대등한 관계에서 조약을 맺는 국제법 질
서에 대해 이해와 수용이 빨랐다. 이에 반해 중화질서의 주체인 중국
과 그 속에 깊숙이 편입되어 있던 조선은 이러한 변화를 수용하기 어

려웠다. 국제법에 무지했던 중국과 조선은 근대적 국제관계 형성 과정에서 서양에 끌려다녀야 했다. 그것은 고스란히 국익의 손실로 이어졌다.

이와 관련해서 청, 조선, 일본의 관리 선발 방식의 차이가 젊은 지식인층의 근대화 의식 형성에 지대한 영향을 미쳤다는 점을 지적할 수 있다. 청과 조선은 수백 년 동안 과거제도를 통하여 관리를 선발해 오다 변법자강운동과 갑오개혁으로 폐지하였다. 과거시험 과목이 사서삼경 등 유교 경전 위주였기 때문에 과거를 준비하는 젊은 사대부들은 실용적 학문에 대한 관심을 가지기 어려웠다. 배타적이고 원리론적 관념에 바탕을 둔 유학적 소양은 유연하고 실용적인 사고를 바탕으로 하는 근대화 의식 형성을 저해하는 요인이 되었다. 에도 막부에서도 유학이 기본 학문이었지만 세습이나 가문에 의하여 관리를 선발하였기 때문에 근대화기의 사무라이들은 시험공부에 얽매이지 않고 서양의 다양한 근대지식을 습득할 수 있었다. 이것은 많은 젊은 사무라이들을 근대화에 대한 열망으로 이끌었다.

미약한 개혁 주도세력과 민중의 지지 부재

자기주도적 근대화에 성공한 일본과 그렇지 못한 청과 조선의 큰 차이는 개화를 주도할 세력이 형성되어 있었던 일본과 달리 청과 조선은 소수의 개화세력에 의해 급진적으로 추진되었다는 점이다.

일본은 막부 말기 서세동점의 위기가 닥쳐 새로운 사회질서가 요구되자, 위기의식을 강하게 느낀 많은 젊은 사무라이들이 사회변혁에

해금海禁

몸을 던지면서 근대화의 주역이 되었다. '유신지사'라 불린 이들은 대부분 하급무사 출신으로서 두터운 변혁 세력을 형성하며, 외세의 위협 앞에 아무런 저항도 못하고 개항하는 막부 체제에 분노하여 막부타도 운동에 나섰다. 에도 막부도 인, 의, 충을 기본 이념으로 하는 유학을 통치철학으로 채택하고 있었기에 사무라이들의 의식세계에는 주군과 봉건질서에 대한 충성이 내재화되어 있었다. 그러나 이들은 서양 세력과 부딪혀 서양의 힘과 위력을 절감하게 되자 사무라이답게 과감한 인식의 전환을 보였다. 이들과 함께 서양의 과학문명과 산업의 발전을 목격한 지식인들은 유신지사들과 근대화의 뜻을 같이했다.

막부 말기인 1862년과 1867년 사이 번이나 막부에서 130여 명의 유학생을 미국과 유럽에 보냈다. 조슈번이 보낸 이토 히로부미와 같은 하급무사들과 후쿠자와 유키치 같은 개화지식인들이다. 이들 하급무사들과 유학파 지식인들은 서양의 힘과 발전을 실감한 후 맹목적으로 외세를 배격하는 화이적 세계관과 전통사상에서 탈피하였다. 실력양성을 통한 부국강병이라는 근대적 세계관을 장착하고 신속하고 전면적인 정치, 사회, 문화의 개혁에 나섰다.

서양 열강에 의해 약탈을 당했던 청나라는 1894년 청일전쟁에서 속국으로 여기던 일본에게도 패하자 다시 한번 엄청난 충격과 패배감에 사로잡혔다. 국토가 서양 열강과 일본에게 침탈당하는 것을 목격하고 쓰러져 가는 청제국을 살리기 위해 사회변혁의 필요성이 대두됐다. 서양의 문물만 받아들이는 것

이토 히로부미

에서 더 나아가 제도 변혁을 추진해야 한다
는 목소리가 높아졌다.

광서제가 개혁적 유학자 캉유웨이, 량치차
오 등의 젊은 인재들을 등용하여 변법자강운
동으로 불리는 사회변혁을 추진했다. 103일
동안의 짧은 기간 동안 정치, 경제, 문화, 교
육, 군사 등 국정 전 분야의 개혁안을 마련했

캉유웨이

다. 개혁안은 새로운 질서를 필요로 했으며 이것은 필연적으로 보수
세력과 기득권 세력의 약화를 의미했다. 기존 질서에 의존해 이익을
누리던 보수 지배세력은 필사적으로 유신운동에 저항했다. 청에는 일
본과 같은 메이지유신을 주도한 사무라이 계급과 천황의 정치적 지
원, 민중의 지지가 없었다. 광서제는 사회변혁의 열정과 결의는 대단
했지만 권력을 장악하고 있는 서태후 아래서 반대세력을 제압하고 유
신운동을 보호할 힘이 없었다.

젊은 유학자들 역시 이상과 정열은 컸지만 변혁운동을 추진할 만
한 경험이 없었다. 변혁이라는 큰 목표를 달성하기 위해서는 구체적
인 전략과 실행론을 제시해야 하는데 선후와 경중을 구분하지 못하고
세 달 남짓한 기간에 새로운 정책을 쏟아 내기에만 바빴다. 이들은 이
상을 추구하는 서생들이었을 뿐 혁명을 추진할 수 있는 전략가나 정
치가들이 아니었다. 변법자강운동은 개혁의 기반을 확보하기도 전에
성급하게 개혁을 추진하다 보수파의 저항에 밀려 허무하게 끝나고 말
았다.

대원군이 섭정을 맡았던 10년 동안 강력한 쇄국을 고수했던 조선

은 고종이 친정을 시작한 1873년부터 조금씩 개화를 추진하게 된다. 실학을 계승한 관료와 지식인들이 서세동점의 물결을 인식하고 개화의 필요성에 눈을 떴지만, 세력은 아주 미미했다. 일본의 유신지사나 독일제국을 창건한 융커Junker와 같은 근대화를 추진할 계급이나 계층이 전혀 형성되지 않은 상태였다.

조선의 개화는 국왕 중심으로 추진된 정부 주도적 개화였다. 그러나 고종은 개방과 개혁을 추진할 근대화 정치세력을 키우고 정치적 지원을 이어 나가지 않았다. 메이지 천황은 근대화를 추진하면서 외세의 힘을 빌리지 않고 유신지사들을 주체세력으로 하여 일관되게 개혁을 추진해 나갔다. 고종은 개혁과 근대화를 외세의 손에 맡겨 놓고 정치적 유불리에 따라 개혁세력을 교체했다. 이것이 일본과 조선의 근대화를 가른 뚜렷한 차이점이다.

고종은 상황에 따라 친일, 친청, 친미, 친러 노선을 취하며 개화와 보수 정책 사이를 오갔다. 근대사회로 전환하기 위한 사회변혁이었다기보다는 한반도에 대한 열강의 세력 변화에 따라 왕권 유지에 도움이 되는 세력을 쫓아 이리저리 편승하는 식이었다. 급진개화파의 갑신정변 이후 조선은 친청 사대 노선을 걷다가 청일전쟁에서 일본이 승리하자 친일 개혁파에게 개혁을 맡겼다. 아직 개화에 대한 민중의 지지가 형성되어 있지 않은 상태에서 급격한 개혁안은 보수파의 저항을 불러왔다. 그중에서 특히 단발령은 유생들과 민중들의 격렬한 저항을 불러일으켰다. 고종은 개혁안의 내용이 왕권을 제한하는 방향으로 진행되자 황급히 친러 정책으로 선회하고, 고종이 러시아 공사관으로 피신하는 아관파천이 일어나면서 갑오개혁은 미완의 개혁으로 끝이 났다.

사회변혁은 매우 복잡하고 방대한 프로젝트이다. 이 과정에서 여러 가지 난관에 부딪힌다. 사회변혁이 성공하기 위해서는 민중의 자발적인 참여가 필수적이다. 민중들이 직접 참여해 실질적인 사회·경제적인 이익을 얻을 수 있어야 개혁이 호응을 얻을 수 있고 변혁의 원

갑신정변의 주역 중 한 명인 홍영식

동력을 제공할 수 있는 것이다. 청과 조선의 사회변혁이 실패한 근본적인 이유는 변혁세력의 기반이 미약했다는 것과 민중의 자발적인 참여와 지지 없이 개혁세력들 혼자만의 정치투쟁으로 끝나 버렸다는 것이었다.

무지를 인정하고 배우려는 자세

근대 동서양의 과학, 기술, 산업의 차이를 가져온 중요한 원인의 하나를 꼽는다면, 무지에 대한 인정과 모르는 것을 배우려는 자세의 차이가 아닐까 한다. 유럽 열강이 르네상스 이후 과학기술이 발전하여 산업혁명으로 이어질 수 있었던 것은 이성과 합리적 사고를 바탕으로 자연법칙, 지리, 천문, 의학, 기술 등에 대해 모르는 것을 인정하고 새로운 것을 탐구하고 발견하려는 자세가 있었기 때문이다.

근대의 여명기에 서양의 지식인들은 자신들이 살고 있는 세계에 대해 너무 무지하다는 것을 깨달았다. 그들은 무지를 과감히 인정하고

모르는 것에 대한 호기심과 새로운 것을 탐구하고자 하는 마음을 가졌다. 이런 자세는 자신들의 대륙을 넘어 항로를 개척하고 새로운 대륙을 발견하게 했다. 이것은 실용을 추구하고 미지의 세계를 탐구하는 새로운 과학과 기술, 산업의 발전으로 이어졌고 이를 뒷받침할 새로운 법, 제도와 사회체제를 생성하게 했다.

사변적인 성리학이 지배했던 청과 조선에서는 사상적, 학문적 우월감에서 타 분야에 대한 무지를 받아들이지 않았다. 성리학과 다른 사상과 학문을 하면 사문난적斯文亂賊으로 몰아 철저히 배척했고 실용적 학문은 천시했다. 다른 학문에 대한 지적 호기심은 잡학으로 취급했고, 민생에 도움이 되는 과학기술이나 이용후생의 학문은 사대부가 배울 학문이 아닌 것으로 치부했다.

양반 사대부들은 세상의 변화 앞에서도 자신들의 무지와 사상적 고루성을 인정하지 않았다. 전통적 관념과 사상에 배치되는 새로운 사상과 이념은 사악한 것으로 간주했다. 새로운 발견과 현실 앞에서도 오류를 인정하지 않고 사변적 논쟁으로 몰고 갔다. 북벌의 명분론에 얽매여 청나라의 앞선 문명을 거들떠보려 하지 않았고 서양의 첨단문물을 양이의 것이라 경원시했다.

실학자 연암 박지원은 1780년 청나라 건륭제의 만수절 축하 사신단의 일원이 되어 건륭제가 머무르던 열하熱河를 다녀왔다. 그곳에 이르기까지 과정을 적은 기행문《열하일기》에서 청나라의 수

박지원

레를 보고 조선의 유통산업을 한탄하는 장면이 나온다. 수레바퀴의 간격이 규격화되어 바퀴 자국이 일정한 것을 보고 조선은 수레와 도로가 발달하지 않아서 전국의 산물이 유통되지 못해 가난하다고 진단하고 있다.

에도 막부 시대 일본도 성리학을 지배이념으로 삼은 사회였지만 근대화의 격변기에 일본이 취한 태도는 아주 다르다. 사무라이들은 성리학의 인, 의, 예와 같은 사상과 이념을 중시했지만, 조선의 사대부와 같이 사변적이지 않았다. 일본에서는 성리학의 관념론이 청이나 조선만큼 사회질서에 뿌리를 깊이 내리고 있지 않았다. 난학을 통해 경험적이고 실증적인 학문을 접하고 있었기 때문에 서양의 실용적 학문과 문명을 보다 용이하게 수용할 수 있었다. 무엇보다 스스로 부족하고 무지한 부분을 과감히 인정하고 그에 따라 사고를 전환했다.

각 번과 막부는 서양의 문물을 배우기 위해 유학생을 대거 파견하거나 교관을 초빙하였다. 메이지유신 이후 미국과 유럽의 문물을 시찰하기 위해 파견된 이와쿠라 사절단이 그 예이다.

이와쿠라 사절단. 왼쪽부터 기도 다카요시, 야마구치 마스카, 이와쿠라 도모미, 이토 히로부미, 오쿠보 도시미치.

해금海禁

메이지 정부가 들어선 지 3년 만에 50명의 대표로 구성된 이와쿠라 사절단을 파견하여 1년 10개월 동안 미국과 유럽 12개국을 시찰하게 하였다. 아직 기반이 잡히지 않은 새 정부의 중추적인 인물들과 신진 관료들이 자리를 비우고 장기간 해외 시찰에 나선다는 것은 그만큼 배움에 대한 갈망이 크고 근대화의 의지가 강했다는 방증일 것이다. 계몽된 국가에서 널리 행해지는 제도 중에서 현재의 일본 상황에 가장 적합한 것을 찾아내기 위한 목적이었다. 이들이 배우고자 했던 분야는 정부 형태, 헌법, 법률, 제도, 문물, 문화 등 제한이 없었다. 메이지시대에 자유민권, 무정부주의, 사회주의를 비롯한 서양의 다양한 정치사상도 받아들였다. 부국강병을 위해 일본에 적합한 것은 무엇이든지 배우고 받아들이겠다는 자세로 임했다. 이들에 의해 일본의 근대화가 추진되었다. 이토 히로부미도 사절단의 일원이었다.

　아편전쟁에서 서양의 위력을 절감한 청도 서양을 배우겠다는 목적으로 유학생들을 파견했다. 1870년대부터 '서양을 따라 배우는' 양무운동의 일환으로 해외에 유학생을 대거 파견했다. 그러나 1차로 파견된 100명의 유학생은 양복을 입고 변발을 잘라 서양식 헤어스타일을 했다는 이유로 학업을 채 마치지 못하고 강제 귀국 조치를 당했다. 청일전쟁 패배 이후 일본을 배우기 위해 일본으로 유학을 떠나는 붐이 일었다. 무술변법 이후 일본 유학생의 수는 급격히 늘어 20세기 첫 10년의 경우 일본에 체류한 중국 유학생의 수가 5만 명이 넘었다. 일본에 새로 전해진 서양의 사상과 문화는 중국으로 바로 전해졌고 사회변혁의 지도자들에게 많은 영향을 미쳤다.

칭화학당의 첫 미국 유학생들

　그러나 이들이 주도한 다양한 사회변혁들은 실패를 거듭했다. 중국인들이 자신들의 전통 사상과 문화의 굴레에서 쉽게 벗어나지 못했기 때문이다. 서구에 대한 문화적 우월감과 정신세계에 대한 자부심 때문에 근대적 물질문명에 대한 무지와 낡은 사회체제의 오류를 쉽사리 인정하지 않았다. 이것은 자신들의 무지와 전통적 체제의 한계를 인식하고 빠르게 자세를 전환했던 일본과 대비되는 점이다.

분권적이고 포용적인 정치체제

　동아시아의 근대화 과정에서 핵심적인 부분은 전제적 정치체제를 근대적인 분권 정치체제로 전환하는 것이었다.

　서양은 오랜 정치적 변혁을 통해 전제적 왕권을 제한하고 시민들에게 정치참여를 허용하는 입헌정치제도를 발전시켜 왔다. 국민주권의 원리를 바탕으로 입헌정치체제는 전제적 왕권에 의한 자의적인 조세와 사법권 행사를 방지하고 근대적 법치주의가 확립될 수 있게 하였

다. 이에 따라 정치, 사상, 사회, 법률제도, 교육 등 사회 제반 분야의
제도 발전에 큰 영향을 미쳤다.

일본에서는 왕정복고 이후 근대화 추진 과정에서 서구 열강들과 어
깨를 나란히 하는 대국으로 성장하기 위해서는 서구식 입헌정치 도
입이 불가피하다는 인식이 개혁세력 사이에 형성되었다. 1877년, 사
무라이 계급의 마지막 저항이었던 세이난전쟁이 정부군의 승리로 끝
나자 반정부 세력들은 무력저항운동 대신 자유민권운동에 투신했다.
이들은 소수의 관료들이 권력을 장악하고 있고, 천황도 민중을 안중
에 두지 않고 전제권력을 휘둘러 위기가 초래되고 있다고 비난하며
민의원 설립을 주장했다. 정치적 위기에 봉착한 신정부 주도세력은
1881년 10년 후 국회의 개설을 선언했다. 메이지 정부는 헌법 제정
준비에 착수하여 1889년 2월에 헌법을 공포하였고, 1890년 7월 처
음으로 중의원 선거가 실시되었다. 1890년 11월, 제국의회가 소집되
고 일본은 국민주권주의 이념을 기반으로 한 근대 정당정치 체제로
진입했다.

아편전쟁의 굴욕적 패배 이후 전개된 청의 양무운동은 많은 근대적
변화를 가져왔지만 근본적인 한계가 있었다. 양무파가 추구한 것은
서양의 군함, 총, 대포와 같은 선진 무기의 도입뿐이었다. 이들은 당
시 서양 세계를 떠받치고 있던 분권적 민주정치와 자본주의 경제체제
에 대해서는 관심을 두지 않았다. 전통적 사회와 전제적인 정치체제
는 손대지 않고 중체서용의 논리로 서양의 선진 문물과 무기만을 도
입하여 부국강병을 이루겠다는 생각이었다.

양무운동은 후에 제도 개혁을 추구한 변법자강운동으로 이어졌지

만 이 또한 실패했다. 양무운동과 마찬가지로 서양 세계가 강력해진 근원을 간과했기 때문이었다. 서양은 입헌군주제와 같은 분권적 민주정치 체제를 구축하고 법치주의를 확립하고 있었지만, 청나라는 황권을 제약시키는 분권적 민주정치 제도·사상과 사농공상의 지배질서에 위협이 되는 자본주의 경제체제의 도입을 거부했다.

　조선도 일련의 개화정책을 추진하였으나 실패로 돌아갔다. 그 근본적인 이유는 청나라와 마찬가지로 서양의 선진 문물만 도입하려 했지 전제적 정치체제와 전통적 사회를 시대의 변화에 맞게 개혁하려는 시도가 없었기 때문이다. 갑오개혁과 같이 전통적 사회질서를 개혁하려는 시도들은 유림세력과 수구파의 저항에 막혔다. 무엇보다 국왕의 개혁 추진 의지가 확고하지 못했고 개혁세력에 대한 정치적 후원자가 되지 못했다. 왕권 유지와 기득권 세력의 유불리에 따라 개혁 주도세력을 바꾸었다. 왕권 유지에 위협이 되는 어떠한 개혁도 용납되지 않았기에 개혁은 처음부터 한계를 안고 있었다. 이런 상황에서 왕권을 제한하는 입헌정치의 도입은 꿈도 꿀 수 없었다.

　아관파천을 계기로 독립협회가 결성되어 독립신문을 발간하고 만민공동회를 개최하여 개화기의 민족의식을 고취하고 독립 의지를 결집하였다. 처음에 고종은 독립협회의 활동을 적극적으로 후원하였다. 하지만 독립협회가 의회 설립과 입헌군주제를 주장하자 군대와 보부상 단체를 동원해 강제적으로 해산시

독립협회를 설립한 서재필

해금海禁

켜 버렸다. 독립협회의 활동이 이어져 고조된 근대적 개혁운동과 독립의 열기가 지속되고, 근대적 분권정치 체제로 전환이 이루어졌다면 구한말의 역사는 다르게 전개되었을지 모른다.

1905년경의 종로 거리

근대화를 위한 국내적 여건

청과 일본의 근대화에 영향을 미친 중요한 요인으로 양국이 처했던 특수한 국내 정치적 상황을 들 수 있다.

일본의 근대화는 특권을 빼앗긴 사무라이들을 비롯한 특권층의 저항이 있었지만 근대화의 필요성에 공감하는 국민들의 폭넓은 지지 속에서 진행되었다. 메이지유신 이후 일본은 놀랍도록 일사분란하게 짧은 시간에 전근대적 사회체제를 근대적 체제로 전환하였다. 그러한 배경에는 한때 존황양이를 외쳤지만 과감한 결단과 옳다고 생각하는 것에 목숨도 불사하는 사무라이의 정신이 반영되었다고 할 수 있다. 또한 메이지유신 이후 막부시대보다 더 강력한 중앙집권체제가 신속히 확립되었기 때문에 개혁 주도세력들의 전방위적 근대화 정책이 성공할 수 있었다.

청나라의 현실은 달랐다. 청은 오랑캐라 불리던 만주족이 한족의 명나라를 무너뜨리고 세운 국가였다. 청이 세워지고 200여 년이 지났지만 많은 한족들은 만주족 지배를 심정적으로 받아들이지 못했고 한족 부흥의 기회를 엿보고 있었다. 청 조정은 만주족에 많은 특권을 부여하며 만주족 지배 엘리트를 중심으로 다수의 한족을 지배하는 방식을 택하였다. 요직엔 만주족 중심으로 인재를 등용하고 한족을 차별하는 정책을 썼기 때문에 한족들의 반감도 컸다.

만주족이 대륙을 차지하는 데 핵심적 역할을 했던 팔기군은 많은 특권을 누렸지만 청나라 말기로 가면서 군기는 땅에 떨어지고 무위도식하는 집단으로 전락했다. 팔기군으로 태평천국의 난을 진압하기 어렵게 되자 청나라 조정은 이홍장, 증국번과 같은 한족 엘리트 관료들로 하여금 군대를 모아 진압하도록 했다. 이들이 진압군으로 모집한 군대는 이후 지방 군벌이 발호하는 계기가 되었고, 훗날 신해혁명 후 벌어진 중국 내전의 원인으로 작용하게 된다.

청이 강성할 때 잠재되어 있던 내재적 모순들은 쇠락하기 시작하는 18세기 말부터 본격적으로 표출되었다. 아편전쟁, 태평천국의 난, 청일전쟁을 겪으면서 많은 한족 엘리트들은 청 조정에 냉소적 자세를 취하거나 오히려 멸만흥한滅滿興漢의 기회로 여겼다. 이홍장, 증국

해금海禁

번과 같은 한족 엘리트 관료들은 청에 충성을 다했으나 서세동점의 위기 속에서 고개를 든 한족의 뿌리 깊은 배청 감정은 국민적 역량을 결집하는 데 저해 요인이 되었다. 배청 감정은 청조 말의 정치적 분열과 양무운동, 변법자강운동 등 근대화를 위한 일련의 정치적 시도들이 실패하게 된 원인이기도 했다. 서양 세력의 거듭된 침탈 앞에 1898년 부청멸양扶清滅洋을 외치며 반외세 운동을 펼치는 의화단운동이 일어났지만 내재적 모순 위에서 나타난 일시적 반외세 저항운동일 뿐이었다.

근대화의 경제적 기반

흔히 일본은 메이지유신을 통해 정치 개혁에 성공했고 서양의 사상, 제도, 문물을 주도적으로 받아들여 근대화에 성공했다고 평가한다. 그러나 일본의 근세 역사를 좀 더 깊이 들여다보면 근대화가 성공할 수 있었던 내재적인 요인을 찾을 수 있다. 일본은 17세기 초 본격적인 쇄국을 시행하기 전부터 외국과의 활발한 해외무역을 통해 경제력을 확보하고 있었다. 또한 조선 침략 이후 200여 년간 조공관계를 매개로 한 중화주의 질서에서 이탈해 있었다. 활발한 해외무역과 은 수출로 쌓은 부를 통해 튼튼한 경제적 기반을 갖고 있었다. 덕분에 비교적 자유롭게 일본 중심의 새로운 질서를 구축하며 독자적인 길을 걸을 수 있었다.

당시 일본의 경제력이 어느 정도였는지는 임진왜란을 통해 가늠해 볼 수 있다. 소중화를 자처하던 조선이 일본을 '왜'라고 멸시하며 문화적 우월감에 젖어 있을 때 일본의 경제력과 군사력은 조선을 능가하고 있었다. 그에 비해 건국 후 150여 년이 지난 조선은 사농공상의 성리학적 지배질서 속에서 공업과 상업을 천시하여 새로운 부의 창출에 실패했다. 나라의 형편이 얼마나 위태로웠는지, 임진왜란이 일어나기 10년 전 율곡 이이는 상소를 통해 "200년 동안 저축해 온 나라가 지금 2년 먹을 양식도 없다", "나라가 나라가 아니다國非其國"라며 한탄하였다.

서양 세력이 동양으로 밀려오기 시작한 15, 16세기 일본의 경제력은 당시 세계 최고의 경제력을 보유하고 있던 중국에 훨씬 못 미쳤던 것은 분명하다. 조선과 객관적으로 비교할 수 있는 자료는 없지만 임진왜란이라는 역사적 사실을 통해 일본의 경제력이 어떠했는지 짐작할 수 있다. 7년에 걸친 임진왜란은 일본 입장에서는 대규모 해외원정이었다. 외국에서 수십만 명의 군사를 동원하여 장기간의 전쟁을 수행하기란 예나 지금이나 천문학적 전쟁비용이 소요되는 일이다. 전쟁에 필요한 군수물자를 적기에 보급해 주는 것은 승패를 가를 만큼 아주 중요하다. 왜군은 현지 약탈로 식량과 필요한 물자를 조달하기도 했지만 대부분의 군수품은 본국으로부터 들여와야 했다.

20여만 명의 군사가 동원되는 해외원정을 치르기 위해서는 엄청난 군량과 무기, 의복, 군수품 등 막대한 군비를 조달할 수 있어야 한다. 또한 군사를 모집, 훈련하고 관리할 수 있는 행정 체계와 지원 체계를 갖추어야 한다. 총, 활, 창, 검, 공성무기 등을 생산할 수 있는 무기산업과 전쟁에 필요한 물자의 생산, 보관, 운송, 유통을 위한 상공업의 역량도 충분해야 한다. 이러한 점을 고려할 때 당시 일본의 경제력은 조선을 훨씬 능가하고 사회적 동원 체계나 관리 체계 면에서도 조선보다 더 잘 확립되어 있었음을 짐작할 수 있다.

조선 초기까지만 해도 변변한 생산품 없이 조선과의 무역을 애원하던 일본의 경제력이 조선보다 더 강하고 더 튼튼한 기반을 다질 수 있었던 요인은 어디에 있었을까. 먼저 16세기의 활발한 해외무역에서 찾을 수 있을 것이다. 포르투갈인들이 동남아시아에서 생산되는 고급 향신료 무역을 독점하자 일본은 몰루카에 일본인 거주지 니혼마치日本町를 만들어 포르투갈 상인들과 무역을 했다. 해금령으로 출항할 수 없었던 명나라 상인들과는 밀무역을 했다. 이후 해금령이 완화되어 명의 상인들이 동남아시아 각지로 출항할 수 있게 되자 일본 상인들은 동남아시아에서 이들과 조우하여 직접 거래했다.

일본의 해외무역을 더욱 활성화시키고 획기적인 경제적 변화를 가져온 것은 은의 대량생산이었다. 16세기 대항해시대에 은은 동서양 사이에 가장 중요한 교환 수단이었다. 중국의 물품과 거래할 수 있는 일본의 물품이 변변하지 않아 무역량이 크진 않았지만 은 생산 덕분에 일본과의 무역은 중요시되었다. 일본 은은 밀무역 상인의 손을 거쳐 밀물처럼 명나라로 흘러 들어갔다. 도요토미 히데요시는 이와미 은광에서 채굴한 은으로 은화를 만들고, 이 은화로 철포와 군선을 만들었다. 100여 년간의 전국시대를 거치면서도 일본 경제가 장기간 해외원정을 감당할 만큼 강력해질 수 있었던 것은 활발한 해외무역과 은의 대량생산 덕분이었다.

이렇게 축적된 경제력과 대외전쟁에서 승리 후 받은 배상금은 일본이 근대화를 추진하는 기반이 되었다. 이것으로 서양 문물을 도입하고

이와미 은광

새로운 제도를 시행하는 데 필요한 재원을 감당할 수 있었다. 개화기에 일본이 적극적으로 철도, 대학, 학교 등 사회 기반시설을 구축하고 많은 비용을 들여 외국 군사교관, 과학자, 기술자, 교육자를 초빙하고 국비로 유학생을 미국과 유럽에 보내 선진문물을 공부하도록 할 수 있었던 것 모두 재정이 뒷받침되었기 때문에 가능한 일이었다. 메이지유신 이후에는 일본에는 없는 서양의 새로운 산업을 이식하고 상업과 산업의 부흥을 정부가 주도하는 '식산흥업정책'에 의하여 경제력을 키웠다. 이를 위한 도로·항만·전신·전화 등 사회 기간시설의 구축, 자본 형성, 기업 지원 등을 정부가 주도했다.

한때 전 세계 총생산의 3분의 1을 차지할 만큼 세계 최고 경제력을 자랑했던 청나라는 폐쇄적 농업 중심 경제, 부정부패, 민란과 전쟁으로 인한 경제적 기반 피폐, 권력자의 재정 낭비 등으로 19세기에 이르러 가난한 나라로 전락해 있었다. 개혁을 감당할 재정이 남아 있지 않았다. 게다가 청일전쟁의 패배로 당시 일본 재정의 4년 치에 해당하는 3억 엔의 배상금을 지불하고 1901년 의화단전쟁의 패배로 참전 8개국에 4억 5,000만 냥을 39년간 분할 지불해야 했다.

대외무역과 상공업에 의한 부의 창출 없이 전통적 농업생산에만 의존했던 조선의 경제 사정은 더욱 심각했다. 조세제도의 문란, 관리들의 부정부패, 경복궁 중건과 같은 과도한 재정사업, 집권세력의 사치와 부패, 외세의 이권침탈은 어려운 재정 상황을 부채질해 조선 조정은 만성적인 재정적자에 시달려야 했다. 이를 해결하기 위한 손쉬운 방법이 고액의 화폐를 발행하거나 외국에서 차관을 들여오는 것이었다. 서양의 무기와 함선을 도입하고 신식 군대를 창설하였지만, 군대의 봉급마저 지불할 수 없는 허약한 재정 상태에서 부국과 강병은 한낱 꿈이었다.

부를 창출하겠다는 열망으로 과감히 해양으로 진출하여 새로운 세상을 개척한 서양과 해양에 담을 쌓은 채 자신의 문명과 사상에 대한 우월의식에 갇혀 세상의 변화를 도외시했던 동양의 차이가 근대 동서양의 운명을 결정지었다. '해금'과 '개해'의 유산 속에서 오늘날에도 서양의 제도, 과학기술이 표준이 되는 서양 우위의 시대가 이어지고 있다.

서양의 위력 앞에서 동양 3국은 강제로 문호를 개방하고 근대화를 추진했다. 그중 일본만이 근대화에 성공할 수 있었던 요인은 세계사의 큰 흐름과 자신의 현실을 정확히 인식하고 과감한 사회체제의 변혁에 나섰기 때문이었다. 일본 근대화 성공의 여러 요인 중 '지사'라 불렸던 개혁 사무라이 집단, 더 나아가 메이지유신 주역들의 냉철한 역사인식과 실용주의에 기반한 변혁을 가장 중요한 요인으로 꼽을 수 있다.

흔히 과거의 역사는 현재를 비추는 거울이고, 미래의 길을 제시하는 나침반이라고 한다. 오늘날 해양 진출은 해양자원 개발과 같은 해양이라는 물리적 공간에 대한 이용을 넘어선 의미를 가진다. 4차 산업혁명의 메가트렌드 속에서 그 옛날 목숨을 걸고 거친 대양을 항해했듯이 미래를 선도하기 위한 과감한 도전과 혁신, 개방적이고 창의적인 자세가 해양 진출의 현대사적 의미라 생각한다.

쓰라린 근대사의 질곡을 겪고 선진국 대열에 진입했지만, 오늘날 우리가 마주하고 있는 세계사적 환경은 근대화의 물결이 밀려오던 그 시대만큼이나 많은 도전과 과제를 안겨 주고 있다. '근대화 역사'라는 거울을 통해 세계사의 큰 흐름을 선도하려는 노력은 뒷전인 채 고루한 가치와 이념에 얽매여 극심한 갈등을 겪고 있는 오늘날의 우리 사회를 비춰 본다.

가와시마 신, 천성림 옮김, 《중국근현대사2: 근대국가의 모색》, 삼천리, 2017

강준식, 《다시 읽는 하멜표류기》, 웅진닷컴, 2004

고미숙, 《열하일기: 삶과 문명의 눈부신 비전》, 작은길, 2012

구태훈, 《일본제국 흥망사》, 히스토리 메이커, 2018

기무라 간, 김세덕 옮김, 《대한제국의 패망과 그림자》, 제이앤씨, 2017

김기협, 《망국의 역사, 조선을 읽다》, 돌베개, 2010

김석균, 《바다가 우리의 미래다》, 오션&오션, 2017

김석균, 《바다와 해적》, 오션&오션, 2014

김성준, 《배와 항해의 역사》, 혜안, 2010

김성준, 《유럽의 대항해시대: 엔리케에서 제임스 쿡까지》, 신서원, 2001

김영수, 《미쩰의 시기: 을미사변과 아관파천》, 경인문화사, 2012

김희영, 《이야기 일본사》, 청아, 2006

나가타 아키후미, 김혜정 옮김, 《세계사 속 근대한일관계》, 일조각, 2017

대런 애쓰모글루·제임스 A. 로빈슨, 최완규 옮김, 《국가는 왜 실패하는가》, 시공사, 2012

로버트 B. 마르크스, 윤영호 옮김, 《어떻게 세계는 서양이 주도하게 되었는가》, 사이, 2007

루스 베네딕트, 김윤식·오인석 옮김, 《국화와 칼》, 을유문화사, 2007

마이크 대쉬, 김성준·김주식 옮김, 《미친 항해: 바타비아호 좌초 사건》, 혜안, 2002

마틴 자크, 안세민 옮김, 《중국이 세계를 지배하면》, 부키, 2009

모모키 시로, 최연식 옮김, 《해역아시아사 연구 입문》, 민속원, 2001

문소영, 《못난 조선》, 나남, 2018

문소영, 《조선의 못난 개항》, 역사의 아침, 2016

민두기, 《일본의 역사》, 지식산업, 2002

박은숙, 《김옥균: 역사의 혁명가 시대의 이단아》, 너머북스, 2011
박훈, 《메이지 유신은 어떻게 가능했는가》, 민음사, 2014
박훈, 《메이지 유신을 설계한 최후의 사무라이들》, 21세기북스, 2020
베른하르트 카이, 박계수 옮김, 《항해의 역사》, 북폴리오, 2006
시바 료타로, 박재희 옮김, 《료마가 간다 1-8권》, 동서문화사, 2011
신명호, 《고종과 메이지의 시대》, 역사의 아침, 2014
쓰키아시 다쓰히코, 최덕수 옮김, 《조선의 개화사상과 내셔널리즘》, 열린책들, 2009
안승일, 《김홍집과 그 시대》, 연암서가, 2016
양승윤 외, 《바다의 실크로드》, 청아, 2003
에드워드 기번, 황건 옮김, 《로마제국 쇠망사》, 까치, 1999
왕단, 송인재 옮김, 《왕단의 중국현대사》, 동아시아, 2013
왕중추, 김영진 옮김, 《중국사 재발견》, 서교, 2012
요시자와 세이이치로, 정지호 옮김, 《중국근현대사1: 청조와 근대 세계》, 삼천리, 2016
윌리엄 번스타인, 박홍경 옮김, 《무역의 세계사》, 라이팅하우스, 2019
유발 하라리, 조현욱 옮김, 《사피엔스》, 김영사, 2011
유용태 외, 《함께 읽는 동아시아 근현대사》, 창비, 2014
유홍종, 《명성황후》, 해누리, 2003
이계형, 《한국 근대사》, 청아, 2018
이안 부루마, 최은봉 옮김, 《근대 일본》, 을유문화사, 2004
이윤섭, 《일본 100년》, 아이필드, 2016
이창위, 《우리의 눈으로 본 일본제국 흥망사》, 궁리, 2005
재레드 다이아몬드, 강주헌 옮김, 《대변동》, 김영사, 2019

잭 웨더포드, 정영목 옮김, 《칭기스칸, 잠든 유럽을 깨우다》, 청목, 2004

조세현, 《천하의 바다에서 국가의 바다로》, 일조각, 2012

주경철, 《대항해시대: 해상 팽창과 근대 세계의 형성》, 서울대학교출판부, 2008

주경철, 《문명과 바다》, 산처럼, 2009

주경철, 《크리스토퍼 콜럼버스》, 서울대학교출판부, 2007

하네다 마사시, 이수열·구지영 옮김, 《동인도회사와 아시아의 바다》, 선인, 2012

하라 아키라, 김연옥 옮김, 《청일·러일전쟁 어떻게 볼 것인가》, 살림, 2014

홍익희, 〈홍익희의 新유대인 이야기: 유대인의 영국 이주와 美연준 탄생 역사〉, 조선일보, 2021. 5. 11.

후지이 조지 외, 박진한 외 옮김, 《쇼군 천황 국민》, 서해문집, 2012

H. B. 헐버트, 신복룡 옮김, 《대한제국멸망사》, 집문당, 2019

성공한 근대화, 실패한 근대화

해금海禁

초판 1쇄 발행 2022년 11월 15일

지은이	김석균
발행처	예미
발행인	황부현
기 획	박진희
편 집	김정연
디자인	김민정

출판등록 2018년 5월 10일(제2018-000084호)

주 소 경기도 고양시 일산서구 중앙로 1568 하성프라자 601호
전 화 031)917-7279   **팩스** 031)918-3088
전자우편 yemmibooks@naver.com

ISBN 979-11-89877-96-5   03900